suhrkamp taschenbuch
wissenschaft 791

Wiener Kreis – Schriften zum logischen Empirismus
Herausgegeben von H. L. Mulder (Amsterdam), R. Hegselmann (Bremen), A. J. Kox (Amsterdam), F. Stadler (Wien)

Edgar Zilsel (1891-1944), der dem Wiener Kreis und den Bemühungen um ein Programm der Einheit der wissenschaftlichen Welterkenntnis verbundene Mathematiker, Philosoph und Wissenschaftshistoriker, befaßt sich in seinem zuerst 1918 publizierten Buch *Die Geniereligion* kritisch mit der seinerzeit grassierenden Genie-Verehrung und dem Kult der Persönlichkeit.

In der Auseinandersetzung mit Houston Stewart Chamberlain weist Zilsel darauf hin, daß »Vorurteile mit Glück und Blut der Nebenmenschen bezahlt werden«, und fragt, »ob nicht der Begriff der genialen Persönlichkeit und der Tiefe eine ernste Gefahr für unser Zeitalter« bedeuten.

Mit *Die Geniereligion* hat Edgar Zilsel seine systematischen Studien zu den gesellschaftlichen Voraussetzungen und Bedingungen der modernen Wissenschaft begonnen, die er später – im Exil – mit den wissenschaftlichen Arbeiten über die Anfänge der neuzeitlichen Wissenschaft weiterführte. (Diese Arbeiten sind enthalten in: Edgar Zilsel, *Die sozialen Ursprünge der neuzeitlichen Wissenschaft.* Herausgegeben und übersetzt von Wolfgang Krohn. Mit einer biobibliographischen Notiz von Jörn Behrmann, stw 152.)

Der Herausgeber: Johann Dvořak, Dr. phil., geb. 1946 in Wien; Studium der Politikwissenschaft und Geschichte an der Universität Wien; Dissertation über »Staat, Recht und Agrarpolitik während der Englischen Revolution 1642-1653«; Publikationen zu politikwissenschaftlichen Themen, zu Bildungsfragen und zur Wissenschaftsgeschichte; Verfasser einer Monographie über Edgar Zilsel: *Edgar Zilsel und die Einheit der Erkenntnis* (Wien: Löcker 1981); derzeit Arbeiten an einem Buch über Theodor W. Adorno und Wien (zur theoretischen Entwicklung Adornos bis 1937) sowie an der Edition eines Sammelbandes *Zur Kultur des Roten Wien.*

Edgar Zilsel

Die Geniereligion

Ein kritischer Versuch
über das moderne Persönlichkeitsideal,
mit einer historischen Begründung

Herausgegeben und eingeleitet
von Johann Dvořak

Suhrkamp

CIP-Titelaufnahme der Deutschen Bibliothek
Zilsel, Edgar:
Die Geniereligion : ein kritischer Versuch
über das moderne Persönlichkeitsideal,
mit einer historischen Begründung /
Edgar Zilsel. Hrsg. von Johann Dvořak. – 1. Aufl. –
Frankfurt (Main) : Suhrkamp, 1990
(Suhrkamp-Taschenbuch Wissenschaft ; 791 :
Wiener Kreis – Schriften zum logischen Empirismus)
ISBN 3-518-28391-X
NE: GT

suhrkamp taschenbuch wissenschaft 791
Erste Auflage 1990

Satz und Druck: Wagner GmbH, Nördlingen
Printed in Germany
Umschlag nach Entwürfen von
Willy Fleckhaus und Rolf Staudt

1 2 3 4 5 6 – 95 94 93 92 91 90

Inhalt

Johann Dvořak
Zu Leben und Werk Edgar Zilsels und zur Soziologie des Geniekults

1 Zu Leben und Werk von Edgar Zilsel

Edgar Zilsel wurde am 11. August 1891 als Sohn des Wiener Rechtsanwalts Jacob Zilsel in Wien geboren.
1902-1910 besuchte er das Franz-Joseph-Gymnasium (das heutige Bundesgymnasium Stubenbastei) in Wien, wo er im Juli 1910 maturierte.
Er studierte vom Herbst 1910 bis Juni 1915 an der Wiener Universität Philosophie, Mathematik und Physik (das Studium wurde durch seine militärische Einrückung vom 1. August bis zum 15. Dezember 1914 unterbrochen), schrieb eine Dissertation mit dem Titel »Ein philosophischer Versuch über das Gesetz der großen Zahlen und seine Verwandten« und wurde am 28. Juni 1915 zum Doktor der Philosophie promoviert.[1]
Schon während seiner Studentenzeit interessierte sich Edgar Zilsel offenbar sehr für die literarische und musikalische Moderne und engagierte sich im »Akademischen Verband für Literatur und Musik«, der sich die Förderung und Vermittlung der Wiener künstlerischen Avantgarde zur besonderen Aufgabe gemacht hatte.[2]

1 Archiv der Universität Wien, Personalakt Zilsel; Lebenslauf.
2 Der »Akademische Verband für Literatur und Musik in Wien«, gegründet 1908, hatte es sich »als eine Vereinigung von Studenten und ihren Freunden, zur Aufgabe gestellt, unabhängig von etwa vorgezeichneten Richtungen oder bestehenden Strömungen künstlerisch zu wirken, besonders aber dem Studenten einen größeren Anteil am Kunstleben und die Möglichkeit künstlerischer Betätigung zu verschaffen und dadurch eine Ergänzung der bestehenden wissenschaftlichen Vereine zu bilden.«
Es wurden Lesungen sowie Vorträge über Musik, Kunst und Wissenschaft veranstaltet, und Werke von Schönberg, Berg und Webern ausgeführt; Karl Kraus las, Arnold Schönberg, Adolf Loos und Oskar Kokoschka hielten Vorträge.
Angaben nach: Heinrich Nowak: Die Sonnenseuche. Das gesamte Werk 1912-1920. Wien-Berlin: Medusa-Verlag 1984. S. 190f.
Arthur Schnitzler hat in sein Tagebuch zum 18. 4. 1912 notiert:

Eine der frühesten Publikationen Zilsels war denn auch kein wissenschaftlicher, sondern ein »literarischer« Text: »Mozart und die Zeit. Eine didaktische Phantasie«; und erschien im Dezember 1912 in der Zeitschrift »Der Brenner«.

Ab September 1915 arbeitete Zilsel als Versicherungsmathematiker bei einer Lebensversicherung, gab diese Tätigkeit aber schon nach einem Jahr auf und besuchte neuerdings die Universität, um sich auf die Lehramtsprüfung vorzubereiten. Ab Februar 1917 (noch ungeprüft) als Mittelschullehrer beschäftigt, legte er am 18. November 1918 die Lehrbefähigungsprüfung für die Fächer Mathematik, Physik und Naturlehre ab.

Am 19. Februar 1919 heirateten Edgar Zilsel und die Lehrerin Dr. Ella Breuer, am 6. Mai 1923 kam ihr Sohn Paul zur Welt.[3] Im Schuljahr 1922/23 wurde Edgar Zilsel, der am Bundesrealgymnasium Wien III unterrichtete, beurlaubt, »um an den vier Wiener Volkshochschulen einen Lehrauftrag für Philosophie und Physik ausüben zu können«. Der Stadtschulrat befürwortete das Ansuchen Zilsels »im Hinblick auf die außerordentliche Bedeutung, welche dem Volksbildungswesen zukommt und in Würdigung der besonderen Eignung des Gesuchstellers für die diesem Zwecke dienende Lehrtätigkeit«.[4]

In einem mit 10. Juni 1923 datierten Schreiben an das Professorenkollegium der philosophischen Fakultät der Universität Wien suchte Edgar Zilsel um die Erteilung der venia legendi für das Gesamtgebiet der Philosophie an. Als Habilitationsschrift reichte er ein zweiteiliges Manuskript »Beiträge zur Geschichte des Geniebegriffes« (I: Die antiken Wurzeln des Geniebegriffes, II: Die Renaissance) ein und fügte seine bis dahin publizierten Arbeiten hinzu.[5]

Er beabsichtigte, über folgende Themen Vorlesungen zu halten:

»Nm. Herren Zilsel und Nowak, vom Akademischen Verein, wollen zu meinem 50. Geburtstag mit Neuer Wiener Bühne »Eins. Weg« aufführen, Salten als Regisseur. Ablehnend.« (Arthur Schnitzler: Tagebuch 1909-1912. Wien: Verlag der Österreichischen Akademie der Wissenschaften 1981. S. 32).

3 Personalakt Zilsel; Lebenslauf.

4 Bundesministerium für Inneres und Unterricht, Unterrichtsamt, Nr. 17222-II/4b/1922.

5 Diese und alle folgenden Angaben und Zitate aus: Personalakt Zilsel, Archiv der Universität Wien.

1) Einführung in die Philosophie, ausgehend von den Einzelwissenschaften
2) Theorie der Induktion
3) Geschichtsphilosophie
4) Ausgewählte Kapitel aus der Ideengeschichte
5) Philosophische Grundlagen der Physik
6) Spinoza.

Die aus acht Mitgliedern (Reininger, Bühler, Schlick, Meister, Gomperz, Schlosser, Wegscheider, Ehrenhaft) bestehende Habilitationskommission »konnte in der Beurteilung nicht zur Einstimmigkeit gelangen, indem zwei ihrer Mitglieder der Arbeit jede Bedeutung als philosophische Fachschrift absprachen«. Daher wurde beschlossen, zusätzliche Gutachten aus Deutschland einzuholen, und zwar von Ernst Cassirer, Adolf Dyroff und Heinrich Scholz.

In dem Schreiben des Dekans an die Gutachter vom 10. März 1924 heißt es: »Die Kommission bittet Sie vor allem sich darüber zu äußern, ob die Schrift nach Ihrer Meinung auch als philosophische Leistung zu würdigen ist, und ob Sie glauben, daß die Gedankengänge des Werkes (die sich offenbar in einem Grenzgebiet der Geistesgeschichte bewegen) eine ausreichende Grundlage für die Qualifikation des Verfassers als Lehrer der Philosophie abgeben.«

Zuvor schon war versucht worden, Edgar Zilsel zu bewegen, seine Habilitationsschrift zurückzuziehen, da zwar in der Kommission selbst, nicht aber in der Fakultät eine Stimmenmehrheit für die Habilitation zu finden gewesen wäre.[6]

Edgar Zilsel hatte dies in einem Brief an Moritz Schlick (datiert mit 23. Februar 1924) zurückgewiesen:

»Auf Grund Ihrer Mitteilungen habe ich den Eindruck empfangen, daß Sie meinen, die Aussichten meines Habilitationsgesuches würden sich vielleicht wesentlich verbessern, wenn ich es zurückzöge und es um eine naturphilosophisch-erkenntnistheoretische Arbeit vermehrt wieder einreichte.

6 Aus dem Schreiben von Moritz Schlick an den Dekan vom 22. 2. 1924: »Obgleich nämlich die Abstimmung in der Kommission wahrscheinlich günstig für das Gesuch ausgefallen wäre, schien es doch offenbar, daß der Antrag in der Fakultät keine Mehrheit finden würde, und so wurden Kollege Gomperz und ich gebeten, auf Dr. Zilsel in der Richtung auf vorläufige Zurückziehung seines Gesuches einzuwirken.«

Nach reiflicher Überlegung bin ich zu folgendem Ergebnis gelangt: Anknüpfend an meine philosophischen und physikalischen Arbeiten über Zufalls- und Massenerscheinungen in der unbelebten Natur war mein Interesse in den letzten Jahren vor allem der Anwendung naturwissenschaftlicher Methoden auf geisteswissenschaftliche Gebiete sowie der Aufdeckung einigermaßen exakter Gesetze des geisteswissenschaftlichen Geschehens zugewendet. Der angedeutete weite Problemkreis dürfte mich nicht nur durch längere Zeit voraussichtlich weiter beschäftigen, sondern ich habe speziell für die Fortführung meiner Geschichte des Geniebegriffs sehr umfangreiches Material schon gesammelt und die Ergebnisse des fertiggestellten Teils ja schon im Hinblick auf dieses Material formuliert. Wie lange die endgültige Ausarbeitung der weiteren Teile meine Zeit noch vorwiegend in Anspruch nehmen wird, kann ich selbstverständlich derzeit nicht angeben. Ich könnte es aber vor mir selbst nicht rechtfertigen, wenn ich die Richtung meiner wissenschaftlichen Arbeit statt durch die Probleme, mein Interesse für sie und meine Vorarbeiten, durch Erwägungen anderer Art beeinflussen ließe.
Übrigens hätte ich meine Untersuchung über die Geschichte des Geniebegriffs, das Ergebnis achtjähriger Arbeit, nicht als Habilitationsschrift bezeichnet, wenn sie nicht meinem Urteil nach wissenschaftlicher Kritik standzuhalten vermöchte. Eine Zurückziehung des laufenden Gesuchs schiene mir gerade einem Widerruf dieser meiner Ansicht gleichzukommen. Dazu könnte ich mich jedoch erst dann entschließen, wenn ich von der Unhaltbarkeit meines Urteils durch wissenschaftliche Gründe sachlich überzeugt wurde.
Was also die weitere amtliche Behandlung meines Gesuchs anlangt, so besteht von meiner Seite kein Grund die endgültige Entscheidung hinauszuschieben.«
Bemerkenswert ist, welche Gründe von einzelnen Mitgliedern der Habilitationskommission, insbesondere von Robert Reininger (der die Lehrkanzel für »Geschichte der Philosophie« innehatte) und dem Pädagogik-Ordinarius Richard Meister, gegen Zilsel angeführt wurden.
Robert Reininger hielt »die Arbeit über den Geniebegriff nicht für hinreichend«; ihr »zweiter Teil hat nichts mit Philosophie zu tun«, die »einzige in dieser Hinsicht anwendbare Arbeit liegt acht Jahre zurück«.

Richard Meister ist von vornherein »gegen die Habilitation«, schon wegen des Buches »Die Geniereligion«. »Gegen die Persönlichkeit« des Habilitationswerbers hat er zwar »nichts einzuwenden«, doch hält er sie für »einseitig rationalistisch« ausgerichtet. Die »einseitige Einstellung« findet er in Zilsels Arbeiten überhaupt, es erscheint ihm »alles auf das Wirtschaftliche zugeschnitten«.

Richard Meister war als Professor für Pädagogik ein heftiger und eifriger Gegner der österreichischen Schulreform: Zilsel war nicht nur für die Schulreform eingetreten, sondern hatte es darüber hinaus gewagt, eine Lieblingsvorstellung gewisser Pädagogen – den Kult der Persönlichkeit – zu kritisieren (im Buch über die »Geniereligion«). Dazu kam, daß Zilsel, statt rein und tief zu philosophieren, daran gegangen war, in seiner Habilitationsschrift die historischen und gesellschaftlichen Wurzeln bestimmter Konzeptionen von Philosophie, Literatur und geistigem Schaffen aufzudecken. Die einzige Arbeit Zilsels, deren »philosophischer« Charakter nicht ohne weiteres zu leugnen war, »Das Anwendungsproblem«, war schon naturwissenschaftlich orientiert gewesen, und die »Anwendung naturwissenschaftlicher Methoden auf geisteswissenschaftliche Gebiete«, wie sie in der Habilitationsschrift ja versucht wurde, stieß auf heftigen Widerstand seitens traditionell ausgerichteter Fachphilosophen.

Verständlich, daß der Ordinarius für »Geschichte der Philosophie« Reininger die »Beiträge zur Geschichte des Geniebegriffes« als »bloße Ansammlung von Material« abqualifizierte und »nicht als philosophische Habilitationsschrift verwertbar« ansah. Die ausländischen Gutachten änderten nichts an den Positionen innerhalb der Habilitationskommission.

Diese ausländischen Gutachten schwankten zwischen allgemeinem Lob und der Meinung, daß die Habilitationsschrift eigentlich nicht so recht philosophisch wäre. Der wissenschaftlich und auch »philosophisch« qualifizierteste Gutachter Ernst Cassirer allerdings äußerte sich (obwohl von seiner philosophischen Position her Zilsel nicht unbedingt nahestehend) bezüglich der Arbeit über den Geniebegriff (in einem Schreiben vom 1. Juli 1924) folgendermaßen:

»Ich darf sagen, daß ich, wenngleich ich nicht mit allen Einzelheiten einverstanden bin, im Ganzen von ihr den günstigsten Eindruck gewonnen habe. Ich selbst habe mich mit dem Thema, das sie behandelt, vielfältig beschäftigt und glaube einige der Quellen, die der Verfasser heranzieht, gut zu kennen; trotzdem hat mir die Arbeit sowohl inhaltlich, wie nach den methodischen Gesichtspunkten, unter die sie ihr Thema rückt, viel Neues gegeben. Und was die Frage betrifft, ob die Behandlung des Stoffes, die der Verfasser gewählt hat, im eigentlichen Sinne als philosophisch betrachtet werden kann, so glaube ich auch sie unbedingt bejahen zu können. Denn bei aller Fülle des historischen Details, die ja bei der Bearbeitung eines derartigen Themas unerläßlich ist, ist doch die Stoffwahl selbst und die Art der Behandlung und Fragestellung stets durch allgemeine geistesgeschichtliche und kulturphilosophische Gesichtspunkte bestimmt. Ich glaube daher, daß die vorliegende Arbeit – neben den früheren Arbeiten Zilsels, die ich als wertvolle Beiträge zur Logik und Wissenschaftslehre sehr schätze – durchaus als vollgültige Grundlage für eine philosophische Habilitation anzusehen ist.«

Heinrich Gomperz meinte schließlich, »er würde sich bereit erklären, Zilsel nahezulegen, daß er sich mit (dem) zeitweiligen Zurückstellen des Gesuches einverstanden erklärte«, und stellte einen entsprechenden Antrag, der mit einer Stimmenthaltung (wahrscheinlich von Schlick, der bis zuletzt für Zilsel eingetreten war) angenommen wurde.

Am 3. November 1924 teilte Zilsel dem Dekan der Philosophischen Fakultät die Zurückziehung seines Gesuches mit: »Herr Professor Gomperz hat mir mitgeteilt, die Mehrheit der Mitglieder der zur Behandlung meines Habilitationsgesuches eingesetzten Kommission habe den wissenschaftlichen Wert meiner Habilitationsschrift anerkannt, die Kommission lege mir jedoch nahe, das Gesuch einstweilen trotzdem zurückzuziehen; sie sei der Meinung, die Aussichten auf Erlangung der venia legendi würden sich für mich wesentlich verbessern, wenn ich in Zukunft werde Arbeiten vorlegen können, deren Zugehörigkeit zu dem auch im engsten Sinne gefaßten Gebiet der Philosophie weniger bestreitbar sein werde, als es bei meinen jetzigen Gesuchsbeilagen der Fall ist.

Nun habe ich mich, wie aus meinen bisherigen Arbeiten hervorgeht, der Philosophie nicht etwa von literargeschichtlicher Seite her zufällig genähert, sondern meine natur- und geschichtsphilosophischen Darlegungen an physikalischen und geistesgeschichtlichen Tatbeständen zu entwickeln versucht, in der Meinung der Philosophie dadurch besser zu dienen als durch ihre enge Abgrenzung gegen den fruchtbaren Boden der Einzelwissenschaften. Es scheint mir derzeit recht unwahrscheinlich, daß ich bei der Ausführung meines philosophischen Arbeitsplanes die Arbeitsmethode von Grund auf ändern werde, unwahrscheinlich also, daß die geänderten Hoffnungen auf meine künftigen Arbeiten in absehbarer Zeit Erfüllung finden könnten.«

Die »Schulphilosophen« und ihr Anhang hatten erfolgreich verhindert, daß eine fruchtbare Verbindung philosophischer Reflexion mit den Arbeiten der Einzelwissenschaften auf dem Boden der Universität selbst in verstärktem Maße angestrebt und durchgeführt werden konnte.[7]

Edgar Zilsel widmete sich in der Folge vor allem der Tätigkeit im Rahmen der Wiener Volksbildung, insbesondere im Volksheim Wien (der heutigen Volkshochschule Ottakring) und wird zu diesem Zweck auch immer wieder vom Schuldienst freigestellt. 1933 – nach der Machtergreifung der Austrofaschisten unter dem damaligen Bundeskanzler Dollfuß – wird diese Freistellung vom Schuldienst stark eingeschränkt, im Februar 1934, nach der Niederkämpfung des Republikanischen Schutzbundes und der endgültigen Zerschlagung der Organisationen der Arbeiterbewegung durch das austrofaschistische Regime, wird der Sozialist Zilsel von der Volkshochschule entfernt. Im Schuldienst darf er weiter verbleiben: Der Schulunterricht scheint den Machthabern weniger subversive Möglichkeiten zu bieten denn die Volksbildung.

Nach der nationalsozialistischen Okkupation Österreichs im Jahre 1938 wird der Jude Zilsel auch aus dem Schuldienst entfernt und pensioniert.

Es gelang ihm, noch 1938 mit seiner Frau und seinem Sohn zunächst nach England und dann in die USA zu emigrieren.

Am 11. März 1944 beging Edgar Zilsel Selbstmord.

Edgar Zilsel hat einen wesentlichen Teil seiner Tätigkeit der Wiener Volksbildung gewidmet. Daneben, aber auch aus dieser Arbeit heraus, entstand eine Reihe von wissenschaftlichen Werken

7 Zu den politischen und gesellschaftlichen Hintergründen der Situation der Philosophischen Fakultät der Universität Wien siehe: Friedrich Stadler, Aspekte des gesellschaftlichen Hintergrunds und Standorts des Wiener Kreises am Beispiel der Universität Wien. In: Akten des 3. Internationalen Wittgenstein-Symposiums (Wien 1979) 41-59 (darin auch über den Habilitationsversuch Zilsels).

(drei Bücher und eine Reihe von Aufsätzen), die thematisch von philosophischen Arbeiten über Beiträge zur Schulreform und zu Diskussionen über marxistische Theorie bis zu Untersuchungen zur Entstehung der neuzeitlichen Wissenschaft reichte.
Zilsel war der seltene Fall eines Gelehrten, der über ebenso fundierte Kenntnisse der Naturwissenschaft (insbesondere der Mathematik und Physik) wie der Philosophie verfügte, sie mit eigenständigen originellen Denkansätzen zu verbinden und darüber hinaus all diese Kenntnisse und Einsichten anderen zu vermitteln vermochte.
1916 erschien – aus seiner Dissertation hervorgegangen – sein erstes Buch: »Das Anwendungsproblem. Ein philosophischer Versuch über das Gesetz der großen Zahlen und die Induktion.« Es geht zunächst davon aus:
»Es scheint irgendeine Brücke zwischen Theorie und Praxis zu geben. Theorien lassen sich auf die uns gegebene Wirklichkeit, Rationales läßt sich auf Irrationales anwenden. Wie das zugehen mag, ist ein philosophisches Problem, das ich das Anwendungsproblem nennen will.«
Und kommt zu dem Schluß:
»Wir Menschen müssen die Welt, das ist die Gesamtheit der psychophysischen Phänomene, als gegeben hinnehmen. Dabei bleibt dieses Gegebene immer undeutlich und schwankend, es ist nicht restlos bestimmt. In dieser Welt gibt es nur Beziehungen, Strukturen ... Wir treiben Naturwissenschaft, Mathematik und Logik, d.h. wir bemühen uns, die vorgefundenen Beziehungen oder Strukturen durch Theorien auszudrücken, durch Systeme, die völlig präzis, restlos bestimmt sein sollen. Diese Theorien kann man als rational sowohl dem Physischen als auch dem Psychischen gegenüberstellen ...
Die Welt bleibt zwar immer etwas Schwankendes, zum Teil ineinander Verfließendes, diese Schwankungen aber kompensieren einander gegenseitig immer mehr, diese Unbestimmtheiten sind so glücklich verteilt, daß wir Menschen in der Welt trotz aller Vagheit ganz präzise Beziehungen feststellen können, freilich diese Feststellungen in infinitum zu ergänzen haben. Diese glückliche Verteilung der Unbestimmtheiten ist also Vorbedingung für die Erkennbarkeit der Welt.«[8]

8 Op. cit., S. v, 167ff.

Zilsels zweites Buch – »Die Geniereligion. Ein kritischer Versuch über das moderne Persönlichkeitsideal mit einer historischen Begründung« – erschien 1918. Er setzte sich darin kritisch mit dem Kult um »Persönlichkeit« und »Genie« sowie in einem Anhang mit einem Text von Houston Stewart Chamberlain auseinander.
Zilsel gelangte zu der Feststellung (die – angesichts der späteren Siege des Faschismus – geradezu prophetisch anmutet):
»Jede Minderung, die das Ansehen Chamberlains erfährt, bedeutet an sich einen Gewinn, denn gerade der genannte Autor bewegt sich stets auf jenen Grenzgebieten, auf denen Unwissenheit und tiefe Vorurteile mit Glück und Blut der Nebenmenschen bezahlt werden. ... Wenn wir erwägen, wieso es kommt, daß heute ein so unreinlicher Schwärmer bei den Gebildeten beträchtliches Ansehen genießen kann, ... dann muß wohl die Frage auftauchen, ob nicht die ganze Voraussetzung, von der dieser und zahllose verwandte Autoren leben, der Begriff der genialen Persönlichkeit und der Tiefe, eine arge Gefahr für unser Zeitalter bedeuten.«[9]
In Fortsetzung des Werkes über Geniereligion erschien 1926 das dritte und letzte Buch Zilsels, »Die Entstehung des Geniebegriffes. Ein Beitrag zur Ideengeschichte der Antike und des Frühkapitalismus«.
Zilsel widmete das Buch der Volkshochschule: »Für den Fall aber, daß die Untersuchung sich als fruchtbar für die Wissenschaft erweisen sollte, möge sie den Wiener Volkshochschulen Ehre machen. Sie könnte dann bezeugen, daß heute schon gerade an der Volkshochschule die lebendige Wissenschaft eine Stätte gefunden hat.«[10]
Er formulierte erstmals Überlegungen zu Gesetzmäßigkeiten in der Geschichte in Analogie zu solchen in der Physik, und es ist kein Zufall, daß er der Arbeit ein Spinoza-Zitat als Motto voranstellte, das auf die Einheit der Erkenntnis der Gesetze und Regeln in der Natur und in der menschlichen Gesellschaft hinweist.
1921 und 1924 erschienen Aufsätze, die als Beiträge zur österreichischen Schulreform dienen sollten: »Der einführende Philosophie-Unterricht an den Oberschulen« und »Kant als Erzieher«.
In mehreren Zeitschriften-Artikeln beschäftigte sich Edgar Zilsel noch mit theoretischen Problemen der Naturwissenschaft, 1928

9 Op. cit., S. 192.
10 Op. cit., S. V.

stellte er in einem Sammelwerk zur »Einführung in die Philosophie« im Abschnitt »Naturphilosophie« die Grundlagenprobleme und den Entwicklungsstand der neuzeitlichen wie modernen Naturwissenschaft dar.

1931 publizierte er im »Archiv für Sozialwissenschaft und Sozialpolitik« eine Arbeit mit dem Titel »Geschichte und Biologie, Überlieferung und Vererbung«; darin setzte er sich ausführlich mit Fragen soziologischer und biologischer Abläufe auseinander, die beide naturwissenschaftlich betrachtet wurden.

Zwischen 1928 und 1933 erschien im theoretischen Organ der österreichischen Sozialdemokratie – »Der Kampf« – eine Reihe von Aufsätzen, in denen Zilsel das Verhältnis der Philosophie zu den Einzelwissenschaften und zur Religion darlegt, die zeitgenössische Philosophie soziologisch untersuchte, sich kritisch mit dem »Materialismus« Max Adlers auseinandersetzte und schließlich »Die gesellschaftlichen Wurzeln der romantischen Ideologie« darzulegen sich bemühte.

1933 publizierte Zilsel dann im »Kampf« zwei Artikel (»SA philosophiert« und »Das Dritte Reich und die Wissenschaft«) unter dem Pseudonym Rudolf Richter – für den Bundeslehrer Zilsel war es, nach der Zerstörung der Demokratie durch Dollfuß, nicht länger ratsam, unter seinem richtigen Namen in einer sozialdemokratischen Zeitschrift zu schreiben.

1930 hatte Zilsel geschrieben: »Seit etwa 40 Jahren ist ein erheblicher Teil der Philosophen damit beschäftigt, zwischen gesellschaftlichen und Naturvorgängen möglichst viele Trennungsschranken zu errichten.«[11]

Demnach mußten ihm Bestrebungen, eben derartige Schranken zu beseitigen, durchaus nahe liegen, und das erklärt auch seine Beteiligung an Diskussionen und Tagungen des Wiener Kreises, wiewohl er auch dabei eine durchaus selbständige und häufig kritische Position einnahm.

Aber sowohl die Betonung der Einheit der wissenschaftlichen Erkenntnis, die Verknüpfung von marxistischer Theorie und Naturwissenschaften als auch die Verbindung von Wissenschaft, Bildung und bewußter alltäglicher Lebensgestaltung (individueller wie kollektiver Art) teilte er jedenfalls mit maßgeblichen Vertretern des Wiener Kreises wie etwa Otto Neurath.

11 Der Kampf, XXIII (1930) S. 411.

Sein Engagement in der Arbeiterbewegung beschrieb Zilsel rückblickend so:
»Ich bin der österreichischen Sozialdemokratie im Oktober 1918 beigetreten und bin in der Partei ein anderer Mensch geworden, was immer ich noch erleben möge. Zwölf Jahre lang hatte ich das Glück, als Volkshochschullehrer mit Wiener Proletariern zu leben; ich weiß sehr wohl, daß der wunderbare Idealismus der Wiener Arbeiterschaft dem Geist des Sozialismus entstammte, wie ihn die österreichische Partei hervorgebracht hat. Ich bin stolz, zu einer Partei gehört zu haben, die, während alle anderen kampflos kapitulierten, durch den Februarkampf die Würde des Sozialismus für die Zukunft gerettet hat. Ich bin glücklich, daß ich jahrelang mit Otto Bauer in freundschaftlicher Berührung sein durfte. Und ich werde mich immer der zahlreichen Beispiele von Mut, Anständigkeit und Tüchtigkeit erinnern, die ich in der österreichischen Partei getroffen habe.«[12]
In der Emigration veröffentlichte Zilsel in verschiedenen wissenschaftlichen Zeitschriften insgesamt acht Aufsätze, in denen er sich mit den gesellschaftlichen Bedingungen der Entstehung und Entwicklung der neuzeitlichen Wissenschaft beschäftigte. Für das große Projekt Otto Neuraths, eine Enzyklopädie der Einheitswissenschaft zu verfassen, schrieb Zilsel einen Beitrag mit dem Titel »Problems of Empiricism«.
All diese Arbeiten waren Bruchstücke eines umfassenden Forschungsvorhabens, das zu Ende zu führen ihm nicht mehr möglich war.

II Genie und Rasse

Zur deutschen Kultur der Jahrhundertwende

»Ich kann nicht leugnen, mein Mißtrauen gegen den Geschmack unserer Zeit ist bei mir vielleicht zu einer tadelnswürdigen Höhe gestiegen. Täglich zu sehen, wie Leute zum Namen Genie kommen, wie die Kelleresel zum Namen Tausendfuß, nicht weil sie soviel Füße haben, sondern weil

12 Zit. n. Austrian Labour Information, No. 24 (March-April 1944) S. 9.

die meisten nicht bis auf 14 zählen wollen, hat gemacht, daß ich keinem mehr ohne Prüfung glaube.«
Georg Christoph Lichtenberg[13]

»Es ist gar nicht zu sagen, wie viele Roms es gibt, in deren jedem ein Papst sitzt. Nichts bedeutet der Kreis um George, der Ring um Blüher, die Schule um Klages gegen die Unzahl der Sekten, welche die Befreiung des Geistes durch den Einfluß des Kirschenessens, vom Theater der Gartensiedlung, von der rhythmischen Gymnastik, von der Wohnungseinrichtung, von der Eubiotik, vom Lesen der Bergpredigt oder einer von tausend anderen Einzelheiten erwarten. Und in der Mitte jeder dieser Sekten sitzt der große Soundso, ein Mann, dessen Namen Uneingeweihte noch nie gehört haben, der aber in seinem Kreis die Verehrung eines Welterlösers genießt. Ganz Deutschland ist voll von solchen geistigen Landsmannschaften; aus dem großen Deutschland, wo von zehn bedeutenden Schriftstellern neun nicht wissen, von was sie leben sollen, strömen ungezählten Halbnarren Mittel zur Entfaltung ihrer Propaganda, zum Druck von Büchern und zur Gründung von Zeitschriften zu. Ich habe die Zahlen von heute nicht zur Hand, aber vor dem Kriege sind in Deutschland jährlich über tausend neue Zeitschriften und weit über dreißigtausend neue Bücher erschienen, und wir haben uns natürlich eingebildet, daß dies ein weithin leuchtendes Zeichen unseres geistigen Hochstandes sei. Man darf vielleicht ebensogut vermuten, daß dieses Übermaß ein unbeachtetes Zeichen eines sich ausbreitenden Beziehungswahns ist, dessen Grüppchen das ganze Leben an einer fixen Idee befestigen, so daß ein echter Paranoiker es heute wirklich schwer haben muß, sich bei uns des Wettbewerbes der Amateure zu erwehren.«
Robert Musil[14]

»Die verschreckte Bourgeoisie ist über das laute Geschrei der enterbten Massen ... bestürzt und hält es für notwendig, die Menschen zum Aberglauben zurückzuführen. Daher diese Geschäftigkeit mit religiösen Symbolisten, religiösen Sozialisten, idealistischer Malerei, Okkultismus, Buddhismus usw. usw.«
Camille Pissarro in einem Brief an seinen Sohn Lucien am 13. Mai 1891[15]

13 Zitiert nach: Fritz Mauthner: Wörterbuch der Philosophie, Bd. 1 (Zürich: Diogenes 1980) S. 399.
14 Robert Musil: Essays und Reden. Kritik. (Reinbek: Rowohlt 1983) S. 1163 f.
15 Zitiert nach: A. Schönberg/W. Kandinsky: Briefe, Bilder und Dokumente einer außergewöhnlichen Begegnung. (Salzburg, Wien: Residenz-Verlag 1980) S. 223.

Die Auseinandersetzung Edgar Zilsels mit den Kulten des Genies und der Persönlichkeit muß vor dem Hintergrund der deutschen Ideologien des 19. und frühen 20. Jahrhunderts gesehen werden – wie sie in besonderer Weise in der Metropole Wien ausgebildet worden sind.

Es ging dabei keineswegs mehr bloß um die Verehrung von historischen Heldengestalten, bedeutenden Feldherren und Herrschern oder großen Künstlern, sondern mit der Anbetung der genialischen, übermenschlichen Persönlichkeit wurden verknüpft die Träume von der Vorherrschaft der deutschen Nation, der arischen, der germanischen Rasse.[16]

Das politisch ohnmächtige deutsche Bürgertum orientierte sich gerade angesichts der erstarkenden Arbeiterbewegung an obrigkeitlicher Autorität und erwartete von dorther eine Sicherung der eigenen sozialen Position.

Es nahm gegen Ende des neunzehnten Jahrhunderts endgültig Abschied von den ohnehin nur recht schwach vertretenen Traditionen der Aufklärung. Die Reste bürgerlicher Aufklärung in Deutschland hatten wohl bestanden in einer Orientierung an moderner Naturwissenschaft; aber diese war doch – zu sehr – an Rationalität, Erfahrung, Experiment, an Arbeit orientiert gewesen; die Arbeiter selbst begannen sich zunehmend gerade an der materialistischen Weltauffassung der Naturwissenschaften auszurichten und sahen in der rationalen, wissenschaftlichen Erkennbarkeit und Gestaltbarkeit der Welt eine Bestärkung ihrer eigenen Bestrebungen nach organisierter, geplanter, kollektiver Lebens- und Gesellschaftsgestaltung.

Daher wurde getrachtet, in Form der sogenannten Geistes-Wissenschaften ein Reservat für das deutsche Bildungsbürgertum zu schaffen, wo es so recht bei sich sein konnte, ohne von Erscheinungen wie Kapitalismus, Industrie, exakter Wissenschaft oder gar Demokratie gestört zu werden. Zugleich sollte durch die Aufspaltung in zwei grundsätzlich verschiedene Erkenntnis-Bereiche (der Natur und der Kultur oder Gesellschaft) die *gesellschaftliche* Bedeutung (natur-)wissenschaftlicher Erkenntnisweise vergessen gemacht werden.

16 Cf. Jochen Schmidt: Die Geschichte des Genie-Gedankens in der deutschen Literatur, Philosophie und Politik 1750-1945. Band 2: Von der Romantik bis zum Ende des Dritten Reiches. (Darmstadt: Wissenschaftliche Buchgesellschaft 1988) S. 180-237.

Im westlichen Europa (England, Holland, Frankreich) hatte das Bürgertum (und zwar zunehmend auch die Mittelklassen) sich gesicherte Anteile an politischer Macht und an parlamentarischer Kontrolle der Regierungen erkämpft; Selbstbewußtsein und Identität der Bürger waren individuell wie kollektiv (als Klassenbewußtsein) begründet in ökonomischer Leistungsfähigkeit wie in politischem Artikulations- und Durchsetzungsvermögen.
Demgegenüber war das deutsche Bürgertum sowohl ökonomisch wie politisch schwach: innere Qualitäten, geistige Güter, »Bildung« mußten materiellen Reichtum und wirkungsvolle politische Interessenvertretung ersetzen; die soziale Identität des deutschen Bürgertums (das Selbstverständnis als soziale Klasse) war dementsprechend schwach ausgebildet (und allenfalls gegen die unteren Klassen, gegen das Proletariat, aber nicht nach oben hin, gegen die Aristokratie, gerichtet) und wurde weitgehend durch ein Aufgehen in Volk, Nation, später Rasse, ersetzt.
Noch so bedeutungslose Einzelne mochten durch die Teilhabe am deutschen Volk, an der deutschen Nation, an der germanischen Rasse, mittelbar Bedeutung erlangen; wer nicht selber genialisch war und auch keine besonders tiefe und bedeutende Persönlichkeit, konnte so wenigstens Bestandteil eines Volkes oder einer Rasse sein, zu deren typischen Eigenschaften die Hervorbringung von Genies und – zunächst – geistigen Herrscher- und Führer-Persönlichkeiten gehörte.
Der deutsche Nationalismus entstammte von Anfang an dem Reich der Ideen und der Wünsche; vorgeblich war er eine Doktrin der Befreiung von Fremdherrschaft und äußeren, »volksfremden« Einflüssen: daher hießen die Kämpfe gegen Napoleon »Befreiungskriege«, obwohl es nur galt, die Herrscher von den Gefahren von Verfassungen, Rechtsstaatlichkeit, der Gleichheit aller Staatsbürger vor dem Gesetz und ähnlichen westlichen Errungenschaften zu befreien.
Der Gedanke einer deutschen Identität mußte in der Zeit der Französischen Revolution und des napoleonischen Imperiums als nützliche Kriegs- und Anti-Franzosen-Propaganda konstruiert und verarbeitet werden – in Form der veröffentlichten Meinung von Journalisten, Dichtern und Gelehrten. Dabei konnte weder auf ein geographisch noch auf ein politisch definiertes Gebilde (z.B. der Staat der Bürger, Bauern, Arbeiter oder der Kaufleute, Handwerker, Seefahrer ...) verwiesen werden.

Auf die Frage, wo denn Deutschland liege, wie weit denn Deutschland reiche, konnte nur geantwortet werden: »So weit die deutsche Zunge reicht ...«; es mußte auf *Sprache* als identitäts- und einheits-stiftendes Element rekurriert werden, nicht auf geographisch und/oder politisch bestimmte Staats-Grenzen bzw. ein Staatsvolk. Das wiederum begründete theoretisch einen deutschen Herrschaftsanspruch, wo immer deutsch gesprochen wurde – von der Wolga bis zum Kap der Guten Hoffnung oder gar zum Kap Hoorn.
Dieser Herrschaftsanspruch der deutschen Nation wurde irgendwie auch aus der Geschichte abgeleitet. Da aber weder das antike römische Reich über einen Begriff von Nation verfügte, mußte einstige Vormacht, ja geradezu Weltherrschaft in Sagen und Märchen aufgefunden oder durch systematische Geschichtsklitterung als Mythos begründet werden. Das Fatale an diesem besonderen – deutschen – Typ von Nationenbildung war, daß deutsche Gelehrte und Schriftsteller über mehrere Generationen hinweg nicht etwa nur die Realität idealisierten, in Gedanken verklärten und überhöhten, sondern überhaupt erst in ihrer Phantasie ein Produkt – die deutsche Nation – schufen, dem dann die Wirklichkeit angepaßt werden sollte und mußte.
Während Engländer, Holländer, Franzosen, Tschechen ... auf ihre *tatsächliche* Geschichte und auf *tatsächliche* wirtschaftliche, kulturelle, politische Leistungen und Errungenschaften stolz sein konnten, wurde *die deutsche Nation als historischer Anspruch* phantasiert, die deutsch-nationale Identität in Heldensagen, legendären Kaisergestalten und in der willkürlichen Konstruktion einer ungebrochenen Reichs-Tradition von den alten Römern über Karl den Großen, die Staufer bis zu den Habsburgern und Hohenzollern gefunden. Eine derart schwach begründete Nation, eine derartige deutsch-nationale Identität waren stets schon auf der theoretischen Ebene vom Untergang bedroht, noch ehe die Idee der Nation verwirklicht werden konnte. Schon Zweisprachigkeit, schon das Erlernen einer »Fremd«-Sprache, gefährdete das Deutschtum; »Überfremdung«, »Vermischung« mit anderen Völkern erschienen so ebenfalls existenzgefährdend: »deutsche Einheit« und »der Rasse Reinheit« wurden alsbald verbunden. Selbständiges und kritisches Denken überhaupt galt als nicht der deutschen Eigenart entsprechend, als »zersetzend«. Da die deutschen »Dichter und Denker« im 19. Jahrhundert (und auch spä-

ter) in ihrer überwiegenden Zahl mit der Propagierung der »deutschen Frage«, der »deutschen Nation«, der »deutschen Einheit«, des »deutschen Volkstums«, mit »deutscher Sitte, Art und Wesen« beschäftigt waren, galt *ihnen* jeder kritische Gedanke als Verrat am Vaterland, als Ausdruck der Volksfremdheit, galten ihnen kritische Intellektuelle als vaterlandslose Gesellen (die wohl ausländisches, fremdartiges, kosmopolitisches Gedankengut zu verbreiten trachteten).

Das Weltbild des Deutschnationalismus war von Anfang an geprägt von Verfolgungswahn, in die Vergangenheit projizierten Leidens- und Versagensvorstellungen sowie Rache- und Allmachtsphantasien, die sich auf die Zukunft der Deutschen bezogen.

Deutschland wurde als von Feinden umschlungene, eingekreiste Nation gesehen, die schon an ihrer Entstehung und später an ihrer Entfaltung gehindert werden sollte (»Volk ohne Raum«), aber gleichzeitig von innen bedroht durch fremdrassige, volksfremde Elemente und die mit ihnen im Bunde stehenden Intellektuellen und sozialistischen Agitatoren (die Arbeiterbewegung wurde ebenfalls wesentlich als antinationale und antipatriotische Angelegenheit betrachtet).

Gegen Ende des 19. Jahrhunderts tauchten in immer stärkerem Ausmaß auch endzeitliche Phantasien auf: Phantasien von einem gigantischen Kampf zwischen der schöpferischen nordischen, germanischen, arischen Rasse und anderen Rassen – ein Kampf, der nicht bloß mit Waffen, sondern alltäglich im Bereich des »Geistes«, der »Kultur«, vor allem aber in bezug auf die Reinhaltung oder Vermischung des Blutes auszufechten war.

Ein charakteristischer und beispielhafter Vertreter all dieser Vorstellungen von deutscher Art und deutschem Sinn, von Volk, Genie und Rasse ist Houston Stewart Chamberlain (Schwiegersohn Richard Wagners und erfolgreicher Autor), dessen Schriften jahrzehntelang in zahlreichen Auflagen unter den »Gebildeten« Verbreitung fanden.

In dem 1899 erstmals erschienenen Werk »Die Grundlagen des 19. Jahrhunderts« faßte er seine Anschauungen zwecks Belehrung seiner Leser zusammen (von diesem mehr als 1000 Druckseiten umfassenden Werk waren 1915 bereits 100 000 Exemplare gedruckt und offensichtlich auch verkauft worden; 1940 lag das Buch in 25. Auflage vor).

In dem im Herbst 1898 in Wien verfaßten Vorwort zur ersten Auflage der »Grundlagen des 19. Jahrhunderts« schreibt H. St. Chamberlain:
»Den Charakter dieses Buches bedingt der Umstand, daß sein Verfasser ein ungelehrter Mann ist.«
Einige Seiten weiter heißt es dann allerdings:
»Ganz ohne wissenschaftliche Schulung ist der Verfasser dieses Buches nicht ... Jedoch er durfte und er mußte sich sagen, daß es etwas gibt, höher und heiliger als alles Wissen: das ist das Leben selbst. Was hier geschrieben steht, ist *erlebt.* Manche tatsächliche Angabe mag ein überkommener Irrtum, manches Urteil ein Vorurteil, manche Schlußfolgerung ein Denkfehler sein, ganz unwahr ist nichts; denn die verwaiste Vernunft lügt häufig, das volle Leben nie: ein bloß Gedachtes kann ein luftiges Nichts, die Irrfahrt eines losgerissenen Individuums sein, dagegen wurzelt ein tief Gefühltes in Außer- und Überpersönlichem, und mag auch Vorurteil und Ignoranz die Deutung manchmal fehlgestalten, ein Kern lebendiger Wahrheit *muß* darin liegen.«[17]
Dieses Muster des Ausspielens der Gegensätze zwischen bloßem Verstand, entwurzeltem Intellekt, »verwaister Vernunft« und dem »vollen Leben«, »lebendiger Wahrheit« der im Seinsgrund, im völkischen und rassischen Daseinsgrund verwurzelten Existenz kehrt in Variationen wieder – bei Houston Stewart Chamberlain und bei anderen »tiefen Denkern« (bis zum heutigen Tag). Stets geht es darum, diverse Äußerungen der Überprüfung durch rationale und empirische Analyse, durch exakte Wissenschaft, zu entziehen – durch Berufung auf ein höheres oder tieferes (unter der Oberfläche wucherndes) Dasein, Empfinden, Ahnen.
Das Schöpferische macht das Genie aus und zugleich das wahre Wesen der nordischen Rasse; dies teilt H. St. Chamberlain gleich in der allgemeinen Einleitung zu den »Grundlagen des 19. Jahrhunderts« seinen Lesern mit:
»Daß die nördlichen Europäer die Träger der Weltgeschichte geworden sind, wird wohl kaum jemand zu leugnen sich vermessen. Zwar standen sie zu keiner Zeit allein, weder früher noch heute; im Gegenteil, von Anfang an entwickelte sich ihre Eigenart im Kampfe gegen fremde Art, zunächst gegen das Völkerchaos des

17 Houston Stewart Chamberlain: Die Grundlagen des neunzehnten Jahrhunderts. 25. Aufl. (München: F. Bruckmann 1940) S. XI, XIV f.

verfallenen römischen Imperiums, nach und nach gegen alle Rassen der Welt; es haben also auch Andere Einfluß – sogar großen Einfluß – auf die Geschicke der Menschheit gewonnen, doch dann immer nur als Widersacher der Männer aus dem Norden. Was mit dem Schwert in der Hand ausgefochten wurde, war das Wenigste; der wahre Kampf war der *Kampf um die Ideen* ...; dieser Kampf dauert noch heute fort. Waren aber die Germanen bei der Gestaltung der Geschichte nicht die Einzigen, so waren sie doch die Unvergleichlichen: alle Männer, die vom 6. Jahrhundert ab als wahre *Gestalter* der Geschicke der Menschheit auftreten, sei es als Staatenbildner, sei es als Erfinder neuer Gedanken und origineller Kunst, gehören ihnen an.«[18]

Zwar ist er einerseits der Meinung, daß »große Männer wohl die *Blüten* der Geschichte sind, jedoch nicht ihre *Wurzeln*«, und will das 19. Jahrhundert »durch Hervorhebung der anonymen Strömungen« schildern, »welche ihm auf den verschiedensten Gebieten des sozialen, des industriellen und des wissenschaftlichen Lebens ein besonderes, eigenartiges Gepräge verliehen haben«.

»Jedoch es gibt eine Ausnahme. Sobald nicht mehr die bloß beobachtende, vergleichende, berechnende, oder die bloß erfindende, industrielle, den Kampf ums Leben führende Geistestätigkeit, sondern die rein schöpferische in Betracht kommt, da gilt die Persönlichkeit allein. Die Geschichte der Kunst und der Philosophie ist die Geschichte einzelner Männer, nämlich der wirklich schöpferischen *Genies.* Alles übrige zählt hier nicht. Was innerhalb des Rahmens der Philosophie sonst geleistet wird, und es wird da Vieles und Bedeutendes geleistet, gehört zur »Wissenschaft«; in der Kunst gehört es zum Kunstgewerbe, also zur Industrie.«[19]

Die Aufspaltung in Wissenschaft und industrielle Arbeit sowie den Bereich des wahrhaft Schöpferischen dient nicht zuletzt dazu, den Blick auf das Wesentliche zu lenken – auf den Kampf der Rassen. Und dabei stehen einander »Juden und Germanen ... bald freundlich, bald feindlich, stets fremd gegenüber«.[20]

Den Juden kommt nach Chamberlain (aber wir müssen uns immer in Erinnerung rufen: er steht für zahlreiche ähnlich agitie-

18 Ibid., S. 8.
19 Ibid., S. 26.
20 Ibid., S. 259.

rende Autoren) deswegen eine besondere Bedeutung und Gefährlichkeit zu, weil sie einerseits die Ideen des Materialismus und der Rationalität verkörpern (und zugleich unfähig zu schöpferischer Phantasie sind), und es ihnen andererseits gelungen ist, sich als »reine Rasse« zu behaupten.

»Der Geldbesitz an und für sich ist ... das Wenigste; unsere Regierungen, unsere Justizpflege, unsere Wissenschaft, unser Handel, unsere Literatur, unsere Kunst ... so ziemlich alle Lebenszweige sind mehr oder weniger freiwillige Sklaven der Juden geworden. ... Von idealen Beweggründen bestimmt, öffnete der Indoeuropäer in Freundschaft die Tore: wie ein Feind stürzte der Jude hinein, stürmte alle Positionen und pflanzte – ich will nicht sagen auf den Trümmern, doch auf den Breschen unserer Eigenart die Fahne seines uns ewig fremden Wesens auf ... Man sehe doch, mit welcher Meisterschaft sie das *Gesetz des Blutes* zur Ausbreitung ihrer Herrschaft benutzen: der Hauptstock bleibt fleckenlos, kein Tropfen fremden Blutes dringt hinein; heißt es doch in der Thora: ›kein Bastard soll in die Gemeinde Jahve's kommen, auch nicht nach zehn Generationen‹ (Deuteronomium XXIII, 2); inzwischen werden aber Tausende von Seitenzweiglein abgeschnitten und zur Infizierung der Indoeuropäer mit jüdischem Blute benutzt. Ginge das ein paar Jahrhunderte so fort, es gäbe dann in Europa nur noch ein einziges rassenreines Volk, das der Juden, alles Übrige wäre eine Herde pseudohebräischer Mestizen, und zwar ein unzweifelhaft physisch, geistig und moralisch degeneriertes Volk.«[21]

Houston Stewart Chamberlain hegt im übrigen durchaus eine gewisse »vornehme«, gelehrte Attitüde – er grenzt sich gelegentlich vom ordinären Antisemitismus ab; er erhebt keinerlei moralische Anwürfe gegen die Juden, er erkennt ihre »Eigenart« an; sie sind ihm als »reine Rasse« ein bemerkenswertes Beispiel, das er den tumben Germanen vorhält; er will sie nicht als besonders gut oder als besonders böse bezeichnen (weil individuelle Motive prinzipiell nicht ergründbar sind): »dagegen gibt es recht wohl gute und schlechte Rassen, denn hier handelt es sich um physische Verhältnisse, um allgemeine Gesetze der organischen Natur, die experimental untersucht worden sind, um Verhältnisse, wo ... Zahlen unwiderlegliche Beweise erbringen, um Verhältnisse,

21 Ibid., S. 324.

über die uns die Geschichte der Menschheit reiche Belehrung bietet«.[22]

Aber jenseits von Blut und Rasse sind es eben doch auch die Ideen, die prägend wirken, und so kann es kommen:

»Man braucht nicht die authentische Hethiternase zu besitzen, um Jude zu sein, vielmehr bezeichnet dieses Wort vor allem eine besondere Art zu fühlen und zu denken; ein Mensch kann sehr schnell, ohne Israelit zu sein, Jude werden; Mancher braucht nur fleißig bei Juden zu verkehren, jüdische Zeitungen zu lesen und sich an jüdische Lebensauffassung, Literatur und Kunst zu gewöhnen.«[23]

Aber einzelne Juden scheinen bei Houston Stewart Chamberlain (und bei manchen seiner Gesinnungsgenossen) die Möglichkeit der Besserung zu haben, die Chance der Abkehr vom Judentum:

»Andererseits ist es sinnlos, einen Israeliten echtester Abstammung, dem es gelungen ist, die Fesseln Esra's abzuwerfen, in dessen Kopf das Gesetz Mose und in dessen Herzen die Verachtung Andrer keine Stätte mehr findet, einen ›Juden‹ zu nennen.«[24]

Allerdings, richtig eingeschätzt werden kann dies erst nach der Diskussion der germanischen Eigenarten, und in jedem Fall handelt es sich bei der »jüdischen Frage« »nicht allein um unsere Gegenwart, sondern auch um unsere Zukunft«.[25]

Auch die Frage, wer Germane ist, bezieht sich »auf physische Eigenschaften einerseits und auf geistige andrerseits« – »im Grunde genommen sind dies aber lediglich verschiedene Erscheinungen desselben Dinges.«[26]

Houston Stewart Chamberlain geht aus von einem Wort »jenes echt germanischen Mannes, Paul de Lagarde«: »Das Deutschtum liegt nicht im Geblüte, sondern im Gemüte.«

Dann aber schränkt er ein:

»Beim Einzelnen, ja, da mag das Gemüt das Geblüt beherrschen, hier siegt die Idee, doch bei einer großen Menge nicht. Und um die Bedeutung des Physischen, sowie die Beschränkung, die es mit sich führt, zu ermessen, bedenke man ferner, daß das, was

22 Ibid., S. 456.
23 Ibid., S. 457 f.
24 Ibid., S. 458.
25 Ibid., S. 459.
26 Ibid., S. 482.

man ›die germanische Idee‹ nennen kann, ein unendlich zartgebauter, reichgegliederter Organismus ist.
In Folge dessen ist es verhältnismäßig leicht, ›Jude zu werden‹, dagegen fast bis zur Unmöglichkeit schwer, ›Germane zu werden‹. Gewiß liegt das Germanentum im Gemüte; wer sich als Germane bewährt, ist, stamme er, woher er wolle, Germane; hier wie überall thront die Macht der Idee; doch man hüte sich, einem wahren Prinzip zu Liebe, den Zusammenhang der Naturerscheinungen zu übersehen ...
Seien wir darum nicht zu schnell bei der Hand mit der Behauptung, das Germanentum liege nicht im Geblüte; es liegt doch darin; nicht in dem Sinne, daß dieses Geblüt germanische Gesinnung und Befähigung verbürge, doch aber, daß es sie ermögliche.«
Und er kommt zu dem Schluß:
»Germane ist der Regel nach nur, wer von Germanen abstammt.«[27]
Und dann macht er klar, daß der Rassenkampf kein bloßer Widerstreit der Ideen, kein theoretischer Konflikt ist und sein soll, sondern ein Kampf, der, gerade weil er einer »auf Leben und Tod« ist, Sieg oder physische Vernichtung bedeutet – das Problem ist vor allem, dies den Angehörigen der arischen Rasse beizubringen, auf daß sie den Rassenkrieg entsprechend führen.[28]

27 Ibid., S. 483 ff.
28 »Der Germane ist nicht Pessimist wie der Inder, er ist auch kein guter Kritiker; eigentlich denkt er, im Vergleich mit anderen Ariern, überhaupt wenig; seine Gaben treiben ihn zum Handeln und zum Empfinden. Die Deutschen gar ein ›Volk von Denkern‹ zu nennen, ist bitterer Spott; ein Volk von Soldaten und von Kaufleuten wäre jedenfalls richtiger, auch von Gelehrten und von Künstlern – aber von Denkern? nein, diese sind spärlich gesäet. Darum konnte Luther die Deutschen geradezu ›blinde Leute‹ nennen; die übrigen Germanen sind es kaum weniger; denn zum Sehen gehört analytisches Denken, und dazu wiederum gehört Anlage, Zeit, Übung. Der Germane ist mit anderen Dingen beschäftigt; er hat seinen ›Eintritt in die Weltgeschichte‹ noch lange nicht beendet; er muß erst von der ganzen Erde Besitz ergriffen, die Natur nach allen Seiten erforscht, sich ihre Kräfte dienstbar gemacht, er muß erst die Ausdrucksmittel der Kunst auf einen nie geahnten Grad der allseitigen Vollkommenheit gebracht und ungeheures, historisches Wissen als Material zusammengetragen haben – dann vielleicht wird er Zeit finden, sich zu fragen, was unmittelbar um ihn

»Auch im 19. Jahrhundert ... standen, wie in allen früheren Jahrhunderten unserer Zeitrechnung, jene drei Erben in Europa neben einander: das Chaos der Mestizen aus dem früheren römischen Reich (dessen Germanisierung rückschreitet), die Juden und die Germanen (deren Bastardierung mit jenen Mestizen und mit den Resten unarischer Rassen fortschreitet). Kein humanitäres Gerede kann die Tatsache beseitigen, daß dies einen Kampf bedeutet. Wo der Kampf nicht mit Kanonenkugeln geführt wird, findet er geräuschlos im Herzen der Gesellschaft statt, durch Ehen, durch die Verringerung der Entfernungen, welche Vermischungen fördert, durch die verschiedene Resistenzkraft und Beharrlichkeit der verschiedenen Menschentypen, durch die Verschiebung der Vermögensverhältnisse, durch das Auftauchen neuer Einflüsse und das Verschwinden alter, usw., usw. Mehr als andere ist gerade dieser stumme Kampf ein Kampf auf Leben und Tod.«[29]

Geniekult, Rassenwahn und Vernichtungswille gegenüber allen nichtgermanischen Rassen und insbesondere gegenüber den Juden waren also in deutschen Landen um die Jahrhundertwende durchaus zusammengehörende Elemente eines kulturellen Ganzen; das entsprechende Schrifttum fand vor allem unter den sogenannten Gebildeten weite Verbreitung und Akzeptanz. Was im Rückblick als eine obskurantische (und jedenfalls durch den Nationalsozialismus und seine Massenmorde diskreditierte) geistige Strömung erscheinen mag, war in Wirklichkeit eher eine dominante Tendenz und zugleich eine alltägliche Erscheinung, die die Regel ausmachte; dagegen anzuschreiben, diese Strömungen zu kritisieren war die Ausnahme.

herum vorgeht. Bis dahin wird er fortfahren, am Rande des Abgrundes mit der selben Gemütsruhe fortzuschreiten wie auf blumiger Wiese. Daran läßt sich nichts ändern, denn diese Sorglosigkeit gehört, wie gesagt, zum Charakter des Germanen. Griechen und Römer waren nicht unähnlich: die Einen dichteten und dachten, die Anderen eroberten emsig weiter, ohne daß sie (wie die Juden) über sich selber zur Besinnung gekommen wären, ohne daß sie auch nur bemerkt hätten, wie der Gang der Ereignisse sie von der Erdoberfläche austilgte; nicht wie andere Völker fielen sie tot hin, sondern langsam stiegen sie in den Hades hinab, bis zuletzt lebendig, bis zuletzt voll Kraft, siegesbewußt und stolz.« (S. 530)

29 Ibid., S. 531.

III Gegen Juden, Slawen, Italiener ... Zur Wiener Kultur des Fin de siècle

»Deutsch und treu, so ganz und echt,
Nicht verjudet, nicht vertschecht,
Nicht verpfafft und nicht verwelscht,
Kurz und gut, ganz unverfälscht.«
Aurelius Polzer[30]

»Jeder Sohn einer jüdischen Mutter, jeder Mensch, in dessen Adern jüdisches Blut rollt, ist von Geburt aus ehrlos, jeder feineren Regung bar. Er kann nicht unterscheiden zwischen Schmutzigem und Reinem. Er ist ein ethisch tiefstehendes Subjekt. Der Verkehr mit einem Juden ist daher entehrend; man muß jede Gemeinschaft mit Juden vermeiden. Einen Juden kann man nicht beleidigen, ein Jude kann daher keine Genugtuung für erlittene Beleidigungen verlangen.«
(Aus dem sogenannten Waidhofener Beschluß, 1893)[31]

Die Anhänger des Rassenwahns hatten um die Jahrhundertwende ein bedeutendes Zentrum: Wien, die Haupt- und Residenzstadt der Habsburger-Monarchie. Das von den Habsburgern beherrschte Vielvölker-Reich war für jene, die die Reinheit der deutsch-arischen Rasse propagierten, ein besonders beängstigendes Staatengebilde: die fortschreitende »Rassenmischung« und »Entgermanisierung« schienen ja außergewöhnliche Gegenmaßnahmen zu erfordern ... insbesondere in Wien, das im 19. Jahrhundert sowohl enorm gewachsen als auch ein Ballungszentrum für Zuwanderer aus zahlreichen Nationen des Reiches war:
1800 hatte Wien 231 000 Einwohner,
1857 waren es 476 000,
bis 1880 stieg die Zahl auf 1 365 000
und um 1900 hatte die Stadt rund zwei Millionen Einwohner. Aus den angegebenen Zahlen läßt sich ersehen, daß Wien eine Stadt der Zuwanderer war. Wien hatte keine Mehrheit einer Ur- oder Stammbevölkerung, der eine Anzahl von aus der Fremde

30 Zitiert nach: Andrew G. Whiteside: Georg Ritter von Schönerer. Alldeutschland und sein Prophet. (Graz, Wien, Köln: Styria 1981) S. 125.
31 Zitiert nach: Die Wiener Moderne (Stuttgart: Reclam 1981) S. 118.

kommenden Minderheiten und Randgruppen gegenüberstand, sondern Wien war gegen 1900 eine Stadt der Fremden.
Zugleich aber existierte nicht die Idee eines friedlichen Neben- und Miteinanderlebens verschiedener Nationalitäten und Religionen, sondern es herrschte ein wütender Deutsch-Nationalismus, der erfüllt war von einem Haß gegen alles »Fremde« (das eigentlich vernichtet werden sollte), gegen Slawen, Juden, Italiener ...: »Schau, trau wem – nur kan Juden und kan Böhm'« war ein verbreiteter Wahlspruch im Wien der Jahrhundertwende.
Der Deutsch-Nationalismus in Wien und überhaupt in der Habsburger-Monarchie war umso rabiater, je weniger er Bestandteil öffentlich anerkannter Politik sein durfte: Zwar war der Deutsch-Nationalismus die maßgebliche Herrschafts-Ideologie, vermochte aber angesichts der Mehrheitsverhältnisse in der Bevölkerung des Gesamtreiches (Mehrheit der Ungarn und Slawen) und der enormen wirtschaftlichen Bedeutung Böhmens und Mährens keineswegs zur offiziellen Staats-Doktrin der Habsburger aufzusteigen.
Nur in Wien (als einziger Großstadt im deutschsprachigen Raum) vermochte unter Karl Lueger eine ebenso deutschvölkische wie katholisch orientierte Antisemitenpartei (bedingt durch das die Massen ausschließende Wahlrecht) die politische Macht zu erobern und zu behaupten. Daher war Wien gegen Ende des 19. Jahrhunderts *das* Exerzierfeld einer wahrhaft deutschnationalen, antisemitischen, Slawen- und Italiener-feindlichen Politik. (Die Neigung, alles »Fremdartige« vernichten zu wollen, wurde noch bestärkt durch die entsprechende Tradition der spanischen Inquisition und den gegenreformatorischen Katholizismus.)
Auf die Neuzuwanderer wurde ein ungeheurer Assimilationsdruck ausgeübt, so daß etwa tschechische Kinder im Nu ihre Muttersprache wieder verlernten ...
Umgekehrt verhieß die Zuwanderung nach Wien und die Anpassung an die dortigen Gegebenheiten wesentlich verbesserte berufliche und wirtschaftliche Perspektiven. Für die neu eingewanderten Ostjuden mußte angesichts der Verhältnisse in Polen und Rußland und der dort grassierenden Pogrome der Wiener Vernichtungs-Antisemitismus geradezu harmlos und anheimelnd wirken. Denn: Es konnte zwar unter Karl Lueger die Wiener Stadtverwaltung (bis hin zu den Lehrern in der Schule) weitgehend von Juden und Sozialisten gesäubert und freigehalten wer-

den. Es konnten an der Universität deutschnationale Studenten in regelmäßigen Abständen jüdische, italienische und slawische Studenten verprügeln und ihre Ausschließung vom Studium verlangen. Es konnte die christlich-soziale Partei in Niederösterreich »Preise für arische Autoren« ausschreiben[32], es mochte der Wille zur Ausrottung alles »Undeutschen« und »Fremdvölkischen« bestehen – aber der Vernichtungs-Wille konnte (noch) nicht in die Vernichtungs-Tat umgesetzt, konnte vorerst nur vor allem im Geiste eingeübt werden.

Wobei die Christlichsozialen unter Lueger ohnehin sehr weit zu gehen bereit waren. Sie forderten unter anderem: »die Ausschließung der Juden vom Grundbesitz, vom Beamten-, Richter- und Offiziersstand. In öffentlichen Schulen durften Juden Nichtjuden nicht unterrichten. Der Stand der Advokaten, Ärzte und Lebensmittelverkäufer sollte ›entjudet‹ werden. Weiterer Zuzug von Juden sei zu verhindern, und es müßten getrennte Schulen für Christen und Juden eingerichtet werden.«[33]

Und ein Dr. Scheicher, Geistlicher aus St. Pölten, sagte als christlichsozialer Abgeordneter im Niederösterreichischen Landtag: »Wir werden verlangen, daß kein Jude mehr die Universität betritt und kein Jude mehr dort lehren darf. Die Juden dürfen in keine Spitäler aufgenommen werden. Weg auch mit den Synagogen und jüdischen Häusern, denn diesen Boden haben unsere Väter urbar gemacht. Von jetzt an führen wir gegen die Juden einen Vernichtungskrieg ...«[34]

Jene im Wien der Jahrhundertwende von den politisch Herrschenden propagierten deutschnationalen und rassistischen Ideologien hatten klare gesellschaftliche Funktionen. Sie sollten soziale Klassen über ihre wahren Interessen hinwegtäuschen und Gruppierungen durchaus widerspruchsvoller Art zu einem einheitlichen Wählervolk zusammenfügen. Karl Lueger hatte Deutsch-Nationalismus, Katholizismus und Antisemitismus erfolgreich mit dem Wahlspruch »Antisemiten vereinigt euch!« zusammengeführt und 1895 erklärt: »Die Christlichsozialen trennt eigentlich nichts von den Deutschnationalen, denn erstere sind auch national gesinnt. Die Christlichsozialen werden nationales

32 Paul Stefan: Das Grab in Wien (Berlin: Erich Reiß 1913) S. 11.
33 Rudolf Spitzer: Des Bürgermeisters Lueger Lumpen und Steuerträger. (Wien: Österreichischer Bundesverlag 1988) S. 89f.
34 Zitiert nach: Rudolf Spitzer, a.a.O., S. 91.

Wasser in ihren Wein gießen und die Deutschnationalen werden christliches Wasser in ihren Wein gießen und beides wird sich ausgleichen.«[35]
Anläßlich der Wiener Gemeinderatswahlen von 1895 hatte Georg Ritter von Schönerer seine Anhänger (die zum Teil zu Karl Lueger überzulaufen drohten) an den Wahlspruch »Durch Reinheit zur Einheit« erinnert und betont: »In deiner eigenen Hand, deutsches Volk der Ostmark, liegt deine Rettung. Wenn du dich aufraffst in letzter Stunde, die Schlafhaube vom Haupt schleuderst und mit den Feinden dieses Stammes zugleich die Gefahr erkennst, in der du schwebst, den falschen Führern Amt und Würde nimmst und wirklich national gesinnte Männer mit der Vertretung deiner Rechte betraust, Männer, die nicht bloß mit halbem, sondern mit ganzem Herzen mit dir fühlen, die alle politischen und wirtschaftlichen Fragen lediglich vom Standpunkt eines gesunden nationalen Egoismus beurteilen und gegen Slawen und Juden, die beiden gefährlichen Gegner unseres Volkes, auch mit gleicher Entschiedenheit Stellung nehmen – deutschnationale Männer von echtem Schrot und Korn.«[36]
Die Wahlberechtigten (es gab damals noch kein allgemeines Wahlrecht) schienen in Karl Lueger ohnehin einen solchen Mann zu sehen und machten die Christlichsozialen zur stärksten Partei im Wiener Gemeinderat.
1896 sagte Karl Lueger: »Überall sind Juden Herrscher, und die Christen werden beherrscht. Wie der Bauer so ist auch der Gewerbetreibende der Sklave ... des internationalen Judentums geworden ... Ich kenne nur einen Schädling in Österreich, und das ist die judenliberale Partei; das ist der Lindwurm ... der die Deutschen in Fesseln geschlagen hat und sie gefangen hält. Ich bin stolz darauf, daß ich diesem Lindwurm schon ein paar kräftige Wunden versetzt habe; ich werde trachten, daß diese Wunden offengehalten werden. Dieser Lindwurm muß erlegt werden, damit unser liebes deutsches Volk aus seiner Gefangenschaft befreit werden kann.«[37]
Es ging um »Rassenkampf statt Klassenkampf«, *deutsche* Volksgemeinschaft statt nationenübergreifender Interessen der Arbei-

35 Andrew G. Whiteside, op. cit., S. 133.
36 Ibid., S. 136.
37 Zitiert nach: H. G. Adler: Die Juden in Deutschland. (München: Piper 1987) S. 129.

terbewegung, katholisch-harmonisches Ständewesen statt kapitalistischer Industriegesellschaft; der Antisemitismus sollte darüber hinaus gerade in Wien die Arbeiterbewegung spalten in jüdische Führer und arisch-christlich Geführte.

All diese Ideologien waren vor allem wirksam im ökonomisch schwachen und politisch insgesamt ohnmächtigen österreichischen Bürgertum, unter den »Gebildeten«; auf die Arbeiterbewegung hatten sie wenig Einfluß.

Wir müssen uns immer wieder vorstellen, welch ungeheurer sozialer und psychischer Druck auf die Opfer des Rassenwahns und Fremdenhasses ausgeübt worden ist: im akademischen Milieu genügte es, jemanden als »Juden« zu klassifizieren, um jede weitere Debatte, jedes sachliche Argumentieren überflüssig zu machen; jede »Wissenschaftlichkeit« hatte ein Ende, sobald sich die »Stimme des Blutes« zu Wort meldete.

Und keineswegs war es im Wien der Jahrhundertwende für Juden oder für Personen jüdischer Abstammung möglich, sich durch einfache Selbst-Definition als Juden, Christen, Konfessionslose zu deklarieren. Die Antisemiten forschten wie einst die Spanische Inquisition nach der »Reinheit des Blutes«, nach der Herkunft der Ahnen.

Bereits einige Jahrzehnte vor den Nürnberger Rassengesetzen wurde Judentum definiert durch die Willkür der Antisemiten. (Die Wiener Juden, ob sie sich zur jüdischen Religion oder in Distanz dazu zu einer vagen jüdischen Identität bekannten, ob sie konfessionslos waren, sich hatten taufen lassen oder dem damals nicht allzu bedeutenden Zionismus anhingen, mußten mit dieser Situation leben: Sie mußten Sensibilität und Gleichmut, Charakterstärke und Ausdauer ... einen täglichen Heroismus entwickeln und an ihre Kinder weitergeben. Das Ideal des ich-starken Charakters in der psychoanalytischen Theorie Sigmund Freuds entstammt vielleicht jener Lebenserfahrung – den individuellen und kollektiven Versuchen des Überdauerns in finsteren Zeiten, der Bewahrung von Identität.) Aber es konnten die Betroffenen der Rassenlehren und des Deutsch-Nationalismus nur zu einem geringen Teil einigermaßen Identität bewahren; viele paßten sich oberflächlich, so manche mit glühendem Eifer an: ein potentielles Opfer zu sein garantiert keineswegs scharfsinniges Durchschauen und Vorhersehen von Gefahren ...

Dazu kam, daß gerade jene Vertreter schöngeistigen Schaffens, die dem Genie-Gedanken anhingen, die in ihren Dichtungen der ordinären Realität zu entkommen trachteten und die Kunst als Ersatzreligion propagierten, mit der Aufgeschlossenheit fürs Höhere durchaus auch die für Rassismus und Chauvinismus aufbrachten. Charakteristisch dafür etwa Hugo von Hofmannsthal mit seltsam apokalyptischen Visionen, so in einer Aufzeichnung aus dem Jahr 1894:

»Was wir für ein verzweifeltes (exasperiertes) Künstlergeschlecht sind, schwimmen durch den tönenden verworrenen Strom der Zeit, ›zwischen den Zähnen die Krone der Kunst‹. Die hinter uns kommen, werden größer sein als wir, aber wir sind doch seit den Stürmern und Drängern wieder die ersten ganzen Künstler: *Wie merkwürdig auch das wieder ist, daß wir vielleicht in Wien die letzten denkenden, die letzten ganzen, beseelten Menschen überhaupt sind, daß dann vielleicht eine große Barbarei kommt, eine slavisch-jüdische, sinnliche Welt.* Das zerstörte Wien zu denken: alle Mauern verfallen, der innere Leib der Stadt bloßgelegt, die Wunden mit unendlichem Schlingkraut übersponnen, überall lichtgrüne Baumwipfel, Stille, plätscherndes Wasser, alles Leben tot; welch wundervolle Fern- und Durchsichten! Und Wächter zu sein in einem der Trajanstürme vor der Karlskirche, der noch aufrecht steht und mit Gedanken, die hier keiner mehr versteht, zwischen den Ruinen herumzugehen.«[38]

Dies ist eben keineswegs eine gelegentliche Entgleisung, sondern entspricht dem sozialen und kulturellen Klima im Wien des Fin de siècle. Im selben Jahr wie Hofmannsthal, 1894, notiert auch ein Dichter-Freund Hofmannsthals, Leopold von Andrian, in sein Tagebuch: »Unsere Gesellschaft von heute gleicht einer großen Stadt, in der eine geheime Krankheit wütet – Niemand weiß recht, ob er sie nicht hat, ein jeder schaut im geheimen seinen Nächsten in die Augen, um es zu wissen – aber es ist eine stillschweigende Verabredung – man spricht nicht davon und gleitet weiter.« Hier könnte erwartet werden, daß die Rede vom grassierenden Rassismus und Antisemitismus ist, aber mitnichten; Andrian meint die »Überfremdung«: »früher machte Wien Österreich, wie Paris Frankreich machte. Etwas in Wien ist nicht mehr stark genug zu assimilieren, es wird überflutet, Wien wird bohe-

38 Hugo von Hofmannsthal: Gesammelte Werke. Reden und Aufsätze III. Buch der Freunde. Aufzeichnungen. (Frankfurt/M.: Fischer-Taschenbuch-Verlag 1980) S. 383.

misiert, früher verwienerten die Böhmen – es ist immer wieder Rom und Byzanz.«[39]

Es gab jedoch in Wien gegen Ende des 19. Jahrhunderts auch Künstler, die nicht bloß von Verfall und Niedergang träumten und allenfalls davon, daß sie mit ihrer – dekorativen – Kunst sowohl die letzten Vertreter eines vergehenden als auch die ersten eines kommenden Künstlergeschlechts wären. Gegenüber den dominierenden Tendenzen (Jung-Wien, Ästhetizismus, Jugendstil) bildete sich eine Gruppe von Künstlern heraus, die ihre Arbeiten nicht an schönem Schein, an der Verdeckung der Wirklichkeit durch prächtige Fassaden, an Kunst als Stärkung oder Ersatz der Religion, orientierte. Schriftsteller wie Karl Kraus, Architekten wie Adolf Loos, Komponisten wie Arnold Schönberg waren Vertreter einer radikalen Modernen, die gegen ornamentale Kunst, gegen die Lüge, gegen die schönen Fassaden kämpfte: nicht Schönheit und künstlerische Verklärung des Lebens, sondern Wahrheit und vernünftiges Leben waren ihre Leitmotive.

Gelegentlich aber akzeptierten auch sie Bestandteile der von ihnen im übrigen abgelehnten Strömungen: z. B. die Genie-Verehrung. Dies wiederum ist zwar nicht zu billigen, aber doch zu verstehen und zu erklären aus der sozialen Situation avantgardistischer Künstler, aus der ihnen gesellschaftlich aufgezwungenen Rolle einer öffentlich zur Schau zu tragenden Einsamkeit. Das Selbstwertgefühl der von ihrer Umwelt gehaßten und bekämpften Künstler der radikalen Wiener Modernen der Jahrhundertwende konnte nur dann aufgebaut und behauptet werden, wenn sich die einzelnen Künstler als hervorragende, über alle Mißgunst und Ablehnung erhabene Individuen zu begreifen vermochten.

Dazu kamen noch die besonderen Auswirkungen des Antisemitismus, wie sie Arnold Schönberg in einem Rückblick auf seine Jugendzeit treffend beschrieb: »als wir jungen österreichisch-jüdischen Künstler heranwuchsen, litt unsere Selbstachtung stark unter dem Druck einiger Umstände. Es war die Zeit, als Richard Wagners Werk seinen Siegeszug antrat und dem Erfolg seiner Musik und seiner Dichtung eine Durchtränkung mit seiner Weltanschauung folgte. Man war kein echter Wagnerianer, wenn man

39 Zitiert nach: Jens Rieckmann: Aufbruch in die Moderne (Frankfurt/M.: Athenäum 1986) S. 97 f.

nicht an seine Weltanschauung, an die Vorstellung von der ›Erlösung durch Liebe‹ glaubte; man war kein echter Wagnerianer ohne den Glauben an das ›Deutschtum‹; und man konnte kein echter Wagnerianer sein, wenn man kein Anhänger seines antisemitischen Aufsatzes über *Das Judentum in der Musik* war. ... war Wagner relativ mild, so waren seine Anhänger hart ... und so mußten wir bald von Männern wie *Chamberlain* nicht nur lernen, daß es einen Rassenunterschied zwischen Juden und Deutschen gibt; nicht nur, daß die arische Rasse eine sehr überlegene Rasse sei, dazu bestimmt, die Welt zu beherrschen; nicht nur, daß die jüdische Rasse eine niedere sei und verachtet werden müsse; sondern wir mußten auch zur Kenntnis nehmen, daß wir keine schöpferischen Fähigkeiten besaßen ...
Man muß nur die Wirkung solcher Behauptungen auf junge Künstler verstehen. Ein Künstler kann nicht schaffen, ohne von seiner schöpferischen Fähigkeit überzeugt zu sein. Zumindest ein höherer Künstler braucht das Vertrauen in die Notwendigkeit und Neuartigkeit seines Tuns.«[40]

Das Konzept der Genieverehrung gestattete es allerdings auch diversen Antisemiten, manchmal einzelne Juden als hervorragende Künstler von der Bekämpfung auszunehmen und als »Original-Genies« zu würdigen, die sich aller »jüdischen« Eigenschaften entledigt hätten. (So widerfuhr es etwa Karl Kraus.) Dies war aber jederzeit wieder zurücknehmbar, und bei Bedarf hieß es dann eben (wie Karl Kraus in der *Fackel* zitierte): »und er is doch a Jud!«

IV Das Ideal der Sache

»Es war nicht möglich, insbesondere für einen Juden, der in der Öffentlichkeit stand, davon abzusehen, daß er Jude war, da die anderen es nicht taten, die Christen nicht und die Juden noch weniger. Man hatte die Wahl, für unempfindlich, zudringlich, frech oder für empfindlich, schüchtern, verfolgungswahnsinnig zu gelten. Und auch wenn man seine innere und äußere Haltung so weit bewahrte, daß man weder das eine noch das andere zeigte, ganz unberührt zu bleiben war so unmöglich, als ein Mensch gleichgültig bleiben könnte, der sich zwar die Haut anästhe-

40 Arnold Schönberg: Stil und Gedanke. Aufsätze zur Musik (Frankfurt/M.: S. Fischer 1976) S. 333.

sieren ließ, aber mit wachen und offenen Augen zusehen muß, wie unreine Messer sie ritzen, ja schneiden, bis das Blut kommt.«
Arthur Schnitzler[41]

»Ein Chinese, der von unseren europäischen Ideen gehört und sich seine Gedanken über sie gemacht hat, würde wohl mit einigem Mißtrauen ein Buch zur Hand nehmen, auf dessen Titelblatt das Wort *Genie* zu lesen ist. Von einem so betitelten Buche wird er eine Auffassung der menschlichen Dinge und der himmlischen Weisheit erwarten, die ihm höchst fremdartig erscheint. Er wird nämlich annehmen, das Buch, das in seine Hand geraten ist, werde, statt weise Gedanken und wissenswerte Tatsachen mitzuteilen, einigen Menschen, die von Beruf zumeist Dichter, Maler, Musiker und Philosophen sind, eine merkwürdige Wichtigkeit beimessen, es werde unter wunderlichen Vorwürfen gegen das übrige Geschlecht der Menschen seine Meinung mit großer Ehrerbietung und Begeisterung darlegen und an den entscheidenden Stellen sich auf ein Wort berufen, das unserem Asiaten bisher nie recht verständlich geworden ist, weil nähere Begründungen und Aufklärungen zu fehlen pflegten: auf das Wort *Persönlichkeit.* So wird man es unserem Chinesen kaum verübeln dürfen, wenn er das aufgeschlagene Buch wiederum schließt und es ungelesen beiseite legt.«
Edgar Zilsel[42]

Wir haben gesehen, daß eine Kritik des Geniekults und seiner Auswirkungen auf die Kultur und das Zusammenleben der Menschen – wie sie Edgar Zilsel versuchte – sich nicht unbedingt auf »bodenständige« Muster der Wissenschaftlichkeit in der Habsburger-Monarchie und im Deutschen Reich zu stützen vermochte. Orientieren konnte sich eine derartige Kritik vor allem an Strukturen und Verfahrensmustern *westlicher* Wissenschaft, wie sie sich im 16., 17. und 18. Jahrhundert herausgebildet hatten.

Das »Ideal der Sache«, für das Zilsel eintrat, entsprach den Traditionen neuzeitlicher Wissenschaft: Verbindung von Theorie und Empirie; Herstellung eines systematischen Zusammenhangs zwischen handwerklichem Experiment, sinnlicher Erfahrung und rationalem Denken.

41 Arthur Schnitzler: Jugend in Wien. (Frankfurt/M.: Fischer-Taschenbuch-Verlag 1981) S. 322.

42 Edgar Zilsel: Die Geniereligion, unten, S. 51.

Neuzeitliche Wissenschaft aber war auch von Anfang an mit der Intention der Aufklärung in praktischer Absicht verknüpft gewesen: wissenschaftliche Erkenntnisse sollten möglichst allen Menschen zugänglich sein; ebenso wie ihre *technische* Nutzbarmachung zum Vorteil möglichst aller geraten sollte.
Die *sachliche* Orientierung moderner Wissenschaft war zunächst tatsächlich oder zumindest tendenziell gegen alle religiösen und weltlichen Autoritäten gerichtet: weder durch göttliche Offenbarung, noch durch sozialen Stand, Herkunft oder Ansehen einer Person sollte über Richtigkeit oder Falschheit eines Urteils oder einer Erkenntnis entschieden werden; sondern durch empirisch abgestützte, rationale Argumente.
Wien und die Habsburger-Monarchie waren gegen Ende des 19. Jahrhunderts nicht nur Brutstätten des Irrationalismus, sich wissenschaftlich gebärdender Obskurantismen und des Rassenwahns, sondern es gab auch Ansätze der Wiederaufnahme aufklärerischen Denkens.[43]
Wissenschaftler wie Ernst Mach, Ludwig Boltzmann oder Sigmund Freud, aber auch ein Schriftsteller wie Arthur Schnitzler gehörten zu jenen, die aufklärerisches Gedankengut zu bewahren und zu verbreiten trachteten. Es ist kein Zufall, daß um die Jahrhundertwende gerade Naturwissenschaftler oder jedenfalls naturwissenschaftlich ausgebildete Intellektuelle den vorherrschenden geistigen Strömungen nicht erlagen, sondern vielmehr eine dem damaligen »Zeitgeist« entgegengesetzte Tradition zu rekonstruieren und fortzuführen versuchten.
Denn in den Naturwissenschaften hatte es stets die Notwendigkeit des wechselseitigen Gedankenaustausches, der Kooperation, der kollektiven Arbeit gegeben. Daher war die *wirkliche* Geschichte der modernen Wissenschaft (zum Unterschied von den späteren Legendenbildungen) nicht eine Abfolge genialischer Schöpfungen einzelner Geisteshelden, sondern von Anfang an charakterisiert durch die Versuche der Herstellung systematischer und *organisatorischer* Zusammenhänge zwischen den je individuellen wissenschaftlichen Arbeiten (von den Ideen der Gelehrtenrepublik bis hin zur Gründung von wissenschaftlichen Gesellschaften und Akademien).

43 Cf. Friedrich Stadler: Vom Positivismus zur wissenschaftlichen Weltauffassung (Wien, München: Löcker 1982).

Ende des 19. Jahrhunderts war es jedenfalls Naturwissenschaftlern ziemlich klar, daß künftiger wissenschaftlicher Fortschritt geknüpft sein würde (und zum Teil schon war) an *industrielle* Formen wissenschaftlichen Arbeitens: das Ideal des Wissenschaftlers konnte daher nicht länger das des Gelehrten im Elfenbeinturm akademischer Gelehrsamkeit (denkend und forschend und schaffend in Einsamkeit und Freiheit) sein, sondern würde zunehmend dem Bild des industriellen Facharbeiters sich annähern. Angesichts derartiger Entwicklungen und Entwicklungstendenzen (die allerdings bis heute kaum ihrem Ausmaß entsprechend begriffen worden sind) war im Bereich der Naturwissenschaften für Geniekult und Verehrung der Tiefe der Persönlichkeit kaum Platz.

Während im Bereich der Geisteswissenschaften um die Jahrhundertwende Elitedünkel und Verachtung der Handarbeit und des Proletariats kultiviert worden sind, hatte zur gleichen Zeit unter den Naturwissenschaftlern eine Reihe von Gelehrten (die in Deutschland und im Habsburger-Reich z. T. im Monisten-Bund organisiert waren) die künftige soziale Entwicklung nicht in Richtung eines Triumphs der deutsch-arischen Rasse oder in der Herrschaft (geistiger) Eliten und Aristokratien über die arbeitenden Massen gesehen; sondern in der Schaffung einer (demokratischen) »Kultur der Arbeit«, in der *diesseitigen* Verwirklichung des Glücks der vielen.

Diese Tendenzen wissenschaftlichen und sozialpolitischen Denkens mündeten nach dem 1. Weltkrieg in der wissenschaftlichen Weltauffassung des Wiener Kreises und insbesondere seines linken Flügels, zu dem wohl auch Edgar Zilsel zu zählen ist.

Jedenfalls gehören alle diese aufklärerischen, demokratischen, oft der Arbeiterbewegung nahe stehenden intellektuellen Strömungen ebensosehr zum sozio-kulturellen Hintergrund von Zilsels Arbeit über die »Geniereligion« wie die zuvor skizzierten dominierenden Ideologien.

Edgar Zilsels »Geniereligion« ist eines der wenigen Werke, die – noch während des 1. Weltkrieges geschrieben – Analyse und Kritik des »Zeitgeistes« leisteten und daher wichtige Beiträge zur Überwindung der alten und zum Aufbau einer neuen Gesellschaft waren.

Zilsel hatte im abschließenden Kapitel seines Buches festgestellt: »Es kann ... kein metaphysisches Ideal Menschenverehrung und

Menschenverachtung rechtfertigen.«[44] Und nach der Bloßlegung der wissenschaftlichen Unredlichkeit und der sachlichen Inkompetenz Houston Stewart Chamberlains betonte er: »daß ein Mensch über einen anderen Menschen bloß auf Grund eines halbmetaphysischen Begriffes, wie des der tiefen Persönlichkeit, verächtlich ein Werturteil abgibt, ohne sich vorher im Spiegel zu besehen und ein wenig zu zweifeln, das ist Ausdruck einer Gesinnung, die zwar in der heutigen Literatur allgemein verbreitet ist, die sich letzten Endes aber immer in Unmenschlichkeit entladen muß«.[45]

Diese Sätze klingen wie die prophetische Vorausahnung des künftigen Faschismus, entsprangen aber durchaus der zeitgenössischen Erfahrung und wurden geschrieben in einer Zeit, in der angesichts der Russischen Revolution und der erstarkenden Arbeiterbewegung in der Habsburger-Monarchie die Hoffnung auf eine Überwindung der herrschenden Barbarei, auf den Aufbau einer humanen Zivilisation, einer demokratischen, vielleicht gar: sozialistischen, Gesellschaft bestand.

44 Edgar Zilsel, unten, S. 216.
45 Unten, S. 233.

Paul Zilsel
Über Edgar Zilsel

Ich will hier nicht eine Biographie meines Vaters versuchen. Auch über seine volksbildnerische Tätigkeit zu berichten scheint mir nicht angebracht, denn das können andere viel besser als ich. Vielmehr sehe ich es als meine Aufgabe, darüber zu berichten, was weniger allgemein bekannt ist: über das Schicksal meiner Eltern in der Emigration.
Ich habe jetzt schon an mehreren Orten gelesen, daß die Gründe für den Selbstmord meines Vaters obskur seien. Das möchte ich etwas zu klären versuchen. Verzeihen Sie mir, wenn ich das in einer Form tun muß, die für ein wissenschaftliches Symposion vielleicht nicht ganz gewöhnlich ist.
Das Folgende basiert auf einer zuerst in Englisch in der jüdisch-amerikanischen Zeitschrift *Shmate* erschienenen Skizze; »Portrait Of My Father«, (*Shmate* Nr. 1, Berkeley 1982).

Bildnis meines Vaters

Zu Hause bei mir in Seattle hängt ein Bild meines Vaters aus dem Ersten Weltkrieg, als er um die Zwanzig war. Und obwohl es ungefähr acht Jahre vor meiner Geburt gemalt wurde, sieht er darauf genauso aus, wie ich mich seiner aus meiner Kindheit in Wien erinnere. Es ist ein kleines Ölgemälde, Kopf und Schultern en face, im Hintergrund eine Tapete in Beige mit roten Rosen. Es ist die Tapete desselben Wohnzimmers, in dem das Bild damals in unserer Wohnung in der Währingerstraße hing.
Mein Vater schaut aus dem Porträt mit traurigen Augen. Das dünne, intelligente Gesicht mit seiner langen Nase ist gebräunt, das schwarze Haar hoch über die Stirne zurückgebürstet. Die tiefroten, im Bild fast purpurnen Lippen drücken ein ironisches Lächeln aus. Das Ganze gibt sehr stark wieder, wie er in den letzten Jahren vor seinem Tod im Alter von 53 Jahren aussah.
Der Stil des Bildes ist österreichischer Expressionismus; es

Aus: Friedrich Stadler (Hrsg.): Vertriebene Vernunft II (Wien, München: Jugend & Volk 1988).

könnte von Kokoschka oder Schiele sein, aber der Maler war ein junger Zeitgenosse, der nie die Chance hatte, berühmt zu werden. Er fiel an der Front, kurz nach Beendigung des Gemäldes.
Das Porträt war unter den Sachen, die meine Eltern mitnehmen konnten, als sie im November 1938 vor den Nazis nach London flohen. Als ich im März 1944, nach meines Vaters Selbstmord, zu meiner Mutter fuhr, hing es in ihrer Einzimmerwohnung in New Yorks Lower East Side. Sie arbeitete damals als Hilfskraft im Post Graduate Hospital, gleich in der Nähe. Sie sterilisierte und puderte chirurgische Handschuhe. Es war eine der wenigen Perioden während ihrer Amerikajahre, wo sie, auf sich selbst gestellt, nicht im Staatlichen Krankenhaus war.
Im Jahre 1948 ging meine Mutter nach Österreich zurück und überließ mir das Bild. Seither hat es mich, allein und mit Familie, auf zahlreichen Umzügen begleitet – auch noch wieder hin und zurück über den Atlantik. Jetzt (1982) hängt es schon seit zehn Jahren in Seattle. Ich schaue es oft an und denke an meine Eltern.
Gerade jetzt denke ich mehr als gewöhnlich an sie. Vielleicht ist es die Tragödie der ukrainischen Familie in Chicago, die täglich in den Fernsehnachrichten abrollt. Sie waren vor sechs Monaten aus der Sowjetunion angekommen, und jetzt wollen die Eltern, enttäuscht und erschöpft von den Schwierigkeiten der Anpassung an das amerikanische Leben, nach Rußland zurück. Aber eine Tochter, 17, und ein Bub, 12, wollen hierbleiben. Wie anziehend, wie spielend leicht scheint das Leben in den Staaten oft für junge Leute, die von Europa hier ankommen, und wie schwierig, verblüffend und schmachvoll für ihre Eltern! Ich schau' aufs Fernsehen hin: Die ukrainische Tochter, angestrengt bemüht, die Kluft, die sich zwischen den Generationen in ihrer Familie eröffnet hat, zu erklären – und selbst zu verstehen. Der Vater, verzweifelt dasitzend, die Hände vor dem Gesicht. Die Mutter, sich zornig von der Kamera abkehrend, spricht stakkato einen Strom von ukrainischen Worten, und der Bub schreitet stumm mit seinem Anwalt durch den Gerichtskorridor, mit traurigen, aber entschlossenen Augen. Ich schau' das an und bin überwältigt, wieder nach allen den Jahren, von der Erinnerung an unsere erste Zeit in Amerika und an das tragische Schicksal meiner Eltern.
Das Dasein als Refugees in Amerika war katastrophal für meine beiden Eltern. Ich denke manchmal, sie wären gerne zurück nach

Hause gegangen – sogar zurück zum tödlichen Antisemitismus und dem bevorstehenden Rassenmord am jüdischen Volk in Nazi-Europa, alles nur, um nicht versuchen zu müssen, mit der verblüffenden, scheinbar hoffnungslosen Aufgabe fertigzuwerden, sich als fast fünfzigjährige Neuankömmlinge ohne Geld oder Stellung in Amerika ein neues Leben zu schaffen. Und meine Mutter ging ja tatsächlich nach dem Kriege zurück, sobald sie sich soweit zusammenraffen konnte, den Versuch zu unternehmen.

Während ihrer neun Jahre in den Vereinigten Staaten ist sie, mit Ausnahme von ein paar kurzen Intervallen, einfach in Streik getreten. Wie ein gewaltlos Protestierender im Anblick der Polizei machte sie sich schlaff, verweigerte jede Verantwortung für sich selber und für die Tatsachen ihrer Umgebung und ihres Lebens. Es war nicht – oder wenigstens nur halb – eine bewußte, gewollte Verweigerung. Sie kam aus der Tiefe ihres Selbst, ihrer Nerven und Eingeweide. Es war ein hoffnungsloser Versuch, aus einer unbegreiflichen Welt zu entkommen, in ihre Kindheit oder in den Mutterleib zurückzukehren, in einen Zustand seliger Passivität, wo für alle ihre Bedürfnisse, ganz ohne ihr Zutun, gesorgt worden wäre.

Meiner Mutter panische Flucht vor der Wirklichkeit hatte schon in Wien begonnen, als die Grundlagen ihres Lebens unter ihren Füßen zerbröckelten. Meine Erinnerungen aus dieser Zeit sind stark verdrängt, aber ich habe flüchtige Gedächtnisbilder, wie die Mutter im Jahre 1934, als sie ihren Beruf verloren hatte, wochenlang weinend auf dem Sofa lag und dann nach dem »Anschluß« auch wieder. Die Auswanderung im November 1938 mit der weinenden, passiven Frau muß für meinen Vater keine Kleinigkeit gewesen sein. Ich kann es mir vorstellen, aber ich war nicht dabei, denn er hatte mich zwei Monate vorher nach London vorausgeschickt: Die Steuerunbedenklichkeitserklärung war für den Schulbuben viel leichter zu bekommen als für die Erwachsenen; aber dann in London erinnere ich mich an den Tag, wo wir alle zusammen – Vater, Mutter und Sohn – aufs amerikanische Konsulat gehen mußten zu einem Interview fürs Visum, und wie die Depression meiner Mutter verborgen werden mußte, weil Depression ein Grund für Visumverweigerung war; wie der Vater die Mutter mit Schlafmitteln dopte in der Hoffnung, sie würde zu schläfrig sein, um im Konsulat eine Szene zu machen, aber doch noch wach genug, ein paar Fragen beantworten zu können, und

wie wir sie dann, jeder an einem Arm, de facto ins Konsulat hineintragen mußten. An das Interview selbst erinnere ich mich nicht. Aber es muß geklappt haben, denn wir bekamen das Visum.
Das volle Maß ihrer Verweigerung erreichte meine Mutter aber erst in Amerika, dem Land ihrer mutmaßlichen Zuflucht. Hier lebte sie in einer inneren Hölle von panischer Furcht, von überwältigendem Groll und Haß, die sie nur durch absolute Passivität beherrschen konnte. Ich weiß es, denn zuzeiten war's mit mir beinahe auch so.
Sie nannten es »agitierte Depression«. Wirksame Antidepressionsmittel gab es noch nicht, und sie wurde ins staatliche Irrenhaus eingesperrt. Sie gaben ihr Elektroschock, Metrazolschock, Insulinschock, aber alles ohne viel Erfolg. Denn jedes Mal, als es ihnen gelang, meine Mutter zu überzeugen, daß die Außenwelt besser sein mußte als dieses Folterlager eines Spitals, belehrte sie eine kurze Rückkehr in die Stadt New York des Besseren: Im Spital mußte sie wenigstens nicht die irrsinnige Normalität der realen Welt bewältigen. Und sie blieb am Leben.
Aber mein Vater, mein armer, rationaler, unpraktischer Vater, hatte nie eine Chance. Mit seinen großen Kräften an Intellekt und Einsicht versuchte er zu funktionieren und mit der Welt fertigzuwerden: mit der ungewohnten Sprache und dem blinden, verständnislosen Rattenlabyrinth, das die Stadt New York den armen Leuten darbietet, mit den Hungersubventionen der gelehrten Gesellschaften, die Refugeewissenschaftler unterstützten, zu ringen mit der arroganten psychiatrischen Bürokratie, die seine Frau in ihren Klauen festhielt, sie im Spital draußen auf Long Island zu besuchen, ihr Mut und Hoffnung zu geben und einen Schein von Ruhe und Stärke.
Zugleich hoffte er, entgegen aller Hoffnung, Berge zu bewegen: seine Schwester und ihren Mann, die in Nazideutschland zurückgeblieben waren, noch zu retten. Er, der Bruder, der das Land, wo die Straßen mit Gold gepflastert sind, erreicht hatte und doch seiner Schwester nicht helfen konnte – oder wollte? –, den Massenmördern, die ihre Endlösung vorbereiteten, zu entfliehen, mußte ihre anklagenden Briefe bewältigen, mußte ohnmächtig aus der Ferne zusehen, wie Schwester und Schwager zuerst nach Theresienstadt und dann, im Viehwagen, nach Auschwitz transportiert wurden. Sein letzter Brief kam »ohne Adresse verreist« gestempelt zurück.

Und bei alledem, bemüht, seinen Geist vom Gewicht der persönlichen und universellen Tragödie, die ihn bedrückte, zu befreien, schrieb er fieberhaft im Wettrennen mit dem Ende, das er nahe ahnte. Mehrere Jahre lang saß er fast täglich in der New Yorker Öffentlichen Bibliothek und der Columbia Universitätsbibliothek auf der Suche nach Dokumentationsmaterial für seine Arbeit. In seinem plumpen Englisch, mit der unendlichen deutschen Satzkonstruktion, die ich, zusammen mit viel wichtigeren Eigenschaften, von ihm geerbt habe, schrieb er Aufsatz über Aufsatz. In Fragmenten entfaltete er den Umriß seines großen Konzepts: seine Analyse der sozio-ökonomischen Wurzeln des Aufstiegs der neuzeitlichen Wissenschaft in Europa zur Zeit der Renaissance, des Frühkapitalismus im 16. und 17. Jahrhundert. In dutzenden polemischen Briefen an die Redakteure wissenschaftlicher Zeitschriften verteidigte er mit Geist und Gelehrsamkeit seine historisch-materialistische Analyse gegen den Klassendünkel der wissenschaftlich-intellektuellen Elite.

Und ich? Ich war ein vielversprechender junger Student damals, noch nicht zwanzig Jahre alt, im College in Charleston, South Carolina, der seinen Unterhalt von einem Refugeestipendium bezog. Ich hatte den Optimismus, die Spannkraft und die Gedankenlosigkeit meiner Jugend. Ich hatte die Ermutigung und Duldung, die man solchen Studenten, besonders in kleinen Colleges, zukommen läßt, und so war es mir natürlich viel leichter, mit der bizarren Sonderlichkeit meiner Umgebung, mit meiner Einsamkeit und Verfremdung im neuen Milieu, in das man mich verpflanzt hatte, fertigzuwerden. Ich war ein großer, wenn auch sonderbarer Frosch im kleinen College-Teich. Nur selten war meiner Eltern tragisches Leben, weit weg in New York, in meinen Gedanken. Meistens war ich mit meinen Studien und meinem Studentenleben voll beschäftigt.

In den Sommerferien fuhr ich nach New York, um etwas Geld zu verdienen, bei meinem Vater zu sein, meine Mutter im Spital zu besuchen. Es war charakteristisch für meinen Vater, daß er mir da mit einem Telefonanruf Zugang zu Paul Lazarsfeld und seinem damaligen Office-of-Radio-Research verschaffte, wo ich dann mehrere Sommer lang, in guter Gesellschaft – wie Paul Neurath und Hans Zeisel und auch Lazarsfeld selbst –, eine interessante Arbeit hatte, die auch ganz gut bezahlt wurde, während der Vater es nie über sich gebracht hätte, etwas Ähnliches für sich selber zu tun.

Ich erinnere mich seiner in diesen New Yorker Sommern, wie er in einer Reihenfolge von immer kleineren und schäbigeren Einzimmerwohnungen in heruntergekommenen Braunsteinhäusern auf Manhattans Upper West Side wohnte. Sein viel zu weiter Rock hing lose an seinem abgezehrten Körper. Die Hosen waren oben unter dem enggeschnallten Gürtel wie in breite unregelmäßige Plissees gefaltet. Schon seit Jahren hatte ihn ein chronisch »verdorbener« Magen gezwungen, nur in ganz kleinen Portionen zu essen. Jetzt bestand seine Diät schon nur mehr aus Milch, auf der elektrischen Heizplatte in seinem Zimmer erwärmt, und ein paar Stücken Toast. Er sah wie ein Leichnam aus. Nur seine Augen hatten den alten Glanz, als wir stundenlang bei ihm zusammensaßen und diskutierten, über die Weltpolitik, über Wissenschaft, über meine Studien und seine Arbeit. Mit zitternden Händen zündete er Zigarette um Zigarette an, sprang auf und schritt im Zimmer auf und ab, wenn das Thema ihn besonders erregte. Er war kaum fünfzig, aber für alle Welt schien er wie ein Stück Schrott für den Abfallhaufen und wurde auch so behandelt. Ich konnte es nicht ertragen, ihn so zu sehen, konnte die tiefe Liebe und das Mitleid nicht ertragen, das ich für den Mann fühlte, der nicht nur mein Vater, sondern mein Lehrer, mein moralisches und intellektuelles Vorbild war. Viel öfter in diesen Jahren, als ich die Erinnerung daran aushalten kann, behandelte ich ihn mit bemitleidender Herablassung: Ich war der zungenfertige junge »Hipster«, der sich in Kafkas Amerika zurechtzufinden wußte, er der kraftlose Gestrige, unfähig, mit dem Leben fertigzuwerden.
Im Sommer 1943 schien es besser mit ihm zu gehen. Seine Arbeit hatte begonnen, etwas Interesse zu erregen. Lynn White, ein bekannter Wissenschaftshistoriker, wurde damals Präsident am Mills College, einem renommierten privaten Frauencollege in Oakland, Kalifornien, und bot meinem Vater eine Dozentur in Physik und Wissenschaftsgeschichte an. Im Herbst fuhren wir beide von New York nach dem Westen: er nach Kalifornien, ich in die Graduate School an der Universität Wisconsin, wo ich zugleich Physik studieren und Armeerekruten unterrichten sollte.
In den nächsten Monaten hörte ich mehrmals von ihm. So wie bei unseren mündlichen Diskussionen, schrieben wir über alles Mögliche. Er beschwerte sich über Überarbeitung in dem Laboratorium für Elementarphysik, die ihn an seiner eigentlichen Arbeit

hinderte; denn er hatte geglaubt, daß Lynn Whites Interesse an seiner wissenschaftshistorischen Arbeit ihm mehr Zeit für diese geben würde. Auch von seiner Einsamkeit in Oakland schrieb er mir. Aber von seiner tiefen Enttäuschung, seiner verzweifelnden Erschöpfung hatte ich keine Ahnung. Sechs Monate nach unserem letzten Beisammensein, am 12. März 1944, teilte mir ein Telegramm von Lynn White mit, daß mein Vater in seinem Büro im College mit Schlafmitteln Selbstmord begangen hatte.

Dreißig Jahre nach seinem Tod wurden die verstreuten englischsprachigen Aufsätze zur Entstehungsgeschichte der neuzeitlichen Wissenschaft, die Edgar Zilsel während seines amerikanischen Exils geschrieben hatte, in seine Geburtssprache rückübersetzt, in einem Buch gesammelt,[1] das jetzt in Europa bei Fachleuten einen beträchtlichen Ruf erlangt hat. Seine historisch-materialistische Analyse ist zu einer definitiven Quelle, einem Ausgangspunkt für weitere Arbeit in der Ursprungsgeschichte der modernen Wissenschaft geworden. Eine Übersetzung ins Italienische steht bevor,[2] und jetzt soll eine österreichische Ausgabe vorbereitet werden.[3] Aber in Amerika, obwohl schon seit Jahrzehnten davon die Rede ist, sind die englischsprachigen Aufsätze bis jetzt noch nicht gesammelt und wiederveröffentlicht worden.

1 Edgar Zilsel, *Die sozialen Ursprünge der neuzeitlichen Wissenschaft,* hrsg. von Wolfgang Krohn. Frankfurt 1976.

2 Von Valeria Russo, Universität Florenz.

3 Das Buch von Johann Dvořak: *Edgar Zilsel und die Einheit der Erkenntnis,* Wien 1981, das einen wertvollen Überblick über die Gesamtarbeit Edgar Zilsels gibt, ist mir erst jetzt, anläßlich des Symposions »Vertriebene Vernunft«, bekannt geworden.

EDGAR ZILSEL
DIE GENIERELIGION

Ein kritischer Versuch
über das moderne Persönlichkeitsideal,
mit einer historischen Begründung

Die Anmerkungen am Schluß des Bandes, auf die sich die Ziffern im Text beziehen, enthalten lediglich Belegstellen und Literaturangaben.

Einleitung

Ein Chinese, der von unseren europäischen Ideen gehört und sich seine Gedanken über sie gemacht hat, würde wohl mit einigem Mißtrauen ein Buch zur Hand nehmen, auf dessen Titelblatt das Wort *Genie* zu lesen ist. Von einem so betitelten Buche wird er eine Auffassung der menschlichen Dinge und der himmlischen Weisheit erwarten, die ihm höchst fremdartig erscheint. Er wird nämlich annehmen, das Buch, das in seine Hand geraten ist, werde, statt weise Gedanken und wissenswerte Tatsachen mitzuteilen, einigen Menschen, die von Beruf zumeist Dichter, Maler, Musiker und Philosophen sind, eine merkwürdige Wichtigkeit beimessen, es werde unter wunderlichen Vorwürfen gegen das übrige Geschlecht der Menschen seine Meinung mit großer Ehrerbietung und Begeisterung darlegen und an den entscheidenden Stellen sich auf ein Wort berufen, das unserem Asiaten bisher nie recht verständlich geworden ist, weil nähere Begründungen und Aufklärungen zu fehlen pflegten: auf das Wort *Persönlichkeit.* So wird man es unserem Chinesen kaum verübeln dürfen, wenn er das aufgeschlagene Buch wiederum schließt und es ungelesen beiseite legt.

Europäische Leser werden sich indes ein solches Vorurteil gegen die Verehrung der Genies und die Verachtung der Menge nicht vorzuwerfen haben, denn uns erscheint der Geniebegriff kaum anstößig. Der Barock des 17. Jahrhunderts hat ihn vorbereitet, die Stürmer und Dränger des 18. sind ihm nahe gekommen, die Romantiker haben ihn erfunden; Schopenhauer hat ihm seine Leidenschaft eingehaucht, hat ihn durch einige Zusätze über Mit- und Nachwelt ausgeschmückt und so den Begriff des verkannten Genies geschaffen, Carlyle hat den Geniebegriff wieder nach England verpflanzt und die Genieverehrung als Religion gepredigt, die letzten Jahrzehnte des 19. Jahrhunderts: Richard Wagner, Houston Stewart Chamberlain, Otto Weininger – doch wozu die Namen der Genieverkünder aufzählen? Leben wir doch alle in ständiger Berührung mit dem Persönlichkeitskult und seinen Äußerungen. In den Schaufenstern unserer Buchhandlungen können wir die Biographien und Briefe Goethes, Beethovens, Schopenhauers, Wagners erblicken. Unsere Schriftsteller schrei-

ben Romane und Novellen über Leonardo da Vinci, Schiller, Spinoza, Schubert, Tycho de Brahe, Friedrich den Großen, Goethe und Theophrastus Paracelsus. Unsere Musiker zeigen uns auf der Bühne, wie Schubert und Palestrina leben und komponieren.[1] In unseren Ansichtskartenläden können wir die Bilder der großen Männer einzeln um billiges Geld erstehen; illustrierte Zeitschriften, kritische Aufsätze und Broschüren sammeln die Getrennten und schildern uns immer wieder die abgeschiedenen Genies, wie sie im Himmel zu Versammlungen zusammengetreten sind, um einhellig zu diesen und jenen Tagesfragen Stellung zu nehmen; von den markanten Zügen Dantes und Wagners lebt seit zwei Generationen unsere Gipsgießerzunft und wo in Europa ist heute das Musikzimmer zu finden, an dessen Wand nicht Beethoven im offenen Hemd, aber um so titanischer eben im Begriffe ist, die Neunte Symphonie zu komponieren? Kurz, unserem Publikum ist Genieverehrung nicht anstößig, denn sie erscheint ihm sogar als selbstverständlich. Im Begriff des Genies sehen wir kein Problem verborgen, unsere Literatur und unser Zeitgeist hat ihn sich vollständig zu eigen gemacht, von Befremden, geschweige von Ablehnung ist nicht die Rede.
Doch die Rolle, die dieser Begriff des großen Mannes in unserer Zeit spielt, ist wohl zu groß, als daß man in ihm nur die Quelle einiger Romane, Theaterstücke, Farbendrucke, Gipsbüsten und Totenmasken sehen könnte. Wenn wir uns selbst auch kaum bewußt scheinen, wie sehr wir Genieverehrer sind, so ist doch unser Geniebegriff für den Kulturhistoriker nicht unwichtig; die volle Bedeutsamkeit solcher halb unbewußter Leitideen fällt aber erst beim Rückblick auf vergangene Zeiten recht in die Augen. Wie nämlich der Geologe aus gewissen Abdrücken und Versteinerungen von Muscheln, den Leitfossilien sogleich die Zugehörigkeit eines Gesteins zu einer bestimmten geologischen Schicht erkennt, ebenso wird jeder Forscher etwa ein neu aufgefundenes griechisches Manuskript sogleich in das 5. oder 4. vorchristliche Jahrhundert einordnen können, wenn er findet, daß der unbekannte Autor vor allem bemüht ist, bei allen gesellschaftlichen und sittlichen Zuständen des Menschen Natur und Konvention voneinander zu sondern. Zweifellos werden in ganz gleicher Weise die zukünftigen Kulturhistoriker auf das 19. Jahrhundert und Mitteleuropa raten, wenn sie ein unbekanntes literarisches Produkt von Genieverehrung durchtränkt finden und bemerken werden, daß

der Autor nicht den Anspruch erhebt, wahre Gedanken auszusprechen, sondern tiefe. Wenn nun auch unsere Genieverehrung in der Zukunft einmal sicherlich zum Gegenstand und Behelf gelehrter Forschungen werden wird, so ist doch der Geniebegriff selbst, wie er heute unter uns lebendig ist, kaum das Ergebnis wissenschaftlicher Untersuchungen und trockener Erwägungen. Wie alle Ideen, die allmählich aufgetaucht, von vielen gepredigt, von noch mehr Menschen geglaubt, schließlich zum Bestandteil der öffentlichen Meinung von Ländern und Generationen geworden sind, ist er vielmehr ein Gebilde der Gemütsbedürfnisse. Ja, es darf kaum bezweifelt werden, daß die Gemütsbedürfnisse, aus denen unser Geniebegriff erflossen ist, mit den *religiösen* Bedürfnissen aufs nächste verwandt sind.
Schon äußerlich zeigt es sich, daß wir den Reliquien unserer großen Männer, ihren Autogrammen und Locken, ihren Federkielen und Tabakdosen eine ähnliche Schätzung widerfahren lassen, wie die katholische Kirche den Gebeinen, Geräten und Gewändern der Heiligen, wie die Hellenen den vermeintlichen Knochen des Theseus und anderer Kultheroen. Wir erbauen um die Gräber unserer Genies zwar keine Kapellen und opfern ihnen nicht schwarze Lämmer auf den Altären antiker Heroentempel, aber wir begraben jene gemeinsam in der Westminsterabtei und im Pariser Pantheon, oder wir errichten ihnen eine gemeinsame Walhalla, die zwar keine Gräber mehr, aber doch die Büsten der Verewigten, kurz, antike Kenotaphien enthält. Mit ähnlich heiliger Scheu wie nach Lourdes wallfahren wir zu diesen Geniegräbern, ziehen wir nach Weimar, nach Stratford on Avon und vor allem nach Bayreuth. Aber nicht nur die äußere Form, das Rituale der Genieverehrung gleicht dem religiösen Kultus, sondern die Ehrfurcht vor unseren Genies ist mit religiöser Inbrunst aufs nächste verwandt und fällt zumindest mit einer Seite des religiösen Erlebens völlig zusammen, wenn auch manche andere Seiten fehlen und der Verehrer von seinen Genies kaum Gebetserhörungen erwartet und nur in seltenen Fällen im Schutz seiner Lieblingsgenies sich vor jeder irdischen Trübsal geborgen fühlt. Diese religionsähnliche Natur der Genieverehrung hat es ermöglicht, daß religiöse Skeptiker wie Dav. Fr. Strauß als Ersatz für die vermeintlich überlebten Konfessionen die Verehrung unserer klassischen Dichter und Musiker vorschlagen konnten, und war so der Anlaß, daß katholische und protestantische Geistliche öf-

fentlich gegen allzu inbrünstige Genieanbeter auftreten mußten.[2] Und dies mit gutem Grund, denn ein erheblicher Teil unserer Literaten, d. h. unseres Bücher schreibenden und lesenden Publikums befriedigt seine religiösen Bedürfnisse ausschließlich in der Form des Geniekultus. Diese quasireligiöse Natur der Genieverehrung ist also nicht unbeachtet geblieben und ist auch schon zum Gegenstand wissenschaftlicher Erörterung geworden.[3] Daß aber nicht nur das Gefühl der Genieanbeter religiös gefärbt ist, sondern daß die Geniereligion wie jede andere Religion auch ihre eigene Dogmatik entwickelt hat, das ist merkwürdigerweise nicht aufgefallen, offenbar deshalb, weil diese Dogmen noch nicht von offiziellen Geniepriestern auf Konzilien und Synoden festgelegt worden sind. Unsere öffentliche Meinung aber, die eben von den Literaten auszugehen pflegt, glaubt an das Dogmensystem der Geniereligion, glaubt die sonderbarsten tatsächlichen Behauptungen und hält sie für völlig selbstverständlich.

Nun wäre gegen eine solche neue halbreligiöse Sekte zunächst nichts einzuwenden. Leider aber haben sich die Genieanbeter für ihren Enthusiasmus ein so überaus wichtiges Feld gewählt, daß es nicht anzugehen scheint, ihre Quasireligion ungeprüft hinzunehmen oder gar zu fördern: die *Sache,* um die es geht, ist zu empfindlich und der Schaden, den sie durch den verschwommenen und breiigen Enthusiasmus unseres Zeitalters erlitten hat, ist allzu offenkundig. Unklare Begeisterung hat Sorgfalt, Rechtlichkeit und Pflichterfüllung der Mißachtung preisgegeben, hat ein unvornehmes Cliquenwesen zu verklären versucht und das Gewissen durch Mengenverachtung betäubt. Eine unreinliche Metaphysik hat die Verehrung der Berühmtheiten als höchstes Ziel gepredigt, hat falsche Ideale aufgestellt und Mitmenschen um ihr wahres Glück gebracht. Enthusiastische Dilettanten, Literaten und Halbgelehrte, die von der Sache wenig verstehen und nichts für sie fühlen, haben in geistvollen Aufsätzen, in allzu zahlreichen und dickleibigen Bänden der Erkenntnis geschadet, haben die Wahrheit der Tiefe, die Sache den großen Persönlichkeiten aufgeopfert: Philosophie und Wissenschaft scheint in Gefahr vor den Schwärmern. Weil also die Geniereligion bedenklich und vor allem, weil sie falsch ist, und weil eine *reine* Gesinnung nur aus *reinen* Begriffen entspringen kann, ist eine etwas eingehendere Zergliederung des Geniebegriffes mit allen seinen Ausläufern wohl höchst nötig geworden.

Es ist aber wie ein Verhängnis, das auf dem Geniebegriff lastet: ein jeder, der mit ihm, und sei es auch als sein Kritiker, zu tun hat, wird in den trüben Dunstkreis aus Verehrung und Verachtung, Inbrunst und Hohn, Tiefe und Flachheit gezogen. Da wir Menschen uns nämlich mehr von Gefühlen leiten lassen als von vernünftigen Erwägungen, wird die rein theoretische Zergliederung einem eingewurzelten und überdies halbreligiösen Ideale kaum etwas anhaben können, auch wenn es wirklich gelingen könnte, seine Haltlosigkeit noch so deutlich nachzuweisen. Der Kritiker, der eine solche Unhaltbarkeit und Bedenklichkeit des Genieideals erkannt zu haben glaubt, wird sich also entweder damit zufrieden geben müssen, daß zu allen Zeiten auch falsche Ideale Ansehen genossen und Anhänger gefunden haben, oder aber er wird genötigt sein – wenn er nämlich glaubt, daß eine solche Resignation gefährlich und unverantwortlich wäre –, nicht nur die Wurzeln der Geniebegeisterung klarzulegen, sondern auch ihre bedenklichen Folgen ins rechte Licht zu stellen. Mit einer bloß theoretischen Erörterung der Geniereligion und des Genieideals ist es deshalb nicht getan: der Kritiker, dem es um seine Überzeugung ernst ist, wird vielmehr gezwungen sein, sich zu einer *Tendenz* zu bekennen und ihr auch Ausdruck zu geben, ja, er wird, da falsche Ideale nichts so sehr zu fürchten haben wie die Lächerlichkeit, der trockenen Untersuchung hie und da sogar mit leisem Spott zuhilfe kommen müssen. Mögen ernste und sachliche Menschen, die hieran Anstoß nehmen könnten, weil ihnen bekannt ist, wie gefährlich vorgefaßte Meinungen der Wahrheit sind, sich nur an den Inhalt der folgenden Untersuchung halten, die Gründe prüfen und ihre bisweilen ein wenig spöttische Form als kaum vermeidliches argumentum ad hominem gegen die Genieverehrer verzeihen. Die überzeugten Genieschwärmer und Verehrer der Tiefe selber, die ja unter den Menschen nur eine kleine, aber laute Minderzahl bilden, möge die Untersuchung zumindest um ihr Ansehen bringen, wenn sie auch selber unbelehrbar bleiben sollten. Vielleicht aber könnte es dem Buch sogar gelingen, einige von denen, die nur mit halbem Herzen dem Geniebegriff anhangen, dazu zu bringen, die Geniemode abzuschütteln und sich ein klareres, richtigeres und der Verehrung würdigeres Ideal zu bilden.

1. Die Dogmatik der Geniereligion

Wie steht es also zunächst um die Dogmatik der Genieverehrung? In unserem Geniebegriff ist fürs erste die Behauptung eingeschlossen, den allermeisten Menschen fehle die schöpferische Veranlagung ganz und gar, sie seien überdies unintelligent und wenig urteilsfähig über Dinge, die über den praktischen Nutzen hinausgehen. Da wir Menschen nun, wie überhaupt alle Lebewesen, von Natur aus nur auf unsere biologischen Bedingungen eingestellt sind, so sollten wir uns, scheint es, über unsere geringe schöpferische Veranlagung eigentlich nicht allzusehr wundern und so dürfte es wirklich eine Erfahrungstatsache sein, daß die große Mehrzahl der Menschen sich von überkommenen Urteilen einfach anstecken läßt und zu bequem ist, wahrscheinlich auch unfähig wäre, sich selbständige Auffassungen zu bilden. Im Geniebegriff stecken aber noch weitere tatsächliche Behauptungen. Es soll nämlich noch eine zweite, der Zahl nach sehr geringe Gruppe von Menschen geben, die von ihren Mitmenschen ganz radikal verschieden sein soll. Diese neue, merkwürdige Menschengruppe, die Gruppe der Genies, soll beinahe göttliche Schöpferkraft besitzen und sich zum Unterschied von allen anderen Menschen alle ihre Gedanken, Meinungen und Werturteile ganz selbständig bilden. Zwischen diesen beiden, nach Zahl und Veranlagung so sehr verschiedenen Menschengruppen, zwischen der Menge und den Genies, soll sich nun eine völlig unüberbrückbare und bis in alle Urtiefen reichende Kluft auftun, die nicht nur die beiden Gruppen trennt, sondern eine jede von ihnen auch zusammenschließt. Es bilden nämlich merkwürdigerweise auch die Genies eine Gruppe, förmlich eine Art Partei, eine Partei, die zugleich aus lauter Parteiführern und lauter Parteilosen besteht. Die Genies – so behaupten ihre Verehrer – fühlen sich nämlich alle zusammengehörig, als Brüder einer erlauchten Gemeinde. Ein jedes von ihnen ist zwar selbständig und völlig original dem Schoße der Natur entsprungen; ein jedes von den Genies schafft seine eigenen Werke, seine eigenen Gedanken, seine eigenen Taten, die alle auf der ganzen Welt nicht ihresgleichen haben; ein jedes Genie lebt nur so, wie es ihm seine eigene, völlig originale Persönlichkeit gebietet und hat alle seine Gedanken und Werturteile unbekümmert um die Welt aus seinem eigenen Busen hervorsprießen lassen: und doch sollen die Genies alle *gleichmäßig* verehrungswürdig sein, alle sollen das *eine* Vorbild für die Menschheit abgeben, ein jedes Genie soll sich nur nach allen seinen Mitgenies sehnen, nur mit ihnen fühlen und nur sie schätzen. Mit rechten Dingen scheint es also in dieser buntscheckigen Brüderschaft der Genies nicht zuzugehen; da muß die Metaphysik beteiligt sein, der Urgeist oder die Urmutter Natur. Offenbar verkünden alle Genies ein und dieselbe tiefe Urwahrheit, die zwar bei jedem einzelnen eine völlig andere Gestalt angenommen hat, was aber nur durch irdisch-materielle Trübungen verursacht und verschuldet ist.

Höchst sonderbar sind auch die Beziehungen zwischen diesen Genies und der Menge. Das eine soll einmal feststehen: die Genies werden alle verkannt. Die Mitwelt, die ja nur zur Menge gehört, versteht in ihrer Urteilslosigkeit die Genies nicht, sie kann zwar die Genialität gar nicht von Flachheit unterscheiden, aber trotzdem haßt sie, wie von dunklen Ahnungen angeleitet, ihre Genies und scheint bemüht, die großen Männer durch stumpfe Gleichgültigkeit oder durch brutalen Widerstand zu unterdrükken und zur Verzweiflung zu treiben. So grausam handelt aber nur die Mitwelt; die Nachwelt gehört zwar auch zur Menge, zeigt aber ein völlig verändertes Verhalten. Die Nachwelt hat nämlich irgendwoher die verstorbenen Genies als solche erkannt und verehrt sie, oder gibt sich zumindest den Anschein, zu verehren. Ihre Tücken praktiziert die Menge demnach nur gegen die *lebendigen* großen Männer, ja sie spielt sogar die verstorbenen Genies, deren Zahl im Laufe der Zeit doch nicht unbeträchtlich angewachsen ist, höchst raffiniert gegen die wenigen lebendigen Genies aus. Da es sich also um Mit- und Nachwelt verhält, haben sich die großen Männer danach zu richten. Die Genies lassen zwar unbewußt wie die Nachtwandler nur ihre urgewaltige Produktionskraft in sich walten und schaffen und denken nicht an die Umwelt, die Genies denken zwar bei allen ihren Werken und Taten nur an ihre wahren Brüder, an ihre Mitgenies, aber die Genies schaffen auch ihre Werke nur für die Nachwelt: also lehrt die Geniedogmatik. Da also die Genies nur für die Nachwelt produzieren, so sind sie alle Zukunftsmusiker, Zukunftsmaler, Zukunftsdichter und Zukunftsphilosophen: Futuristen. Wohl zu unterscheiden von den Genies sind deshalb die sogenannten Tagschreiber oder Talente: das sind Leute, die zur Menge gehören und ihre Werke nicht für die Zukunft abfassen, sondern für die unmittelbar vorangehende Zeit, nämlich die Gegenwart, und dadurch also abgrundtief von den Genies verschieden sind. Diese Tagschreiber und Tagesgrößen werden zur Strafe vergessen. Die Genies werden dagegen für ihr trauriges Erdenwallen belohnt, denn die Nachwelt erinnert sich an sie und preist sie. Die Anerkennung aber, die die Genies bei der Nachwelt, d. h. bei der zukünftigen Menge, genießen werden, pflegt man die Zeitlosigkeit, Ewigkeit oder Unsterblichkeit der Genialität zu benennen.

Dies wäre also ein kurzes Verzeichnis der wichtigsten Dogmen der Geniereligion, wobei freilich noch manche Ergänzungen und Varianten nachzutragen sein werden. Da diese enthusiastischen Meinungen schon bei dem Versuche, ihnen eine scharfumrissene Gestalt zu geben, zum Teil zu ein wenig törichten und widerspruchsvollen Behauptungen zerfallen mußten, wird es nun weder allzu schwer noch sonderlich wichtig sein, sie auf ihre Wahrheit zu prüfen und zu widerlegen, wo es nötig sein sollte. Bedeutsamer wird es dagegen sein, die Wurzeln der einzelnen Geniedogmen bloßzulegen, da die Erkenntnis dieser psychologischen Wurzeln später, in der Kritik der Genie*verehrung* und des Genie*ideals,* die besten Dienste leisten wird.

1. Kapitel: Nach- und Mitweltsvorstellungen

Um nun mit der Prüfung des Nachweltsdogmas zu beginnen, scheint es zunächst einzuleuchten, daß sich die bunte Zukunft stets in graue Vergangenheit verwandelt, wobei die Zukunftsmusik in die Brüche zu gehen pflegt, ein Zerfallsprozeß, der sich in der Geschichte des menschlichen Geistes ja schon des öfteren abgespielt hat. Es dürfte deshalb auch nicht von so einschneidender Bedeutung oder gar von metaphysischer Tragweite sein, ob ein Autor seine Gedanken für die Zukunft niederschreibt oder für die Gegenwart, statt einfach die Wahrheit zu schreiben: für ein Publikum, ja für den Tag scheint nämlich der Autor in beiden Fällen zu produzieren. Wenn man also von Tagschreibern und Tagesgrößen verächtlich sprechen wollte, dann sollte man eigentlich den Gegenwartsjournalisten, als von ihnen nicht wesentlich verschieden, die Zukunftsjournalisten an die Seite stellen. Freilich besteht wenig Zweifel, daß nur die Gegenwart an ihre Diener greifbare Vorteile zu vergeben hat, die Nachwelt aber nur mit posthumen Ehrungen und Grabdenkmälern sich erkenntlich zeigen kann; es ist ferner der Erwerbsgeist, der von der Mitwelt Bezahlung erwartet, keine allzu edle Triebfeder, denn der Eigennutz gehört kaum zu jenen Motiven, die auf besondere Achtung Anspruch erheben können; und schließlich dürfte überhaupt ein geschäftstüchtiger und gewinnsüchtiger Autor nur in den seltensten Fällen wohlgelungene Werke zustande bringen. Ja, ein solcher Autor scheint wirklich eine gewisse Mißachtung zu verdienen, wenn er sich idealistisch geberdet und vorgibt, selbstlos nach reinen Zielen zu streben. Doch verdient er diese Mißachtung wohl weit mehr als Heuchler denn als Tagschreiber: denn mag auch der Zukunftsjournalist enthusiastisch und ruhmsüchtig, die Tagesgröße bloß gewinnsüchtig und beifallslüstern sein, so ist doch der Unterschied zwischen Enthusiasmus, Ruhmsucht, Geld- und Beifallsgier wohl geringer, als die Nachweltsmetaphysik annimmt, und sicherlich weit weniger wichtig als die Kluft zwischen wahr und falsch. Wenn nämlich *Kant* jede Handlung, die äußerlich den Gesetzen entspricht, die aber nicht der Achtung vor dem Sittengesetz, sondern sinnlichen Triebfedern, und sei es der Liebe oder dem Mitleid, entsprungen ist, als ethisch wertlos beiseite schiebt, so möge man diesen ethischen Rigorismus nur getrost auch auf die Ästhetik übertragen und erkennen, daß Sucht nach Nachruhm und Geldgier nur dem Grad nach voneinander verschieden sind, aber nicht nach dem Wesen und daß sie beide gleichermaßen neben der unbeirrten und uninteressierten Hingabe an das Werk und an die Sache nicht zu bestehen vermögen. Es scheint also, daß für Künstler, Dichter, Philosophen und Forscher, wenn sie produzieren wollen, die *Sache* von Bedeutung ist und nicht der Unterschied zwischen Mit- und Nachwelt.

Erklärungsbedürftig ist es freilich, daß auch bedeutsame Werke mit dem Ausblick auf die Nachwelt verfaßt werden und daß der Wunsch, vor dem Urteil der Nachwelt zu bestehen, einem Autor den Antrieb zur wertvollsten und unnachsichtlichsten Selbstkritik abgeben kann. Es ist aber nur eine Eigenart der menschlichen Natur, wenn wir Herdenwesen so sehr auf das Urteil unserer Mitmenschen achten, daß wir zur Selbstbeurteilung nur gelangen können, indem wir einen unbeteiligten Zuschauer, ein ideales Publikum vorstellen. Da nun die Vergangenheit gestorben ist, die Mitwelt aber von dem entstehenden oder kürzlich entstandenen Werk noch nichts weiß, ist es fast notwendig, daß dieses ideale Publikum von dem Autor in die Zukunft verlegt wird. Es liegt jedoch noch ein breiter Raum zwischen einem solchen idealen Publikum und der realen Nachwelt und selbst Spinoza, der ausdrücklich angeordnet hatte, man möge sein Hauptwerk, die Ethik, nach seinem Tod *anonym* veröffentlichen, weil die Namensangabe als Geziertheit eines Philosophen unwürdig wäre[4], selbst ein von Nachweltsschwärmerei so völlig freier Mann könnte ohne Inkonsequenz beim Abfassen seines Werkes ein ideales künftiges Publikum im Auge haben. Wenn aber ein Autor dieses ideale Publikum sich nicht nur vorstellt, sondern in dem wohl begreiflichen Bedürfnis nach realer Anerkennung es auch herbeisehnt, so ist die Projektion in die Zukunft um so verständlicher, denn im zeitlichen Ablauf unseres Bewußtseins ist es gelegen, daß wir Künftiges erwünschen, und nicht Gegenwärtiges und Vergangenes. Es entspringt also hier der Glaube an die entscheidende Bedeutung des Nachweltsurteiles einem *Wunsch* des Autors, einem Wunsch, der sogar für das Werk seine segensreichen Folgen haben kann, aber nicht einer tatsächlichen Erkenntnis. Als eine Idee im kantischen Sinn ist jedenfalls der Glaube an die Nachwelt gerechtfertigt und ebenso ahnt die Geniereligion das ideale Publikum, wenn sie ein wenig grobkörnig meint, jene Genies dächten bei Abfassung ihrer Werke nur an ihre Mitgenies.

Daß aber nicht nur *Autoren* zur Vorstellung der entscheidend urteilenden Nachwelt gelangt sind, sondern daß der Glaube an die Heiligkeit des Nachruhmes auch im *Publikum* so sehr verbreitet ist, dies ist wohl vor allem religiösen Motiven entsprungen. Da nämlich die halbreligiöse Färbung der Geniebegeisterung so sehr in die Augen fällt, so scheint es erlaubt, die Entstehung der Geniedogmen religionspsychologisch zu erklären und nach den religiösen Bedürfnissen zu suchen, die durch unseren Geniebegriff befriedigt werden sollen. So ist es kein Zufall, daß der Nachruhm *Unsterblichkeit* genannt wird, denn hier bezeichnet der gleiche Name wirklich die gleiche Sache. Es ist das Grauen vor dem völligen Aufhören der menschlichen Existenz, das sich in den Unsterblichkeitslehren der meisten Religionen spiegelt. Zu allen Zeiten, deren religiöse Gläubigkeit schlaff geworden war, hat man nun in der Hoffnung auf ein irdisches Fortleben Trost und Ersatz für das verblaßte Jenseits gesucht, und so hat der starke menschliche Trieb nach ewigem Leben dazu verführt, zu glauben, daß, mit Horaz zu reden, »nicht ganz stirbt«, wer bei der Nachwelt berühmt ist. Nur die unbefriedigte religiöse Unsterblichkeitssehnsucht hat also, wie uns auch die historische Untersuchung bestätigen wird, dem Nachruhm den Schimmer der Heiligkeit verliehen, hat die Ruhmsucht verklärt und hat das als zukünftig gedachte ideale Publikum, das nur als Idee gerechtfertigt ist, zu einem etwas abergläubischen Dogma vergröbert, das sich etwa bei Schopenhauer und manchen anderen in so erstaunlichen Wendungen kundgibt.

Neben der Unsterblichkeitssehnsucht pflegen in den religiösen Jenseitsvorstellungen auch ethische Bedürfnisse zum Ausdruck zu kommen: den Verstorbenen wird im Jenseits Lohn und Strafe zuteil, die bald in den Qualen des Tantalus, bald in den Freuden des Umganges mit Houris, bald in den verschiedenen Möglichkeiten der Seelenwanderung bestehen und die oft, wie bei den Ägyptern und Orphikern, durch ein förmliches Totengericht zugemessen werden. Die Geniereligion enthält nun keine ethischen Elemente; dennoch ist auch ihr Unsterblichkeitsdogma von dem menschlichen Bedürfnis nach einer ausgleichenden Gerechtigkeit bestimmt worden: wenn auch Nachruhm und Vergessenheit nicht immer völlig deutlich als Lohn und Strafe bezeichnet werden, so findet sich doch stets, entsprechend der orphischen Lehre vom Totengericht, der Glaube an den unfehlbaren Richterspruch der Nachwelt, der nun auf seine Berechtigung untersucht werden muß.

Es scheint nämlich höchst fraglich, ob der Unterschied zwischen Nach- und Mitwelt wesentlich größer ist als der zwischen Zukunft und Gegenwart: wenn schon das Urteil der zukünftigen »Menge«, wie sich eben gezeigt hat, nicht wichtiger ist als das der Gegenwart, so ist es auch kaum richtiger. Da nämlich Zukunft nicht Zeitlosigkeit bedeutet, brauchte es nicht erst gesagt werden, daß auch die Nachwelt der Mode und dem Zeitgeist unterworfen ist. Heute verehrt man so die titanischen Künstler und Philosophen, gestern waren die sachlichen berühmt, und morgen werden sie es wieder sein. Spinoza, bei Lebzeiten berühmt, hundert Jahre verachtet und vergessen, wurde im 18. Jahrhundert von Lessing und Jacobi wieder ausgegraben und ist heute – trotz Chamberlain und Otto Weininger – wieder berühmt. Auch Shakespeare war bei Lebzeiten berühmt und dann durch 150 Jahre fast vergessen. Ähnlich erging es Hegel und Jean Paul, die als Lebende überaus berühmt, später geringgeschätzt, heute wieder einer Auferstehung entgegengehen, erging es Bach und Händel, der bei Lebzeiten wie ein Fürst geehrt war, und von denen man vor ihrer Wiedererweckung durch Mendelssohn beinahe nichts wußte. Umgekehrt war Schopenhauer von der Mitwelt verkannt, wurde als Toter berühmt und heute beginnt sein Ansehen stark zu verblassen, und auch mit Richard Wagner dürfte es sich ähnlich verhalten. Über die starken Nachruhmschwankungen bei Schiller und Friedrich dem Großen sind eigene Untersuchungen erschienen und das ganze Ruhmproblem hat in neuester Zeit in einem kenntnisreichen Buch, dem sich noch manche andere Beispiele entnehmen ließen, eine eingehende Darstellung gefunden.[5]

Den größten Nachruhmschwankungen scheinen aber beinahe die Maler ausgesetzt zu sein. Hier bewirkt nämlich nicht nur die Änderung des Zeitgeistes, die Aufeinanderfolge von Renaissance, Barock, Akademismus, Rokoko und Neuklassizismus der Revolutionszeit usw., daß die Kurve des Nachruhmes etwa von Raffael, der Caracci, Poussins, Bouchers und Davids höchst wechselvoll verläuft, sondern hier tritt hinzu, daß die einzelnen

Kunstrichtungen besonders stark zu Schulen organisiert sind und daß etwa Zeichner und Koloristen einander befehden, indem sie Raffael und Tizian-Rubens gegeneinander ausspielen, und daß Rembrandt und die holländischen Genremaler im 18. Jahrhundert von den Realisten aufs Schild gehoben, von den Gegnern aufs leidenschaftlichste verkleinert werden.[6] Überdies greift hier der Kunsthandel ein und so beginnen z. B. im 19. Jahrhundert die Preise für die Bilder Watteaus, Bouchers und ihrer Zeitgenossen plötzlich beinahe vom Nullpunkt ins ungemessene zu steigen. Auch an unsere frisch entdeckten Genies, wie Greco, sei erinnert. Aber nicht nur die Nachwelt der Laien und Kunsthändler ändert ihr Werturteil mit dem Zeitgeist, sondern auch die der Fachmänner und so bieten die griechischen Sophisten eines der merkwürdigsten Beispiele für Nachruhmschwankungen dar. Bei Lebzeiten war der Sophist Protagoras einer der berühmtesten Männer Griechenlands, durch den Einfluß der Satire Platos war die philosophische Bedeutung der Sophisten vergessen, ihr Name durch zwei Jahrtausende zu einem Schimpf geworden und seit einem Menschenalter sind wieder ernste Fachmänner, die dem Gedankenkreis des philosophischen Positivismus nahestehen[7], für die hohe Bedeutung des Protagoras eingetreten und haben ihm neuen Nachruhm verschafft.* Also noch viele Längstverstorbene werden berühmt und wieder vergessen werden. Ist doch selbst der vergessene Gottsched, der dank seinem Gegner Lessing als Musterbild des verzopften Pedanten gilt, in jüngster Zeit von einem Enthusiasten, nicht ohne Anhänger zu finden, für die Gruppe der Genies reklamiert worden.[10]

Die Unzuverlässigkeit der Nachwelt äußert sich jedoch nicht nur in den Schwankungen des Werturteils über ihre großen Männer, sondern sie erstreckt sich bis in das Gebiet des Tatsächlichen. Es pflegt nämlich die ganze Wesensart der toten Berühmtheiten den folgenden Generationen in einer Beleuchtung zu erscheinen, die die wirkliche Gestalt des Verstorbenen bisweilen völlig unkennt-

* Auch sonst vollziehen sich merkwürdige Schwankungen des Nachweltsurteiles über antike Berühmtheiten. So ist heute bei den Fachmännern der Nachruhm Xenophons und Ciceros einer gewissen Geringschätzung gewichen und selbst gegen Demosthenes ist jüngst der Vorwurf der Rabulisterei erhoben worden. Bekannt ist auch, wie gewaltig der Ruhm des Aristoteles im Laufe der Jahrtausende geschwankt hat und noch schwankt.[9]

lich macht und verfälscht, jedenfalls aber höchst veränderlich und dem Wechsel des Zeitgeistes unterworfen ist. So hat man wohl mit Recht von einer »Transformation« der großen Männer im Urteil der Nachwelt sprechen können und hat als sonderbarstes Beispiel einer solchen Transformation Vergil angeführt, den Dichter der Äneis und der Bukolika, der ohne Spur einer Berechtigung von dem ganzen Mittelalter, ja in gewissem Sinn noch von Dante und der angehenden Renaissance als Zauberer und Nekromant mit einer Mischung aus frommem Schauder und Verehrung angesehen wurde.[11]

Von ähnlichen Irrtümern wie das Mittelalter mit seinen spärlich entwickelten Hilfsmitteln der geschichtlichen Forschung ist aber auch unsere nur allzusehr historisierende Zeit nicht bewahrt geblieben. *Mozart*, dem seine Zeitgenossen nicht ganz unverständigerweise Melodie- und Herzlosigkeit nachgesagt haben, dessen Musik immer wieder als überladen getadelt wurde[12], muß heute unserem Musikpublikum das Zerrbild eines kindlich-heiteren Rokokomusikers abgeben. Und doch war dieser ein wenig sinnlich verspielte, spottlustige, aber innerlich traurige Mensch, dieser unendlich mannigfaltige Musiker, mit seiner Vorliebe für die raffiniertesten Mischgefühle, für Chromatik und Vorhalte, zweifellos eine recht komplizierte Natur und wohl komplizierter als etwa Beethoven. Kürzer und einfacher als in der Instrumental- und Kammermusik läßt sich dies in der Oper aufzeigen. Man vergleiche etwa Fidelio mit Così fan tutte, einem der reifsten Werke Mozarts: dort ein heroischer und eben deshalb unkomplizierter Hymnus auf die Gattentreue, hier Musik, die sich der Schwärmerei des Augenblickes nur überläßt, um um so erbarmungsloser über die Gefühle hinwegzuwirbeln, die über die Schwäche der übers Kreuz betrügenden und betrogenen Brautpaare, aus dem Intrigenspiel kupplerischer Zofen und rationalistischer Philosophen die Weisheit »So machen's alle« als Trost und Apotheose der Lebensklugheit aufsteigen läßt. Aus dem Vierteljahrhundert, das zwischen der Entstehungszeit der beiden Opern gelegen ist, einem Vierteljahrhundert, das eine gewaltige Umwälzung des Zeitgeistes vom Leichtsinn zum Pathos, das vor allem die französische Revolution in sich einschließt, erklären sich diese stilistischen Verschiedenheiten nur zum Teil; sie entspringen sicher auch der Charakteranlage der beiden Künstler, die sich ja auch sonst nicht verkennen läßt. Mozart hat in allen seinen Opern höchst komplizierte Gestalten geliebt, er hat im Don Giovanni die edle und ein wenig lächerliche alternde Elvira, in der Entführung den bis ins Schaurige komischen, wollüstig-grausamen Haremswärter gestaltet, er legt im Figaro die herrliche Gartenarie der Susanna in den Mund, da sie um einer Intrige willen Sehnsucht *heuchelt,* er leiht im Don Giovanni dem wankelmütigen Frauenverführer, im Figaro der erwachenden Sinnlichkeit des Pagen, in Così fan tutte dem exaltierten Ferrando, der sich mit seiner Schwärmerei selbst betrügt, allen Zauber des lebendigsten Gefühles: wer so, in jedem Zusammenhang zur Molltonart geneigt, immer wieder Heuchelei, Unbestand und Trug des Augenblickes musikalisch verklärt, der wäre wohl nie imstande gewesen, einen so ungebrochenen Freudenausbruch in C-Dur zu komponieren wie den Schlußsatz der Fünften Symphonie Beethovens. Die Musikwissenschaft steht freilich dem verfälschten Mozartbild fern, das sich in unseren Musikkritiken etwa in dem Ausspruch kundgibt, Mozart habe den Don Juan als einen »liebenswürdigen Taugenichts« gestaltet, aber auch in unseren historischen Konzerten bekommen wir immer wieder die weniger wertvollen und charakteristischen Kompositionen Mozarts zu hören, die er für reisende Virtuosen oder für das Unterhaltungsbedürfnis der Besteller schreiben mußte. So beziehen wir unser Mozartbild ganz einseitig etwa aus der kleinen Nachtmusik, allenfalls noch aus einer Kindervorstellung der Zauberflöte.

Aus dieser ein wenig ausführlicheren Erörterung der modernen Mozartauffassung ergibt sich besonders klar, wie wenig die Nachwelt durch den zeitlichen Abstand von dem beurteilten Künstler der Mitwelt gegenüber im Vorteil ist. Es mag sein, daß ein richtiges Urteil sich eher fällen läßt, wenn, aus einer gewissen zeitlichen Distanz gesehen, die Überfülle der Künstler und Autoren ein wenig zurückgetreten ist; um so leichter gerät aber die Nachwelt in Gefahr, das, was einer ganzen Zeit- und Stilepoche gemeinsam ist, dem einzelnen Künstler zuzurechnen, seine stilistischen Besonderheiten aber völlig zu übersehen. So ist es Mozart mit der musikalischen Technik des 18. Jahrhunderts ergangen, die unserem Publikum als einfach erscheinen will, wie wir überhaupt geneigt sind, die recht überfeinerte Rokokokultur als kindlich-heiter zu empfinden. Die Nachwelt transformiert eben ganze Kulturepochen nicht anders als die einzelnen jener großen Männer.

Die Nachweltsgläubigen pflegen zur Begründung ihres Dogmas anzuführen, es fänden sich im Laufe der Zeit allmählich immer mehr Sachverständige zusammen, deren Urteil sich wechselseitig berichtige und so immer neue Siebe durchlaufe; schließlich bleibe dann der unbedingt zuverlässige Urteilsspruch der Nachwelt über ihre Genies übrig, der nach Lessings Worten »alles Zufällige von dem Ruhm absondert«.[13] Es ist sonderbar, daß die Geniebegeisterung mit ihrer irrationalistischen Tendenz hier zur Stütze ihres Nachweltsdogmas von einer einseitig rationalistischen Auffassung Gebrauch macht. Indem sie nämlich die einander ablösenden Generationen als voneinander völlig unabhängig annimmt, übersieht sie, daß es sich in Wahrheit bei dem Nachweltsurteil nicht um eine Siebung von Erkenntnissen handelt, sondern viel eher um einen massenpsychologischen Vorgang. Wenn Menschen in großer Zahl vereinigt auftreten, so beeinflussen sie einander so stark, daß ihr Verhalten und ihr Urteil zwar anders, aber nicht richtiger ausfällt als das der abgesonderten Einzelnen. Da diese Massenwirkung sich einstellt, ob nun die urteilende Menge gleichzeitig lebt oder durch das Abrollen einer längeren Zeitstrecke erst zustande kommt, so spielen die irrationalen, äußerlichen und massenpsychologischen Umstände im Nachweltsurteil ihre nicht unwichtige Rolle. Sie sind in der schon öfters erwähnten Untersuchung über die Genesis des Ruhmes höchst ausführlich dargelegt und gewürdigt worden und ähnlich wird unsere Untersuchung die einschneidende Bedeutung, die der Massensuggestion für den Geniebegriff zukommt, noch später zur Sprache bringen müssen.[14]

Einer Erklärung bedürftiger als die Genesis des Nachruhmes ist aber die Entstehung des Nachwelts*glaubens*. Für dessen Entstehung gibt nämlich die dargelegte »Siebtheorie« noch keinen Aufschluß, denn eine bloß verstandesmäßige Begründung bildet nie die wahre Quelle eines weit verbreiteten Dogmas und kann nur als Versuch gelten, eine schon vorhandene Überzeugung vor sich selbst und vor anderen zu rechtfertigen. Daß vielmehr Gemütsbedürfnisse, die Sehnsucht nach ewigem Leben sowie das Verlangen nach einer posthumen Vergeltung und einem unfehlbaren Totengericht zu einer Überschätzung der Nachwelt geführt haben, ist schon früher dargelegt worden. Hiezu gesellt sich ein Irrtum, der der menschlichen Betrachtungsweise gleichfalls natürlich ist: wir halten Sitten und Meinungen, nach denen die Gemeinschaft lebt, der wir selber angehören, für vollkommener als fremde und ungewohnte. Es wird sich bald zeigen, wie dieser Irrtum mit dem Nachweltsdogma zusammenhängt.

Die Überschätzung des eigenen Kulturkreises ist weniger der menschlichen Trägheit und dem Eigendünkel als unseren sozialen Instinkten entsprungen, denn sie ist ein Schutzmittel, das die eigene Gemeinschaft vor Auflösung bewahrt, sie gegen Fremde abgrenzt und zu einem Ganzen zusammenschließt. Daher ist es für naive Völker natürlich, daß sie sich für auserwählt halten, daß sie fremde Sprachen als Kinderlallen und fremde Sitten als barbarisch empfinden. Die Unterschätzung des Fremden trifft nun nicht so sehr wissenschaftliche und künstlerische Leistungen des *einzelnen,* sondern äußert sich naturgemäß am stärksten gegen die fremde Sitte und öffentliche Meinung, ja sie ist gegenüber diesen *sozialen* Erscheinungen – für den naiven Menschen wenigstens – beinahe ebenso unvermeidlich wie die Täuschung der Perspektive, die uns die Nähe groß, die Ferne aber klein zeigt.

Dieselbe irreführende Gewalt der Perspektive ist nun auch der Zeit eigen, denn man wird immer geneigt sein, die Zustände und insbesondere die öffentliche Meinung der Gegenwart für vollkommener und für richtiger zu halten als die vergangener und deshalb fremdartiger geschichtlicher Perioden. Diese perspektivische Verzerrung der Größenverhältnisse dürfte ja auch zur Verbreitung der Idee vom menschlichen Fortschritt erheblich beigetragen haben: sie täuscht der Gegenwart vor, die Menschheit hätte sich seit der Antike bis zu der uns vertrauten Zeit des Telephons und Automobils nicht nur geändert, sondern auch *empor*entwickelt. Wenn wir freilich bedächten, daß die Zukunft noch unbekannte, aber für uns sicherlich höchst fremdartige Zeiten heraufführen wird, die sich von der Gegenwart kaum weniger unterscheiden werden als diese von vergangenen Kulturepochen, dann müßten wir eingestehen, daß auch diese fremdartige Kultur der Zukunft uns minderwertig erschiene, wenn wir ihr plötzlich gegenüberstünden. Wer also den perspektivischen Trugschluß folgerichtig weiterführen wollte, der müßte eigentlich an den Fortschritt bis zur Gegenwart glauben, aber einen Rückschritt in der Zukunft befürchten. Es macht uns jedoch eben die Überzeugung von der Unfehlbarkeit der uns vertrauten Gegenwart gegen die Möglichkeit blind, künftige Kulturepochen könnten – statt einer ein wenig idealisierten, im Grundstil jedoch ungeänderten

Gegenwart zu gleichen – vielleicht für unsere ganze Kultur mit all ihren Erfindungen, Parlamenten und Konstitutionen keine Verwendung mehr haben. Der Glaube an eine solche an- und absteigende Entwicklung könnte überdies nicht eine *allgemein*gültige Weltanschauung abgeben: wie dem Wanderer immer neue Berge nahe und deshalb als hoch erscheinen, so müßte ja auch jede Zeit einen anderen Gipfelpunkt der Entwicklung annehmen, nämlich diesen in sich selbst finden. Aus diesen beiden Gründen wollen wir nicht eingestehen, daß es nur den *Anschein* hat, als würden die Zeitverhältnisse immer vollkommener, je näher sie der Gegenwart liegen; wir sprechen vielmehr von dem Fortschritt der Menschheit, als wäre diese scheinbare Verbesserung eine wirkliche, als wäre sie vor allem auf die Vorurteile gerade unserer eigenen Gegenwart nicht angewiesen. Erst durch diese Ausschaltung der Gegenwart kann der Fortschritt, der in der Vergangenheit sich scheinbar konstatieren läßt, auch auf die Zukunft übertragen werden, von der wir gar nichts wissen. Begreiflicherweise wird also die perspektivische Täuschung, die relativ ist wie jede Perspektive, verabsolutiert: die Gegenwart wird als Bezugspunkt ausgeschaltet, die Neuartigkeit der unbekannten Zukunft unterschätzt und die scheinbar zu uns heraufführende Entwicklung ins unendliche fortgesetzt gedacht.
Diese kurze Erörterung hat durchaus nicht alle Wurzeln des Fortschrittglaubens ans Licht gebracht, hat aber diejenigen unter ihnen freigelegt, die hier in Betracht kommen, denn dieselbe perspektivische Täuschung und dieselbe Verabsolutierung spielt auch bei der Überschätzung der Nachwelt ihre Rolle. Wir sind von vornherein geneigt, die Rangordnung, die unsere Klassiker der Dichtkunst, Musik und Philosophie in unserer öffentlichen Meinung einnehmen, für die unbedingt richtige anzusehen, und sind fest davon überzeugt, daß von den Zeiten und Zeitgenossen, die Hegel über Schopenhauer, Meyerbeer über Wagner gestellt haben, die wahre Sachlage völlig verkannt worden ist. Wenn wir also die Zuverlässigkeit des Nachweltsurteiles behaupten, so meinen wir eigentlich die Zuverlässigkeit unseres eigenen Urteiles über unsere großen Männer der Vorwelt. Auch hier wieder glauben wir so fest an die Vollkommenheit unserer eingebürgerten Meinungen, daß wir einschneidende künftige Änderungen in der Beurteilung unserer großen Männer gar nicht ins Auge fassen und von der im Irrtum wenigstens konsequenten Behauptung nichts

wissen wollen, das Urteil über unsere Genies sei von der Mitwelt bis zur Gegenwart immer richtiger geworden, um mit der Zukunft sich abermals zu ändern, d. h. wieder unrichtiger zu werden. Daher kommt es, daß man aus den zahllosen Beispielen für Nachruhmschwankungen nicht die entsprechenden Schlüsse zieht, daß man die perspektivische Täuschung wieder verabsolutiert und, statt folgerichtig bloß das Urteil der *gegenwärtigen* Nachwelt für vollkommen zu erklären, mit Ausschaltung der Gegenwart die *Nachwelt überhaupt* zum unfehlbaren Richter stempelt.

So besteht ein gewisser Zusammenhang zwischen dem Nachweltsglauben der irrationalistischen Geniebegeisterung und der rationalistisch-aufklärerischen Fortschrittsidee: beidemal wird ein Zeitzuwachs zugleich als ein Wertzuwachs angesehen; man vermeint, der Ablauf der Zeit erhöhe die Kultur und berichtige das Urteil über die Verstorbenen.

Es darf jedoch die Skepsis gegen hergebrachte Betrachtungsweisen nicht übertrieben und nicht übersehen werden, daß gleichwie die Fortschrittsidee in unleugbaren technischen und wissenschaftlichen Verbesserungen eine teilweise Rechtfertigung findet, auch der Nachweltsglaube einen der Erwägung werten Kern enthält. Wir müssen also versuchen, diesen eigentlichen Sinn des Nachweltsdogmas aus allem abergläubischen Beiwerk herauszuschälen, und wollen zu diesem Behuf den alten Tatbestand von einem neuen Gesichtspunkt aus betrachten. Wir wollen fragen, wie sich das Urteil der Nachwelt zu dem Urteil der Geschichte verhält und welche Beziehungen zwischen dem Nachruhm eines Verstorbenen und seiner historischen Wichtigkeit bestehen.

Da der Einfluß, den eine Persönlichkeit auf die *politische* Geschichte von Staaten und Völkern auszuüben imstande ist, nur von Lebenden auszugehen pflegt, ist es möglich, daß einem für die politische Geschichte höchst bedeutsamen Menschen Nachruhm nicht beschieden ist. Sein Lebenswerk könnte auf zahlreiche Geschlechter hinaus fortwirken und sich aus der geschichtlichen Entwicklung nicht wegdenken lassen und doch könnte die Nachwelt die Früchte seines Wirkens genießen oder an ihnen leiden, ohne sich des Spenders zu erinnern. Es ist also klar, daß auf dem Gebiet der politischen Geschichte zwischen geschichtlichem Einfluß, der sich ja günstigenfalls nur von dem gelehrten Historiker genau bemessen läßt, und Nachruhm kein notwendi-

ger Zusammenhang gegeben ist; freilich wird eine geschichtlich bedeutsame Person weit leichter im Gedächtnis der Nachwelt haften bleiben als eine völlig einflußlose.
Auf den Geniebegriff haben zwar die Kunst-, Literatur- und Philosophiegeschichte mehr Bezug als die politische, doch auch hier braucht zunächst geschichtliche Bedeutung, und sei sie noch so groß, mit Nachruhm nicht zusammenzufallen. Es könnte etwa ein Dichter oder Schriftsteller zur Quelle einer neuen literarischen Strömung werden und so die Entwicklung einer Literatur auf lange Zeit beeinflussen, wie dies z.B. bei Opitz zutrifft, der der akzentuierenden Metrik in der neuhochdeutschen Literatur zum Sieg verholfen hat. Überhaupt könnte ein Autor durch seine Sprache, durch seine poetische Technik, durch die Wahl seiner Stoffe eine neue Epoche einleiten und in der Literatur seines Volkes einen neuen Geist heimisch machen, der zwar nach einer gewissen Zeit als selbstverständlich empfunden und »überwunden« wird, den aber doch alle weiteren Entwicklungen als Ausgangspunkt voraussetzen. Den Einfluß eines solchen Schriftstellers werden zwar die Literarhistoriker nicht allzu schwer feststellen können, einem größeren Publikum dürfte jedoch der tote Autor gleichgültig bleiben, solange nicht eine ähnliche Konstellation der literarischen Zeitumstände zu einer Reform drängt, die der von dem Toten ausgegangenen ähnlich ist und so seinen Namen der Vergessenheit wieder entreißt. So kann kein Zweifel bestehen, daß zahllose Tote, deren Namen und Werke unter uns nicht mehr fortleben, bei ihren Lebzeiten Moden und Zeittendenzen eingeleitet haben, die heute zwar längst veraltet sind und nicht mehr zum Ausgangspunkt für neue literarische Entwicklungen werden, die aber doch den Stammbaum unserer Zeit tragen wie ein Stück des Stammes, das zwar keine neuen Zweige mehr treibt, das aber doch gelebt und die heutige Gestalt des Wipfels entscheidend bestimmt hat.
Auch die Geschichte der bildenden Künste, der Musik und Philosophie weiß zahlreiche Beispiele dafür anzuführen, wie Lebende einmal entscheidend und dadurch für immer fortwirkend in die Entwicklung eingegriffen haben und dennoch neuen Einfluß nicht mehr ausüben.* Zweifellos ist die geschilderte Art des hi-

* Für die Philosophiegeschichte bietet sich ein recht gutes Beispiel in den Begründern des englischen Deismus Herbert v. Cherbury, Toland und Collins.

storischen Einflusses überhaupt die gewöhnlichste und wichtigste; sie interessiert jedoch vorzugsweise den Historiker, pflegt dagegen von den Geniebegeisterten wenig beachtet zu werden. Daneben gibt es nun, und zwar insbesondere auf dem Gebiet der Kunst- und Philosophiegeschichte, eine historische Wirksamkeit anderer Art, die nicht unmittelbar von den Lebenden ausgeht, sondern von ihren hinterlassenen Werken. Es ist klar, daß solche Werke auf die Nachwelt erneuten Einfluß nur ausüben können, wenn sie gekannt und geschätzt, d. h. wenn sie berühmt sind, und daß umgekehrt dieser Einfluß steigernd auf den Nachruhm des Längstverstorbenen zurückwirken wird, ja daß von neuem einsetzender geschichtlicher Einfluß eines Toten sich von Nachruhm kaum sondern läßt. So war in Deutschland 150 Jahre nach Shakespeares Tod der starke literarische Einfluß und der hohe Nachruhm des toten Dichters zu einer untrennbaren Einheit verschmolzen und zu einem Shakespearefieber angewachsen, das ebenso in der Technik der zeitgenössischen Dramen wie in enthusiastischen Lobpreisungen des Dichters zum Ausdruck kam. Auch ganze Kulturepochen, deren Wirksamkeit längst erloschen scheint, können in einer fernen Nachwelt erneuten Einfluß und neuen Glanz, d. h. neuen Ruhm gewinnen und so eine »Renaissance« erleben.

Wenn es nun gestattet wäre, diese zweite Art der geschichtlichen Wirksamkeit allein ins Auge zu fassen, wie die Geniereligion es tut, dann könnte man im Nachweltsglauben die richtige Voraussicht enthalten sehen, die Nachwelt werde die historisch bedeutsamen Männer aus den für die Entwicklung bedeutungslosen aussondern. Freilich wäre auch mit dieser Voraussicht keine sonderlich inhaltsreiche Erkenntnis gewonnen und am allerwenigsten im Widerspruch mit den bisherigen Ergebnissen der Nachwelt unfehlbare Einsicht zugesprochen, denn die Nachwelt *erkennt* ja nicht eine schon vorhandene Bedeutsamkeit, sondern sie selbst *schafft* sie erst, indem sie die einen Künstler und Philosophen rühmt und sich von ihnen beeinflussen läßt, die anderen aber durch ihr Vergessen in das Reich der Bedeutungslosigkeit hinabstößt. Diese Art der geschichtlichen Bedeutung und der Nachruhm eines Toten erweisen sich so als zwei Seiten ein und desselben Tatbestandes: sie spiegeln das Verhalten der Nachwelt zu dem Toten einmal im Gebiet des Entschlusses, das andere Mal im Gebiet des Gefühles; jene zeigt, wie die Nachwelt dichtet, kom-

poniert, malt und philosophiert, dieser, wie sie sich künstlerisch und philosophisch an der Vergangenheit begeistert.
Der posthume geschichtliche Einfluß und der Ruhm, den die Nachwelt zu verleihen hat, sind indes nicht so äußerliche Gaben wie Namen oder auch Orden, denn sie können nicht nach völlig freiem Ermessen jedem beliebigen Verstorbenen angeheftet und wieder weggenommen werden; sie spiegeln vielmehr nicht nur die Wesensart des Spenders, sondern auch die des Empfängers. Die Wichtigkeit dieser beiden Faktoren gegeneinander abzuschätzen, ist nicht leicht, zumal bei der Genesis des Nachruhmes und des geschichtlichen Einflusses sicherlich zahlreiche, völlig äußerliche Umstände, glückliche Zufälle, einflußreiche Gönner und begeisterte Jünger eine recht erhebliche Rolle spielen; es sei aber angenommen, daß bei der Erscheinung des Nachruhmes und der posthumen Wirksamkeit eines Autors der Zeitcharakter der Nachwelt und die individuelle Eigenart des Toten etwa gleich stark beteiligt sind. Diese persönliche Eigenart, die künstlerischen und philosophischen Qualitäten des berühmten und von neuem einflußreichen Toten werden nun von der Nachwelt besonders hervorgehoben, sie werden in zahlreichen Schriften erörtert, dabei aber transformiert und je nach der Sinnesart der Nachwelt umgedeutet, ja verzerrt. Die Gegenwart hat beispielsweise die Neigung, historisch bedeutsame Tote nach der Richtung des Genieideals hin, das später zu untersuchen sein wird, umzustilisieren. Soweit sich also durch gefärbte Brillen überhaupt Feststellungen machen lassen, wird die persönliche Eigenart der noch posthum einflußreichen Männer von den Genieenthusiasten nicht nur immer von neuem festgestellt, sondern auch gewertet: eben wegen seiner individuellen Eigenart wird ja der Tote als Genie bezeichnet und für verehrungswürdig erklärt.
Die Untersuchung dieser Wertungen und die Überprüfung der verwendeten Wertmaßstäbe muß jedoch zunächst noch aufgeschoben werden, da vorerst die Kritik der tatsächlichen Behauptungen, der Dogmatik der Geniereligion abzuschließen ist. Als Kern des Nachweltsglaubens hat sich also eine ziemlich selbstverständliche Tatsache herausgestellt: es hat sich gezeigt, daß Nachruhm nicht allen, nicht einmal allen geschichtlich bedeutsamen Persönlichkeiten beschieden ist, sondern daß er nur solchen Toten zuteil werden kann, die durch gewisse persönliche Eigenschaften und durch gewisse Qualitäten ihrer Werke befähigt sind,

auch lange Zeit nach ihrem Tod unter geeigneten Zeitverhältnissen für kürzere oder längere Dauer erneuten geschichtlichen Einfluß auszuüben. Dieser selbstverständliche und dürre Tatbestand erhält die Farbe des Lebens nur durch die transformierenden Wertungen, die von den Genieschwärmern daran geknüpft werden, und durch eine voreilige Metaphysik, die glaubt, Metaphysisches, Ewigkeitswerte schon in Menschen und Menschenwerk mit Händen greifen und mit Augen sehen zu können. Eine solche unreine Überzeugung ist nur zu heilen durch die Erkenntnis, daß auch die geschichtliche Wiedergeburt eines Toten, die Renaissance einer vergangenen Kultur mit erneutem Tod enden muß und daß die Kompendien, Schulbücher und Volksausgaben, die die Welt in Ewigkeitswerte und Kleingedrucktes einzuteilen pflegen, alle dreißig Jahre neu gedruckt werden, womit für Abwechslung bestens vorgesorgt ist. Wenn also auch der Zeitgeist und die Schulbücher sich ein wenig langsamer ändern als die Moden der Kleider und Saisonschriftsteller, so wollen wir doch aus solchen Schnelligkeitsunterschieden keine Weltanschauung machen. Um zu diesem dürftigen Ergebnis zu gelangen, mußte eine langwierige Untersuchung über den Nachruhm angestellt werden, der, an sich uninteressant und wenig wichtig, erst durch die dogmatische Entstellung der Genieverehrer zum Problem geworden ist.

Es wäre nun eigentlich erforderlich, die *Mitwelt* gegen die Anschuldigungen des Genieenthusiasmus in Schutz zu nehmen und das Dogma vom verkannten Genie zu prüfen; doch die zahlreichen Beispiele von berühmten Lebendigen, von Goethe, Kant, Raffael und Michelangelo, die auch heute zu jenen Genies gezählt werden, sind zu bekannt, als daß es nötig wäre, viel Worte mit einer Widerlegung zu verlieren. Die Genieenthusiasten könnten, wie es scheint, aus den Reihen ihrer Genies nur zwei angeben, die wirklich von der Mitwelt übersehen und geringgeachtet wurden: Kleist und Schopenhauer. Es ist beinahe verwunderlich, wie wenig unsere Mitweltsvorstellungen durch geschichtliche Tatsachen bestätigt werden; da ja über die geringe Urteilskraft und die Gedankenträgheit der Menschen wenig Zweifel bestehen, sollte man wirklich erwarten, daß originale und neuartige Leistungen bei dem zeitgenössischen Publikum nur auf Verständnislosigkeit und Ablehnung zu rechnen hätten und erst nach *sehr* langer Zeit allgemeine Anerkennung finden könnten. Wenn diese Erwartung trügerisch ist und von den Tatsachen aufs schlagendste widerlegt wird, so ist dies ein Zeichen dafür, daß Anerkennung und Ruhm nicht auf rationalem Wege zustande kommen, daß vielmehr die Schwäche der menschlichen Urteilskraft durch die Lebhaftigkeit gewisser Gefühle mehr als aufgewogen wird. Es steht nämlich der menschlichen Trägheit nicht nur die Langweile und Neugierde entgegen, die lebhaft nach Neuartigem und Abwechslung verlangen, sondern es kommt vor allem der schwachen Urteilskraft, die Werte nicht erkennen könnte, ein starkes Verehrungsbedürfnis zu Hilfe, das Werte erkennen *will*. Es besteht kein Zweifel, daß Verehrung aus Gründen, die noch zu untersuchen sein werden, mit starken und eigenartigen Lustgefühlen verknüpft ist und daß uns Menschen ein lebhaftes Verehrungsbedürfnis innewohnt, das sich stets nach tauglichen Objekten umsieht, um sich Luft zu machen. Zur Verehrung eignen sich aber, wie sich noch zeigen wird, ungewöhnliche und nicht ganz verständliche Persönlichkeiten und Werke mehr als alle anderen. Da es ferner als höchst erfreulich empfunden wird, mit Objekten der eigenen und fremden Ehrfurcht in Berührung zu sein, und da es eine starke Erhöhung der Selbsteinschätzung bedeutet, wenn man verehrten Menschen gar hilfreich beistehen kann, so wird es auch oft Mäzene und immer sonstige Gönner und Jünger geben. Alle diese Umstände verkürzen die Zeit, die jeder Autor braucht, um sich im Urteil des Publikums durchzusetzen, sehr erheblich und bewirken es, daß jene verkannten Genies überaus selten sind. Freilich kommt das Verehrungsbedürfnis mit seinen Ausläufern auch Männern und Werken von recht zweifelhafter Beschaffenheit zugute.

Woher kommt es also, daß sich dennoch in Widerspruch mit den Tatsachen der Begriff vom verkannten Genie heute einer so großen Verbreitung erfreut und mit unfehlbarer Sicherheit hervorgeholt wird, sobald nur das Wort Genie gefallen ist, und das ist recht oft? Auch hier wieder muß zwischen Publikum und Autoren unterschieden und ein religiöses Motiv zur Erklärung herangezogen werden. Für *Autoren* ist der Begriff des verkannten Genies höchst tröstlich. Sobald nämlich zugleich mit dem Glauben an den eigenen Wert das Bedürfnis nach allgemeiner Anerkennung so stark geworden ist, daß es unbefriedigt bleiben muß, dann verlangt man naturgemäß nach Trost. Wenn sich also Autoren über die Ungunst des Publikums und auch über Trübsale ihrer äußeren Lage zu beklagen haben, so bedeutet es für sie den gesuchten Trost, zu glauben, daß ihr trauriges Los die natürliche Folge ihrer Bedeutung sei und sie so in eine Reihe mit all ihren anderen Genies stelle, einen Trost, der durch die Hoffnung auf den Umschlag im Urteil der Nachwelt noch versüßt wird. Dieser Trost und diese Hoffnung waren ja zweifellos die wahren Denkmotive für den Urheber unserer Mit- und Nachweltsdogmatik, für Schopenhauer. Der Begriff des verkannten Genies soll also, soweit er bei den Autoren auftritt, ein unbefriedigtes Bedürfnis lindern: er ist zunächst eine Erlösungsidee.

Wiewohl nicht übersehen werden darf, daß die Zahl der Menschen, die sich selbst für verkannte Genies halten und sich so trösten, noch größer ist als die Zahl der Autoren, läßt sich doch die starke Verbreitung des Mitweltsdogmas im *Publikum* nicht aus Trost und Hoffnung erklären. Wenn das Publikum so sehr dazu neigt, seine Genies als Märtyrer und die Mitwelt als eine Gemeinde von Folterknechten aufzufassen, so muß dies also einer anderen, nämlich einer religiösen Triebfeder entspringen. In den religiösen Vorstellungen zahlreicher Völker und Zeiten zeigt es sich wirklich, daß nicht nur die sich im Martyrium bewährende Charakterfestigkeit und Glaubensstärke besonders geeignet ist, zum Gegenstand religiöser Erhebung zu werden, sondern daß das Leid an sich, insbesondere unverdientes Leid, oft den Mittelpunkt für Legendenbildung abgibt und religiöse Verehrung zu entfachen vermag. Sogar in der sinnenfreudigen Mythologie der Griechen finden sich Belege hiefür. Es zeigt sich etwa im antiken Heroenkult, daß auch gewisse Athleten nach ihrem Tod als Heroen religiös verehrt wurden, und wenn wir uns dann nach der Veranlassung dieser Heroisierungen umsehen, so finden wir übereinstimmend in den zugehörigen Legenden die traurigen Lebensschicksale der heroisierten Athleten, ihren frühen oder durch einen Unglücksfall herbeigeführten Tod, einen zu Unrecht aberkannten olympischen Sieg angeführt[15], so daß man wohl annehmen darf, das religiöse Gefühl habe sich hier an dem Leid entzündet. Noch mehr aber wirkt unverdientes Leid verstärkend auf schon vorhandene religionsähnliche Gefühle: *Prometheus*, der den Menschen das Feuer gebracht hat und dafür von Geiern schauerlich zerfleischt wird, ist mythologisch das genaue Äquivalent unseres verkannten Genies.[16] Die religionsbildende Kraft des Leides ist nicht ganz leicht erklärlich: man denke sich aber, daß unverdientes Unglück, über das sich etwa ein geachteter Mann zu

Tode grämt, das Mitgefühl und das Interesse seiner Mitmenschen mächtig erregen muß und bald mit dem Walten übernatürlicher Mächte in Verbindung gebracht werden dürfte. In den Zuschauern mag sich sogar ein gewisses Schuldbewußtsein regen; in dunklen Schichten des Bewußtseins mag sich die Ahnung einstellen, der Dulder hätte ein trauriges Los auf sich genommen, das die Überlebenden vielleicht eher verdient hätten, er habe sie gewissermaßen *erlöst.* Auch im Prometheusmythus ist ein Erlösungsmotiv ziemlich deutlich erkennbar, denn aus *Mitleid* mit den Menschen hat der Titane das Feuer geraubt und sich seine Qualen zugezogen. Diese dumpfen Ahnungen, mehr oder weniger deutlich ausgesprochen, umkleiden den Toten schon mit dem Schimmer der Überlegenheit; man beginnt zu ihm aufzublicken, um so eher, wenn er in seinem Dulden besondere Charakterstärke gezeigt und sich als Märtyrer bewiesen hat. Und jetzt ist nur mehr ein Schritt dazu, daß das Verlangen nach Sühne auftaucht, daß die Zuschauer sich ihres leisen Schuldbewußtseins entledigen wollen und sich verpflichtet fühlen, durch Verehrung, ja unter gewissen Kulturverhältnissen durch Heroisierung den Toten für sein Unglück zu entschädigen. So mag unverschuldetes Unglück religionsbildend, besonders aber religionsverstärkend wirken. Es ist klar, daß ein solcher Dulderkultus die Verehrer nicht nur so lebhaft erhebt und befriedigt wie jede Erfüllung religiöser Bedürfnisse, sondern daß er zudem mit jener starken und eigenartigen Genugtuung erfüllt, die sich einstellt, wenn wir Unrecht gutmachen und uns so in unserem eigenen Wert gesteigert, den feindlichen Mächten überlegen fühlen können. Es wird also im religiösen Leben eine Tendenz nach Bildung von Dulder- und Märtyrerkulten und -legenden bestehen.

Unser Begriff vom verkannten Genie kommt nun zweifellos dieser Tendenz entgegen und bezieht von dem Dulderkultus die inbrünstige Färbung durch Gefühle, die bis in dunkle Bewußtseinsschichten hinabreichen. Im Begriff des verkannten Genies finden wir alle Elemente einer solchen Märtyrerlegende vereinigt: das unverdiente Leid und die Charakterstärke des hochwertigen Dulders, das dankbare Mitgefühl und das leise Schuldbewußtsein des Verehrers, vor allem aber das Gefühl der Überlegenheit, das die Nachwelt erfüllt, wenn sie sühnen kann, was die Mitwelt verbrochen hat. Auch die geschichtliche Betrachtung des Mitweltsdogmas wird uns später zeigen, daß älter als unser Begriff des *verkannten* Genies die Vorstellung ist, die hervorragenden Literaten würden von der »Grausamkeit des Schicksales« verfolgt und durch frühen Tod, durch Krankheit u. dgl. gepeinigt.[17] Daraus geht wohl mit voller Sicherheit hervor, daß nicht irgend welche psychologischen Erwägungen über die Urteilslosigkeit der Menge und ihren dunklen Haß gegen alles Große die Quelle unserer Mitweltsvorstellungen abgeben, sondern daß diese ihre eigentliche Wurzel nur in dem religiösen Bedürfnis haben, die verehrten Helden als Dulder und Erlöser aufzufassen.[18]

Damit wäre die Verbreitung und die Beliebtheit des Begriffes vom verkannten Genie auch beim Publikum erklärt, denn erst das Bedürfnis der Autoren nach Anerkennung hat das Dulden in ein Verkanntsein verwandelt. Wie stark die Neigung ist, die Leiden jener Genies möglichst schwarz auszumalen, zeigt sich deutlich in einer sonderbaren Erscheinung. Es sind nämlich in den letzten Jahrzehnten einige Genieenthusiasten als Musiker und Schriftsteller aufgetreten, die ihr Publikum lebhaft interessiert haben, weil Mengenverachtung heute bei der Menge sehr populär ist; sie haben zu recht hitzigen Parteikämpfen Anlaß gegeben, haben sich jedoch über Zahl und Enthusiasmus ihrer Anhänger durchaus nicht zu beklagen. Da aber Autoren und Jünger Genieenthusiasten sind, so haben sie ihren Glaubenssatz über die Mitwelt nicht aufgeben wollen und so hat unsere Zeit die höchst sonderbare Erscheinung hervorgebracht, daß berühmte Leute sich selbst für verkannt erklären und auch bei ihrer höchst zahlreichen Jüngerschaft als verkannt gelten. Es scheint also heute förmlich eine neue Gruppe solcher großer Männer entstanden zu sein, die als verkannte Genies allgemein bekannt sind.

Es kann im ganzen nicht bezweifelt werden, daß noch niemals der innere Wert eines Werkes den Autor zu einem verkannten Menschen gemacht hat. Wenn trotzdem Kleist, zum Teil auch Schopenhauer, ein trauriges Los auf sich nehmen mußten, so ist die Ursache davon hauptsächlich in der Eigenart ihres Charakters zu suchen und nicht in einem dunklen Haß der Mitwelt gegen alles Große; die wahre Tragödie solcher Charaktere liegt vielmehr darin, daß dichterische und philosophische Originalität in unlösbarer Verbindung mit einem Charakter auftritt, der Anerkennung und Ruhm unmöglich macht, aber nicht auf sie verzichtet. Solchen tragisch angelegten Charakteren kann erst bei der Nachwelt die ersehnte Verehrung zuteil werden, die aber aus den dargelegten religiösen Motiven um so inbrünstiger ausfallen wird. Ob freilich diese sehr natürliche Verehrung nicht aus höheren Gründen abgelehnt werden muß, kann hier noch nicht erörtert werden.

Es mag ein Ausnahmsfall sein, daß originelle und bedeutende Werke mit einem Schlag so allgemeine Anerkennung finden, wie sie dem zunächst sogar anonym erschienenen Götz von Berlichingen und Werthers Leiden zuteil wurde. Für gewöhnlich dürften originale Leistungen zunächst nur ein kleines Publikum interessieren und für sich gewinnen. Die Verehrer der alten Autoritäten werden dagegen die Verletzung ihrer Gefühle mit heftigem Widerspruch beantworten, es wird zu hitzigen Parteiungen kommen und es werden sich um den neuen Autor Schulen bilden. Selbstverständlich wird dieser Parteikampf zunächst auf das Publikum, das der Autor überhaupt zu interessieren vermag, beschränkt bleiben, d. h. ein Philosoph wird nur bei Philosophen, ein Maler nicht bei den Blinden und ein Musiker nicht bei den Handelsleuten, die keine Konzerte besuchen, anerkannt und umstritten werden. Im allgemeinen wird man wohl sagen dürfen, daß jeder Autor das Publikum und die Verehrer hat, die er verdient; jedoch gibt es hier traurige Ausnahmen. Es kann einem Künstler widerfahren, daß er einem Publikum interessant wird, das er gar nicht wünscht, und so war das Schicksal Mozarts, der als Salonmusiker, Virtuose und Lustigmacher allgemein geschätzt war, in einem reineren Sinn tragisch als das Schopenhauers. Auch der Zeitgeist bewirkt es, daß gewissen philosophischen Problemen und Kunstgattungen jeweils von vornherein das Publikumsinteresse zugewandt ist und daß etwa heute ein Romanschreiber viel leichter Beachtung finden kann als ein Dichter, der ausschließlich noch so treffliche Sonette produzieren wollte.

Die Schulen und die Parteikämpfe, die sich, wie wir gesehen haben, an interessante Werke anschließen, wenn sie originell und neuartig sind, können schon bei Lebzeiten des Autors wieder erlöschen oder durch einen entscheidenden Sieg beendigt werden, können aber auch die Schulhäupter überleben. So verwandelt sich die Mitwelt in die Nachwelt, der historische Prozeß beginnt, Transformierung setzt ein, die Zahl der Verehrer wächst beträchtlich, und der Sieg einer neuen Schule kann es dann bewirken, daß sich das Publikumsinteresse, der Zeitgeist ändert, daß andere Probleme oder Kunstgattungen interessant, »modern«

und andere Männer Autoritäten werden; das Spiel kann also wieder von neuem beginnen.
Freilich für die Genieenthusiasten ist es kein Spiel, denn ihnen bedeutet der Ruhm eine ungemein wichtige Angelegenheit; trotzdem ihnen der Wert ihrer Genies kein irdischer ist, der sich in Lust und Nutzen umrechnen ließe, glauben sie sonderbarerweise, die Welt sei aus den Angeln, wenn es den Operettenkomponisten besser ergeht als den Philosophen. Diese überall hervortretende, unreine Vermengung von metaphysischen Wertungen und höchst realen Tatsachen läßt die Geniereligion als überaus plump, ja als einen Geniespiritismus erscheinen. In der Kritik der Nach- und Mitweltsdogmatik, die nunmehr zum Abschluß gelangt ist, hat sich insbesondere gezeigt, daß gerade jene Motive am meisten betont und überschätzt werden, die mehr den Massenpsychologen interessieren sollten als den Metaphysiker, und so mag sich schon jetzt die Einsicht einstellen, wie sehr im modernen Geniebegriff der Ton auf jenen Zügen liegt, die geeignet sind, suggestionsbildend zu wirken. Diese suggestive Färbung des Geniebegriffes wird später noch deutlicher kenntlich werden; zunächst aber ist es an der Zeit, an eine neue und wichtigere Gruppe von Geniedogmen heranzutreten.

2. Kapitel: Die Brüderschaft der Genies und der Tiefenbegriff

Es sind heute Schriften häufig geworden, die in einer Reihe von teils biographischen, teils ästhetischen und philosophischen, stets aber enthusiastischen und ehrfurchtsvollen Kapiteln eine *größere* Zahl jener Genies nacheinander behandeln. Diese heute weit verbreitete Literaturgattung ließe sich zwar – und nicht nur äußerlich – bis auf die Biographiensammlungen, die »viri illustres« der ausgehenden Antike zurückführen und ließe sich auch sonst in Zeiten nachweisen, die man als eklektisch zu bezeichnen pflegt, ist aber in unserer Zeit eigentlich erst durch *Carlyle* und *Emerson* modern geworden. Zu den Hauptvertretern dieser Geniebündelliteratur gehört H. St. *Chamberlain*, der etwa ein umfangreiches Buch über Kant in die Form von Essays kleidet, die der Reihe nach Plato, Leonardo, Descartes und Goethe abhandeln; am fruchtbarsten und vielseitigsten in dieser Literaturgattung ist jedoch heute *Herbert Eulenberg,* der Verfasser der Schattenbilder und ihrer Fortsetzungen. Aus diesen Geniesammlungen spricht jedenfalls die Meinung, jene großen Männer seien irgendwie, und zwar nicht durch Bande historischer Abhängigkeit, zusammengehörig. Noch deutlicher wird dieser Glaube, wenn wir in unzähligen Gedichten und Flugschriften, besonders aber in Bildern und illustrierten Zeitschriften auf Darstellungen stoßen, die uns jene Genies vor Augen führen, wie sie nach ihrem Tod im Himmel zahlreich sich versammeln und freundschaftlich und einträchtig miteinander verkehren. Auch diese himmlischen Genieversammlungen sind für die Geschichte des Geniebegriffes ziemlich wichtig und lassen sich bis auf die Antike, bis auf den »Traum des Scipio« *Ciceros* zurückverfolgen, der ähnlich die großen Staatsmänner im Jenseits sich versammeln läßt und der dann in der Renaissanceliteratur zahlreiche Nachahmungen, Erweiterungen und Fortsetzungen gefunden hat.[19] In ihrer modernen Auffassung zeigen nun jene himmlischen Genieversammlungen, daß wir geneigt sind, zu meinen, jene Genies hätten ein Gefühl der Zusammengehörigkeit und seien jedenfalls weit davon entfernt, einander zu verkennen, wie die Menge es zu tun pflegt.

Diese Gruppenbildung erklärt es ja auch, wieso wir gewohnt sind, stets von einem Genie auf das andere – und sei es historisch noch so weit entfernt – zu springen, erklärt es, wieso etwa Carlyle dazu gelangt, unbedenklich, aber ein wenig unhistorisch, zu behaupten, Italien habe in Dante die eine, England in Shakespeare die andere »Stimme der Welt«[20] hervorgebracht. Wohl aus ähnlichen Stimmungen und Ahnungen heraus nennt auch Schopenhauer einmal Goethe im Eifer kurzweg den »Riesenbruder« Kants, ohne diese auffallende Behauptung durch Anführung irgend einer Familienähnlichkeit näher zu begründen. Wie es scheint, am deutlichsten findet sich jedoch die Zusammengehörigkeit jener Genies wieder bei Carlyle ausgesprochen. Carlyle verkündet nämlich nicht nur, daß »alle wahren Menschen Soldaten derselben Armee wären, angeworben unter dem Oberbefehl des Himmels, um denselben Feind zu bekämpfen: das Reich der Finsternis und Lüge«, ihm sind in dieser Armee nicht nur »alle Uniformen gleich gut«[21], sondern er sagt geradezu: »Im Grund ist der große Mann, wie er die Hand der Natur verläßt, immer das gleiche Ding: Odhin*, Luther, Johnson und Burns. Ich hoffe zu zeigen, daß jene alle aus *einem* Stoff sind und daß sie so unermeßlich verschieden nur durch die Aufnahme erscheinen, die die Welt ihnen bereitet hat, und durch die Formen, die sie angenommen haben.«[22]

Hier ist also ein im Grund metaphysisches Dogma über jene Genies deutlich ausgesprochen, dem aber auch alle minder kühnen Genieenthusiasten unserer Zeit zumindest sehr nahe kommen. Da sich nun Auffassungsweisen, Tendenzen und Ahnungen prüfen und auf ihre wahre Bedeutung nur untersuchen lassen, wenn man sie in ihrer konsequentesten Gestalt betrachtet, so sei es gestattet, den ganzen Gedankenkreis unter dem Namen des Dogmas *von der Brüderschaft der Genies* zusammenzufassen.

Die »urteilslose Menge«, die »klägliche Dutzendware der Natur« sehen wir also in Parteiungen zerspalten, und jene Genies sollen förmlich eine Brüderschaft von lauter Originalen bilden? Man meint doch für gewöhnlich, die Gegensätze zwischen Menschen seien um so stärker ausgeprägt, je selbständiger ihre Gedanken, je

* Carlyle glaubt nämlich, Odhin sei ein später von der Nachwelt vergötterter »großer Mann« gewesen und widmet ihm deshalb einen längeren Abschnitt seines Buches über die Heldenverehrung. Sein Euhemerismus ist nur die Kehrseite seiner Geniereligion.

unbeugsamer ihr Charakter, je stärker ihr Temperament sei; wenn nun jene Genies die Menge in allen diesen Punkten himmelweit überragen sollen, so darf man eigentlich erwarten, die Parteiungen der Dutzendmenschen zu Titanenkämpfen der Genies gesteigert zu sehen.
Nehmen wir also an, einem aus der Zahl der Schwärmer, die von Goethe zu Kant und von beiden zu Beethoven zu springen pflegen, böte sich die Gelegenheit, einmal einer jener himmlischen Versammlungen aller seiner Genies beizuwohnen. Der Kritiker muß fürchten, daß die Gedanken dort sehr hart aufeinanderstoßen werden und daß es unserem Enthusiasten recht übel ergehen könnte, wenn er in dem Streit der Überzeugungen und Lebensziele seinen Beifall nach allen Seiten gleichmäßig spendet. Ein solcher geniebegeisterter Besucher hätte wohl Gelegenheit, einen belehrenden Vergleich zu ziehen zwischen seinem Enthusiasmus für die Persönlichkeiten und dem Enthusiasmus der Persönlichkeiten für die Sache.
Oder irrt diese Betrachtung? Gibt es im Himmel vielleicht gar keine Versammlungen jener Genies? Auf Erden scheint es wirklich keine gegeben zu haben. Die Genies unserer Enthusiasten haben nämlich meistens nicht einmal miteinander gestritten, sondern einander oft recht kühl ignoriert; ja, es will fast scheinen, als hätten sie gar nicht gewußt, daß es die Aufgabe der »Menge« sei, zu verkennen, und daß sie selbst eine völlig anders geartete Menschengruppe zu bilden hätten. Soviel wir sehen, hat sich Kant über Jacobis »affektierte Genieschwärmerei« für Spinoza recht geringschätzig geäußert und sich mit Herder in eine Polemik eingelassen; die deutschen Klassiker hat er nicht beachtet. Goethe wiederum hat sich mit allen mittelmäßigen Talenten vertragen, aber nicht mit Herder und Kleist; Jean Paul war ihm zu chinesisch verschnörkelt, Schopenhauer zu jugendlich, die jüngeren Romantiker schienen ihm nicht gesund genug, Beethoven lehnte er ab. Aber vielleicht ist den Enthusiasten der trockene Kant zu philiströs, Goethe in seinem Alter zu sehr Geheimrat. Doch auch der geniebegeisterte Schopenhauer selber äußert sich brieflich recht erfreut über Angriffe auf Richard Wagner und scheint Rossini beträchtlich höher eingeschätzt zu haben als seinen eigenen Riesenbruder Beethoven. Diese Beispiele ließen sich unschwer beliebig vermehren.[23]
Es soll aber nicht durch die Wahl dieser Beispiele der Genievereh-

rung und durch die Aneinanderreihung großer Männer dem Glauben an das Brüderschaftsdogma neue Nahrung zugeführt werden, denn wenn jemand göttliche Verehrung den Drachen erweist, ist es nicht angezeigt, ihm immer von Drachen zu erzählen, sondern man tut besser daran, die Grundbegriffe der Anatomie klarzulegen. Wie steht es also mit der Anatomie des Geniedrachen? Wer selbst ein wenig produktiver veranlagt ist als seine Umgebung, hat nicht viel Zeit dazu, sich um die schöpferische Veranlagung anderer Personen zu bekümmern, meistens auch nicht die Fähigkeit, sich in anders geartete Menschen und Gedankengebäude hineinzudenken; er achtet nur auf die Probleme, die er sich stellt, d. h. auf seine Sache, Personen sind ihm nur dann interessant, wenn er ihnen seine Problemstellung verdankt, d. h. wenn sie seine Vorläufer sind. Da es ihm also um seine gute Sache geht, dürfte er seine Umgebung nicht in Genies und Dutzendmenschen, sondern viel eher in Anhänger und Gegner einteilen; die erste Einteilung macht nämlich der Enthusiast für Persönlichkeiten, die zweite der Enthusiast für die Sache. So pflegen produktive Menschen mit ihren Anhängern mehr zu sympathisieren und sie auch höher zu schätzen als Gegner, mögen diese auch originell sein; Autoren aber, die weder Anhänger noch Gegner sind, bleiben unbeachtet. Und so sehen wir jene großen Männer genau so in Parteien gespalten, oft in philosophische und literarische Streitigkeiten, manchmal in Intrigen verwickelt wie fast alle Autoren und jedes Publikum. Wenn aber ein Autor einmal seine Vorläufer und Jünger für Genies und seine Gegner für Dutzendmenschen erklärt, so sollte man doch aus dieser Umbenennung nicht die Brüderlichkeit aller Genies zu beweisen versuchen.

Die Meinung der Brüderlichkeitsdogmatiker spiegelt sich in ihrer Auffassung der Wesensart des großen Mannes, denn daß alle jene Genies als zusammengehörig und gleichartig gedacht werden, wird verständlich, wenn *Carlyle* gesteht, er könne sich »einen wahrhaft großen Mann nicht vorstellen, der nicht alle Arten, Mensch zu sein« in sich vereinige. Offenbar zu dem gleichen Geniebegriff bekennt sich auch *Otto Weininger*, der ja ausführt, jene Genies wären Könige und Pferdejungen, Helden und Verbrecher, Asketen und Wollüstlinge zugleich, denn sämtliche Menschentypen wären in den Tiefen ihrer Persönlichkeit keimhaft angelegt und vereinigt – wobei er sein Genieideal deutlich den dramatischen Dichtern und noch mehr den Schauspielern auf den Leib anpaßt.[24] Anderseits ist aber auch die *Einseitigkeit* verhältnismäßig origineller und produktiver Menschen von dem Genieenthusiasmus berücksichtigt worden. Man weist sogar mit Vorliebe darauf hin, wie sehr sich jene Genies von leidenschaftlichen Vorurteilen gegen ihre Mitmenschen und alle Autoritäten leiten ließen, denn der irrationalistisch gesinnte Geniekultus schätzt solche geniale Vorurteile überaus hoch ein[25]; überdies tritt den Wünschen der Persönlichkeitsenthusiasten durchaus gemäß die Einzigartigkeit jedes großen Mannes um so besser hervor, wenn seine ihm charakteristischen Vorurteile und Abneigungen mit liebevoller Sorgfalt ins hellste Licht gestellt werden.

In dieser leicht begreiflichen Betonung der genialen Einseitigkeit verbirgt sich aber eine Variante zu den bisher erörterten Geniedogmen. Wenn wir nämlich bedenken, daß die Menschen bisher in zwei Klassen eingeteilt wurden, in die Menge und in die Genies, wenn weiters die Menge genieblind sein sollte, jetzt aber hervorgehoben wird, daß auch jene großen Männer unfähig wären, ihresgleichen unvoreingenommen und richtig einzuschätzen, dann müssen wir fragen, wer eigentlich berufen ist, die Genies als solche zu erkennen und nach Gebühr zu verehren. Offenbar denkt diese Variante der Geniedogmatik an eine dritte Menschenklasse, die zwischen den Genies und der Menge mitteninne steht, nämlich an die Kenner, die Connoisseurs, die Literaten. So enthüllt sich ein wichtiges Motiv des Geniekultus, denn offenbar meinen die Genieenthusiasten mit dieser dritten Menschenklasse sich selber. Sie stehen über den Dutzendmenschen, sind zwar selbst unproduktiv, aber vermitteln doch zwischen ihren großen Männern und der Menge, so daß ein gewisser Abglanz der Genieherrlichkeit auf ihnen ruht: man könnte sie die Priester der Giereligion nennen. Sie werden, wenn nicht als genial, so doch als kongenial bezeichnet. Diese Priesterbildung ist nicht unwichtig für die Psychologie des Genieenthusiasmus und wird uns noch beschäftigen müssen.

Jedenfalls besteht hier in der Geniedogmatik ein Widerspruch, denn die Schätzung der genialen Einseitigkeit scheint zunächst mit dem Brüderlichkeitsdogma nicht recht zusammenzustimmen. Für die Genieverehrer selber besteht jedoch kein Anlaß, an ihrer Religion etwa irre zu werden. Aus den heute so überaus zahlreichen Geniebiographien sind zwar den Verehrern alle die kühlen und ablehnenden Urteile jener großen Männer übereinander, ja auch ihre Streitigkeiten wohl bekannt; sie empfinden diese Gegensätze jedoch nicht als Zerklüftung in den Reihen ihrer Genies, sondern glauben, aus höheren oder besser, tieferen Gründen über Widersprüche der Gedanken und Lebensauffassungen, über Recht und Unrecht hinweggehen zu dürfen. Ihnen bilden ihre Genies ja eine *metaphysische* Brüderschaft, die eine gemeinsame, aber dunkle Urwahrheit zu verkünden hat und so im tiefsten Grund einig ist, mag auch diese geheimnisvolle metaphysische Botschaft durch irdische Verhältnisse getrübt und an der Oberfläche zu Widersprüchen zerspalten sein. Es entspricht der antirationalistischen Färbung der Geniebegeisterung, daß jene großen Männer nur auf geheimnisvollem Weg von der metaphysischen Urwahrheit Kenntnis erlangt haben sollen – sofern das Wort Kenntnis nicht zu schlecht ist für die letzten und tiefsten Dinge. Die göttliche Eingebung und die Inspiration durch einen Genius, die an der Wiege des Geniebegriffes Pate gestanden haben, sind zwar verabschiedet worden, denn der moderne Geniekult ist zugleich Kind einer Zeit des religiösen Verfalles; andere, geheimnisvolle Erkenntnismittel haben jedoch die Vertriebenen abgelöst. Das Genie tritt auf als *Seher,* der nicht erkennt, sondern schaut und – wie bei Carlyle und Chamberlain – als »klares Weltenauge« in den tiefen Urschoß der Natur hinabblickt. Zu diesen visuellen treten mehr motorisch-akustische Vorstellungen: das Genie lebt in unmittelbarem Zusammenhang mit allen Urkräften der Natur, es belauscht ihren Pulsschlag, verspürt das Pochen ihres Herzens und ist mit allen Dingen geheimnisvoll und tief verwachsen.[26]

Die Überprüfung solcher metaphysischer Ahnungen ist ein undankbares Unternehmen, denn wenn der Prüfer recht behält, heißt er seicht, und im Dämmerlicht der Tiefe kann er wieder nicht wahr von falsch unterscheiden; metaphysische Ahnungen sind durchtränkt und umkleidet von Wertungen: wer an die Tatsachen rührt, verletzt zugleich die Ehrfurcht. Doch gerade hier ist der Punkt, an dem die Prüfung einzusetzen und die unreine Verbindung von Tatsachen und metaphysischen Wertungen im Interesse beider Teile aufs schärfste zu trennen hat. Die Tatsachenfrage, die Frage nach den Erkenntnisquellen des produktiven Menschen, nach seiner Psychologie, darf diesmal übergangen werden, denn nicht die Untersuchung jener Genies, sondern die des Genie*begriffes* ist unsere Aufgabe. Hier heißt es vielmehr, den Begriff anzufassen, der den Kern und zugleich die schützende

Hülle des Brüderlichkeitsdogmas abgibt: den Begriff der *Tiefe*. In der Tiefe sollen ja jene Genies einig sein und seicht heißt es, dies zu bezweifeln.

Was ist also damit gesagt und gemeint, wenn ein Gedanke als tief bezeichnet wird? Wer von Tiefe spricht, will offenbar damit einem Gedanken, d. h. einem *Urteil* gewisse Merkmale zuschreiben, über deren Natur wir nunmehr Klarheit zu gewinnen suchen müssen. Bei einem Überblick über die wesentlichen Eigenschaften, die einem Gedanken zukommen können, zeigt es sich nun, daß man zunächst *wahre* von *falschen* Gedanken zu unterscheiden hat. Es ist zwar nicht ohne weiteres klar, worin eigentlich die Wahrheit eines Urteiles besteht, denn der Wahrheitsbegriff bildet eines der schwierigsten Grundprobleme der Erkenntnistheorie. Hier darf er jedoch wohl als bekannt und selbstverständlich vorausgesetzt werden, da seine Untersuchung keinen Aufschluß über die Tiefe verspricht. Die Geniebegeisterten meinen nämlich, ein tiefer Gedanke habe vor einem bloß wahren zumindest eine wertvolle Eigenschaft *voraus,* wenn sie nicht gar Wahrheit und Tiefe für voneinander völlig unabhängig erklären. Die Untersuchung wird sich also nach anderen Eigenschaften des Gedankens umsehen müssen.

Gedanken können sich in Gedankensystemen und Urteilsgebäuden zusammenfinden; sie treten so in Beziehungen zueinander und jedem einzelnen von ihnen wächst dadurch ein neues Merkmal zu: es stellt sich *Konsequenz* oder *Inkonsequenz* ein, d. h. der Gedanke kann mit seinen Genossen im Gedankensystem zusammenstimmen oder ihnen widerstreiten. Auch die Konsequenz ist aber nicht mit der Tiefe gemeint; im Gegenteil zeigt sich, daß die Genieenthusiasten an Widersprüchen keinen Anstoß nehmen, Paradoxe lieben und überzeugt sind, daß auch die Widersprüche im Gedankengebäude des einzelnen Genies ebenso nur die Oberfläche durchziehen und sich zutiefst in Einklang auflösen wie die Widersprüche ihrer Genies untereinander.[27]

Ein wichtiges Kennzeichen der Gedanken scheint jedoch noch auszustehen, denn die Erkenntnis etwa, daß ich eben zu Mittag gespeist habe, mag wahr und im Zusammenhang konsequent sein und bleibt doch völlig belanglos. Da also wahre Gedanken oft billig scheinen wie die Brombeeren, werden wir uns erst dann zufrieden geben, wenn ein Gedanke sehr weit voneinander abliegende Dinge zusammenbringt. Es tritt somit eine weitere Eigenschaft des Urteiles in unser Gesichtsfeld: ein Gedanke kann *eng* oder *umfassend* sein, er kann eine winzige Spezialwahrheit oder eine die ganze Natur durchziehende Gesetzmäßigkeit aussprechen und so ein kleines oder ein großes Gebiet der Natur rational bewältigen. Ob aber außer diesen einem wahren, konsequenten und umfassenden Gedanken noch eine andere Eigenschaft zukommt oder fehlt, die man Tiefe nennen könnte, das sollte eigentlich den Philosophen, dem es nur um die Sache zu tun ist, außerordentlich gleichgültig lassen.

Es wäre jedoch unbillig, die Suche nach Wortsinn und Bedeutung der Tiefe schon jetzt aufzugeben; vielmehr hat die zuletzt erwähnte Eigenschaft der Gedanken immerhin in die Nähe des Tiefenbegriffes geführt. Man braucht nur den Blickpunkt ein wenig zu ändern, um zu erkennen, daß ein umfassender Gedanke, der Dinge zusammenbringt, die vorher höchst verschieden erschienen – wie Wärme und mechanische Arbeit vor der Entdekkung des Energieprinzips –, es oft ermöglicht, noch andere, neue Wahrheiten aufzufinden und Gebiete rational zu bewältigen, die sich unserem Denken bisher entzogen hatten; ein umfassender Gedanke kann also zugleich *fruchtbar* sein. Wenn wir nun fruchtbare Gedanken von sterilen unterscheiden, haben wir freilich das bisher durchmessene Gebiet verlassen, denn die Eigenschaft der Fruchtbarkeit bezieht sich nicht mehr auf die objektive Seite des Urteiles, sondern sie ist vor allem durch die Stelle bedingt, die der Gedanke in der *äußeren* Geschichte des menschlichen Geistes einnimmt. Mancher Gedanke, der heute als schon steril gelten muß, wäre vor zweihundert Jahren fruchtbar gewesen, wenn man ihn schon gekannt hätte, d. h. der Denker und sein Geburtsjahr sind jetzt zumindest so wichtig wie der Sachinhalt des Gedankens. Ein Gedanke ist also um so fruchtbarer, je neuer er ist, und er verliert seine Fruchtbarkeit völlig, wenn ihn der allgemeine Wissensstand eingeholt hat und alle seine Konsequenzen schon anderweitig bekannt sind. Die erwünschte Annäherung an den Begriff der Tiefe und des Genies ist mithin nur der Einführung eines subjektiven Elements zu verdanken.

Die Fruchtbarkeit eines Gedankens steht nicht nur in inniger Beziehung zu seiner Neuheit, sondern sie setzt auch voraus, daß ein weites, bisher unbebautes Feld zur Verfügung steht, auf dem er seine Konsequenzen auszubreiten vermag; das fruchtbare Urteil muß nicht nur als einzelnes neu gedacht sein, es muß auch einer Gedankenrichtung angehören, die als ganze neuartig ist, d. h. der fruchtbare Gedanke ist notwendigerweise *originell.* Über die objektive und logische Seite des Gedankens besagt aber die neugewonnene Eigenschaft der Originalität gar nichts mehr, denn durch ihre Betonung wird nur mehr das subjektive Erlebnis des Denkers historisch eingereiht, allenfalls psychologisch charakterisiert. Wir nähern uns also dem Genie- und Tiefenbegriff durch einen fortschreitenden und noch nicht abgeschlossenen Subjektivierungsprozeß, indem wir den Sachinhalt des Gedankens immer mehr hinter dem Erlebnis des Denkers zurücktreten lassen.

Der originelle Gedanke leuchtet ein, sobald sich seine Fruchtbarkeit erwiesen hat und die in ihm schlummernden Konsequenzen aufgedeckt sind; es bedarf jedoch einer gewaltigen Geisteskraft, um selber originell zu denken, und auch für die Beurteiler ist die Wahrheit eines originellen Urteiles zunächst nur schwer zu erfassen, da sich dieses auf ungebahnte Wege vorwagt. Solche originelle und schwerfaßliche Gedanken sind deshalb *dunkel,* ihre Wahrheit ist hinter den Dingen, hinter unwesentlichem Beiwerk verborgen und nur ein gründlicher Denker – einer, der bis auf den *Grund* der Dinge und zum Kern der Probleme, der bis in die *Tiefe* hinabsteigt – vermag sie zu fassen; zugleich entfernen sie sich von den hergebrachten Meinungen, ja sie widersprechen ihnen bisweilen und erscheinen *paradox.* Damit haben wir uns von der objektiven und logischen Seite des Gedankens so weit entfernt, daß leise schon irrationalistische Saiten anklingen, und so könnte man meinen, daß die Tiefe nunmehr erreicht ist und daß jeder fruchtbare, originelle, schwerfaßliche und paradoxe Gedanke schon als tief bezeichnet wird. Dies ist jedoch nicht der Fall, denn die Subjektivierung ist, wie sich sofort zeigen wird, noch nicht genügend fortgeschritten: ein solcher Gedanke wird zwar als *geistreich* empfunden, jedoch zur Tiefe mangelt ihm noch eine dem Enthusiasten wichtige Eigenschaft, die vorläufig als *Wucht* angesprochen sei.

Worin liegt also diese Wucht eines Gedankens, was meint etwa Schopenhauer, wenn er so oft den Optimismus als seicht, den Pessimismus als tief bezeichnet? Das Gedankengebäude des Pessimismus ist nicht konsequenter, nicht umfassender und nicht fruchtbarer als das des Optimismus, und wenn man hier überhaupt von Wahrheit sprechen darf, so kann die Wahrheit des Pessimismus auch kaum als sonderlich verborgen und paradox bezeichnet werden. Die Einsicht, daß der Schmerz des Gefressenwerdens größer ist als die Lust des Fressens, ist im Gegenteil unschwer zu gewinnen, ja das Überwiegen des Schmerzes und der Unlust in der Welt dürfte sogar beträchtlich leichter festzustellen sein als die Harmonie der Naturgesetzlichkeit, die Zweckmäßigkeit der Organismen und die Kontinuität aller Dinge und Ereignisse. So haben alle mühsam erarbeiteten Kennzeichen der Tiefe beim Pessimismus ausnahmslos versagt: sie selbst hält sich noch verborgen und spottet unserer Nüchternheit. Entrückt uns also unsere Nüchternheit immer wieder das Ziel und heißt etwa der Pessimismus vielleicht nur deshalb tief, weil ihn nicht der nüchterne Verstand ausgedacht, sondern leidenschaftliches Gemütsbedürfnis geboren hat? In der Tat spricht aus dem düsteren Pathos des pessimistischen Systems vernehmlich die verzweifelte Leidenschaft seines Denkers, ja ihre Stimme ist so gewaltig, daß sie den Hörer mitzureißen und seine Brust mit gleicher Sehnsucht nach Erlösung zu erfüllen vermag. Ohne Zweifel liegt die Wucht des Pessimismus nur in dieser suggestiven Gewalt, so daß man wirklich vermuten darf, die Tiefe eines Gedankens bestehe vor allem in seinem starken emotionalen Gehalt, in der Leidenschaft seines Denkers. Der tiefe Gedanke wird von dem Denker nicht nur erdacht, sondern leidenschaftlich gefühlt oder – wie der Genieenthusiasmus sich ausdrückt – *erlebt.*

Wirklich führt von diesen leidenschaftlichen Denkmotiven eine Brücke zu einigen schon gewonnenen Gedankeneigenschaften, auf die die Tiefenschwärmer Wert legen, nämlich zu der Originalität und der Dunkelheit. Da es nämlich eines der allerschwierigsten Vorhaben bedeutet, seinen Geist aus eingefahrenen Geleisen herauszureißen, können originale Gedanken immer nur dann entstehen, wenn der menschlichen Trägheit ungewöhnlich starke Triebfedern entgegenwirken. Solche Triebfedern werden als Gefühle, Begierden und Leidenschaften erlebt und so darf man behaupten, daß originale und schwerfaßliche Gedanken ganz ausnahmslos aus ungewöhnlich starken Bedürfnissen des Denkens erwachsen sind. Die gleiche Behauptung gilt auch von dunklen und paradoxen Gedanken, bedarf jedoch hier einer gewissen Einschränkung, denn der Reiz des Geheimnisvollen und die natürliche Freude an der Abwechslung kommen der Denkarbeit zu Hilfe und bewirken, daß die Geburt des paradoxen und dunklen Gedankens nicht immer sonderlich schwer vonstatten geht.

Man könnte jedoch auf so unleugbar originelle Gedankengebäude hinweisen wie auf das Kants oder Spinozas, mit deren kalter und trockener Darstellungsart sich Leidenschaft kaum vereinen läßt. Trotzdem sind auch diese Gedankensysteme aus ungewöhnlich starker Leidenschaft erwachsen, die freilich vorwiegend auf die Probleme, auf die Sache selbst gerichtet ist, mit der Lösung der Probleme ihr rationales Ziel erreicht hat und deshalb in der Darstellung keine Spuren hinterläßt. Es ist die Heftigkeit des eigentlich philosophischen Triebes, der hier die Originalität der Gedanken zu verdanken ist, denn aus den starren Einteilungen bei Kant und dem ordo geometricus Spinozas spricht zugleich die bis zur Leidenschaft gesteigerte Hingabe an die Sache, der unbezähmbare Trieb nach Sachlichkeit und Präzision. Neben solchen vorwiegend intellektuellen Trieben können auch andere Gemütsbedürfnisse danach drängen, sich in Gedanken zu entladen: dann ist die Leidenschaft nicht mehr auf die Lösung eines Problems und auf das Zerbrechen aller Denkwiderstände gerichtet, sondern der Gedanke soll nur mehr die vorhandene Leidenschaft rechtfertigen oder durch Trost und Hoffnung lindern. Solche nicht unmittelbar auf Erkenntnis abzielende Gemütsbedürfnisse haben den Gedankenkreis des Pessimismus hervorgebracht und ihn stark emotional gefärbt. Nicht selten sind übrigens völlig andersartige Leidenschaften, vor allem Ehrgeiz und Erwerbsgier, heftig genug, um die menschliche Geistesträgheit zu durchbrechen und die Geburt originaler Gedanken herbeizuführen.
Die Untersuchung des Tiefenbegriffes hat uns also mit der fortschreitenden Subjektivierung des Gedankens schließlich gar auf den Gipfel der Subjektivität, auf die emotionalen Motive, Gemütsbedürfnisse und Leidenschaften der Denker geführt.
Ist jedoch nicht auch der seichte Optimismus aus Gemütsbedürfnissen geboren? Die Antwort kann nicht zweifelhaft bleiben, denn der emotionale Ursprung und die emotionale Färbung auch des Optimismus läßt sich nicht übersehen. Verhöhnt also Schopenhauer den Optimismus als seicht vielleicht nur deshalb, weil der ganze Charakter, das Gefühl des Philosophen sich gegen die optimistische Weltbetrachtung sträubt, und bezeichnet überhaupt ein jeder die Behauptung als tief, die seinem subjektiven Empfinden sympathisch ist? Wenn z. B. Otto Weininger einmal behauptet, die Lava wäre das Exkrement des Erdballes[28], so ist auch dieser Beitrag zur Naturphilosophie nur aus der Tiefe zu

verstehen, denn sicher wird ihn keiner als wahr, aber mancher als tief bewerten. Haben diese Bewunderer überhaupt einen Maßstab, nach dem sie tiefe Gedanken von vagen Analogien und törichten Ideenverbindungen trennen können? Wer die Tiefe wertet statt der Wahrheit, macht vielleicht gar aus der Not eine Tugend und erhebt das *Fehlen* jedes objektiven Wertmaßstabes zum Prinzip; es ist ja so bequem, für die Tiefe zu schwärmen. Dieser neuerdings erhobene vornehme Ton in der Philosophie macht es möglich, für Gedanken Bewunderung zu verlangen, wenn dem Schwärmer auch alle Wertmaßstäbe ausgegangen sind.
Sicherlich ist in der Philosophie das épater le bourgeois nie so leicht gewesen als in einer Zeit, die die Tiefe der Wahrheit vorzieht; wir wollen uns aber doch nicht allzu skeptisch aller Ergebnisse unserer mühsamen Analyse berauben und zusehen, ob sich aus der »Seichtheit« des Optimismus nicht vielleicht doch noch einiges über den Tiefenbegriff entnehmen läßt. Schopenhauers Verdammungsurteil scheint nämlich durchaus nicht den emotionalen Ursprung des Optimismus zu leugnen, sondern es scheint sich vielmehr auf die *Natur* dieser optimistischen Gemütsbedürfnisse zu beziehen. Diese sind – bei Leibniz wenigstens, den Schopenhauer vorzüglich im Auge hat – nicht enthusiastisch gefärbt und scheinen mit dem uns schon bekannten Trieb nach Sachlichkeit nahe verwandt; aus ihnen spricht ein vor allem nach logischer Harmonie, nach Fülle und Klarheit strebender Philosoph und ein der Zufriedenheit zugewandter Charakter. Das düstere pessimistische Pathos dagegen ist für Unzufriedenheit und Erlösungsdrang charakteristisch und gerade deshalb kann es der Sympathie der titanischen Genieschwärmer gewiß sein, denn Erlösungsdrang und dunkle Unzufriedenheit mit der eigenen Person gehören mit zu den Triebkräften des Genieenthusiasmus. Dieses Ergebnis ist überraschend: zuerst sollte die Berechtigung der Geniedogmatik in der Tiefe liegen und jetzt heißt, wie sich eben herausgestellt hat, ein Gedanke vor allem deshalb tief, weil er den subjektiven Gemütsbedürfnissen und der Leidenschaft seines Denkers und insbesondere solchen Gemütsbedürfnissen entsprungen ist, mit denen die Genieenthusiasten zu sympathisieren vermögen. Wenn also das Argument der Tiefe überhaupt einem logischen Schluß entspränge, so könnte das nur ein fehlerhafter, ein Zirkelschluß sein. Die Redensart vom tiefen und genialen Gedanken verschwendet zwei Worte auf einen einzigen Tatbe-

stand, denn wer einen Gedanken als tief bezeichnet, will damit nichts anderes sagen, als der Denker wäre so beschaffen, wie man sich eben seine Genies vorzustellen pflegt; der »Dutzendmensch« dagegen kann nur »seichte« Gedanken produzieren.
Dieses Ergebnis muß mit aller Entschiedenheit ausgesprochen werden: es hat sich gezeigt, daß den Denker meint und nicht den Gedanken, wer von Tiefe spricht. Ein Gedanke im objektiven Sinn jedoch ist – daran müssen wir festhalten – nur wahr oder falsch, konsequent oder inkonsequent, umfassend oder eng, aber niemals tief. Eben deshalb, weil die Wahrheit auf die Sache, die Tiefe aber sich auf die Person bezieht, wird es ja auch als unbescheiden empfunden, wenn jemand seine eigenen Gedanken als tief bezeichnet, während es keineswegs als Selbstlob gilt, die Wahrheit für sich in Anspruch zu nehmen.
Erst wenn die Sache hinter dem Denker, der objektive hinter dem subjektiven Gedanken, die Logik hinter der Psychologie zurückgetreten ist, taucht die Tiefe auf. So haben wir die subjektive und emotionale Seite der Tiefe zur Genüge festgestellt und die Redensart vom tiefen und genialen Gedanken als ihren deutlichsten und kürzesten Ausdruck erkannt. Nun zeigt es sich, daß auch das Kompositum des »tiefen und schönen« Gedankens sich einer starken Verbreitung erfreut, so daß wir jetzt im Tiefenbegriff wohl auch einen Vorstoß der Ästhetik gegen das Reich der Logik vermuten dürfen. In der Tat vermag die Ästhetik über die Tiefe einige wichtige Aufschlüsse zu geben, deren wir noch bedürfen. Daß nämlich der Denker sein eigenes Geistesprodukt als tief hinstellt, etwa um ihm Anerkennung zu sichern, wäre unschwer einzusehen; wieso gelangt aber der Beurteiler dazu, seine subjektive Sympathie mit dem Gemütsbedürfnis des Denkers in den *Gedanken* hineinzuverlegen und diesem eine scheinbar objektive Eigenschaft zuzuschreiben? Diese sonderbare Gefühlseinlegung verliert nun vom ästhetischen Standpunkt aus gesehen das Befremdliche, denn sie ist vor allem auch bei den ästhetischen Gefühlen durchaus geläufig: wir sind ja seit jeher gewohnt, unser subjektives Wohlgefallen an den Dingen als objektive Eigenschaft zu empfinden und den Himmel nicht nur blau, sondern überdies noch schön zu nennen, als hätte unser Wohlgefallen seinen Sitz nicht in uns, sondern im blauen Himmel. Durch die gleiche Gefühlseinlegung ist offenbar auch die Gedankentiefe entstanden.
Die Übertragung ästhetischer Gesichtspunkte auf das logische

Gebiet der Wahrheit geht jedoch viel weiter, ja aus dem Tiefenbegriff und dem innig damit verwachsenen Brüderlichkeitsdogma der Geniereligion spricht geradezu Verquickung und Verwechslung von Kunst und Philosophie, denn die Tiefe ist ein rein ästhetisches Ideal und kein logisches. Erst diese ästhetische Seite der Tiefe wird erklären, wieso eine Vielzahl von einander widersprechenden Gedanken als gleich tief bewundert werden kann, und wird uns so zur Brüderschaft der Genies wieder zurückführen.
Eine Vielzahl von Idealen ist immer für die Ästhetik charakteristisch gewesen, denn es gibt in der Kunst viele und gleichberechtigte Stile, deren Widerstreit sich nicht durch eine Zweiteilung in wahr und falsch schlichten läßt. Die Gotik z. B. als richtig und den Barock als unrichtig zu bezeichnen, wäre ganz und gar unkünstlerisch. Der produktive Künstler darf deshalb seinen Stil und seine Kunstmittel nach seiner persönlichen Anlage wählen und aus der Überlieferung seines Zeitalters übernehmen; das Material, das er zu verarbeiten hat, ist künstlerisch noch ungeformt und kann deshalb in mannigfaltigen und gleichberechtigten Formen gestaltet werden. So hat jeder Künstler nur in seinem eigenen Stil recht oder unrecht und darf nicht nach fremden Stilen beurteilt werden.
Wenn also die Kunst gleichsam einer Aristokratie von Idealen untertan ist, so herrscht das logische Ideal der Wahrheit als Monarch. Auch die Wahrheit ist wohl nur ein formales und stilistisches Ideal; es muß aber die Wissenschaft sowohl wie die Philosophie einem einzigen vorgegebenen Material Rechnung tragen: der Wirklichkeit, die wir als gegeben hinnehmen müssen und nicht abändern, sondern nur erkennen können. Diese Wirklichkeit ist kein so völlig plastischer Ton wie das Material der Kunst und kann nicht in durchaus beliebigen Stilen logisch geformt und rational bewältigt werden. Sie wird vielmehr von Strukturen durchzogen, die der Willkür des Denkers einen unüberwindlichen Widerstand entgegenstellen und allen Wahrheitssuchern ein einziges, ganz bestimmtes Ziel aufzwingen: die Wahrheit. Die eigenartige Verborgenheit dieser zunächst unerkannten und erst zu erkennenden, dieser unbestimmten und nur immer weiter zu bestimmenden Wirklichkeitsstruktur scheint zwar die unerbittliche Zweiteilung in wahr und falsch zu verwischen: es wird sich ja von keinem noch so folgerichtigen und umfassenden Gedankengebäude jemals feststellen lassen, daß es die Wahrheit schon end-

gültig erreicht hat[29]; wir werden ferner dem in unendlicher Ferne gelegenen Ideal der Wahrheit auch von verschiedenen Ausgangspunkten aus näherkommen können. Dennoch ist das *Ideal* der Wahrheit selbst ein einziges.

Es sind also etwa Rationalismus und Empirismus nicht zwei gleichberechtigte Gedankenstile, die neben- oder nacheinander bestehen können wie Gotik und Barock, sondern ihr Widerstreit muß durch einen Sieg oder einen Kompromiß entschieden werden. Daher ist es logisch und philosophisch, nach Konsequenz und Gedankeneinheit zu streben und das Ziel in der Übereinstimmung aller Denker zu erblicken, mag es auch unerreichbar bleiben. Auch Kant meint einmal, der Widerstreit unter den Metaphysikern bezeuge, daß es sich um »Träumer« handle, »deren jeglicher seine eigene Welt hat«; es sei ein Zustand der Weltweisheit zu erhoffen, da die Philosophen erwachen, ihre Sätze beweisen und eine »gemeinschaftliche Welt bewohnen« würden, »dergleichen die Größenlehrer – die Mathematiker – schon längst innegehabt haben«.[30] Dieses mathematisch-rationalistische Wissenschaftsideal muß den Geniebegeisterten wohl oder übel seicht vorkommen, denn eben ihr Begriff der Tiefe erspart ihnen die Mühen des Wachseins, des Beweisens und Begründens. Wenn die Philosophen einander widersprechen, so haben nach der Meinung des Genieenthusiasmus nicht die einen recht, die anderen unrecht, ihre Gedanken sind nicht wahr oder falsch, sondern alle insgesamt sind tief, nicht anders wie für den Ästheten ein Gemälde Botticellis, eine Radierung Rembrandts und ein Bild Watteaus zugleich und gleich schön sind.

Der Tiefenbegriff lockert also den Zusammenhang zwischen Philosophie und Wissenschaft und führt schließlich dazu, daß philosophische Systeme nur mehr als *Kunstwerke* angesehen werden. Der tiefe Philosoph stellt sich gar nicht mehr die unendlich schwierige Aufgabe, mit aller Gewissenhaftigkeit ein wohlbegründetes Gedankengebäude zu errichten, das die ganze Welt – und auch die Gemütsbedürfnisse gehören in die Welt – rational verklärt; vielmehr betont er entweder die emotionale Seite der Tiefe, überläßt sich bewußt seinen enthusiastischen Bedürfnissen und strebt nach einer originalen und persönlichen Weltanschauung, oder er ist ästhetisch tief und begnügt sich mit kunstvollen Gedankenkonstruktionen und spielerischen Systembauten. So wird durch die Wertung der Tiefe der eigentlich philosophische

Grundtrieb, das Streben nach Wahrheit, Erkenntnis und Rechthaben untergraben und geschwächt. Religiöse und mystische Lehren vor allem werden dann als tief bezeichnet, wenn der Beurteiler ungläubig und zu schwach ist, einen mystischen Satz als wahr zu erfassen. Spinoza hat es unternommen, die *Wahrheit* seiner Mystik ordine geometrico zu beweisen, die Gläubigen aller Zeiten haben ihre Religion ernst, d. h. für *wahr* genommen und nach ihr gelebt; die Verehrer der Tiefe dagegen befriedigen ihre Gemütsbedürfnisse ästhetisch mit der Abfassung und der Lektüre mystischer und religiöser *Romane*. Auch die geschichtliche Untersuchung wird uns später zeigen, daß die Bewertung der Tiefe einerseits in emotional-suggestiven Bedürfnissen, anderseits in ästhetischen Stilprinzipien ihre Quelle hat und daß sie in die Philosophie erst eingedrungen ist, als das Streben nach der bloßen Wahrheit einen Knick bekommen hatte, d. h. als die Philosophie unsachlich und epigonenhaft geworden war.
Die irrationalistische Entwicklung, die Abkehr von der Wahrheit ist erst vollendet, bis die emotionale und die ästhetische Tiefe miteinander verquickt sind. In einem vorgeschrittenen Stadium des Epigonentums werden nämlich Schwärmer häufig, die nicht nur mit den ihnen verwandten enthusiastischen, sondern überhaupt mit sämtlichen Gemütsbedürfnissen zu sympathisieren vermögen. Die heutigen Genieschwärmer dürften also keinen Anstoß nehmen, auch den Optimismus als tief zu bezeichnen, und werden sich gegen Schopenhauers Verdammungsurteil wohl auf die Variante von der Einseitigkeit der schöpferischen Persönlichkeit berufen. Es heißt jetzt *jeder* emotional gefärbte Gedanke tief und die Gemütsbedürfnisse Tolstois und Nietzsches, Spinozas und Schopenhauers, des Angelus Silesius und des Giordano Bruno vermögen gleiche Sympathie zu erwecken. Diese Sympathie färbt auch ab auf alles, was einmal mit irgend einem Gemütsbedürfnis in Berührung war, und gewisse Worte, wie Charakter, platonische Idee, Daimon, Ethos usf. verleihen jedem Satz, der sie enthält, die Farbe der Tiefe. Es ist wahrscheinlich, daß es sich auch hier wieder um eine abgeschwächte Form der Suggestion handelt und daß als tief alles bezeichnet wird, was in irgend einer Richtung suggestionsbildend zu wirken vermag.
Die merkwürdige Natur solcher Menschen, die widerstreitenden Suggestionen erliegen können, braucht jetzt noch nicht erörtert zu werden; es ist aber anzunehmen, daß vor allem das suggestive

Element des Tiefenbegriffes zum Brüderlichkeitsdogma der Geniereligion geführt hat, das weder vom logischen noch vom emotionalen, noch vom ästhetischen Standpunkt zu erklären ist. Wenn nämlich Behauptungen gegeneinanderstehen, so gibt der Logiker den Urteilenden recht oder unrecht; wenn Leidenschaft gegen Leidenschaft kämpft, so ergreift das Gefühl des Betrachters Partei oder es bleibt neutral; wenn in der Kunst die Stile voneinander abweichen, so spricht der Ästhetiker von der Vielzahl des ästhetischen Ideals: von einer geheimnisvollen Brüderschaft der streitenden Gegner ist in allen drei Fällen nicht die Rede. Wenn dagegen Suggestionen einander widerstreiten, dann muß der Hypnotisierte, *der vor dem Erwachen Angst hat,* sich selbst suggerieren, die Hypnotiseure wollten im tiefsten Grund dasselbe und es sei nur seine Schuld, wenn er dies nicht zu fassen vermöge. Die Brüderschaft der Genies ähnelt am ehesten einem solchen Inbegriff von Hypnotiseuren, den sich das Suggestionsbedürfnis des Verehrers durch eine gemeinsame und tiefe Urwahrheit zusammengeschlossen denkt. Auch Autorität, die ja stets auf einer abgeschwächten Form der Suggestion beruht, wird durch nichts so sehr erschüttert, wie durch Uneinigkeit der Autoritäten, wie jedem Pädagogen wohlbekannt ist; daher müssen jene großen Männer zumindest als eine zusammengehörige und geschlossene Gruppe aufgefaßt und den »Dutzendmenschen« gegenübergestellt werden. Steigert sich jedoch die Freude an den verehrten Vorbildern bis zum Bedürfnis nach Suggestion, dann muß der Genieschwärmer noch weiter gehen: in der Furcht, die Autorität seiner Genies könnte durch deren Uneinigkeit leiden, erfindet er die gemeinsame Urwahrheit, um sich vor Ernüchterung zu bewahren und seinen Halt nicht zu verlieren. Da überdies die geheimnisvolle Urwahrheit für Menschen unfaßbar ist, muß sie jene Genies in das Reich des Übermenschlichen und Metaphysischen erheben, muß aber zugleich die Selbsteinschätzung des Geniepriesters erhöhen, der das Geheimnis ihrer Einigkeit zu ahnen vermag. So bezieht das Dogma von der in der Tiefe einigen Geniebrüderschaft seine inbrünstige Färbung aus einer Mischung von Suggestionsbedürfnis, Schuld- und Selbstgefühl des Verehrers.

Höchst verwandt mit der Verschmelzung aller Autoritäten zu einer halb ästhetischen, halb emotional-suggestiven Einheit ist schließlich auf dem Gebiet der *Religion* der sogenannte Synkretismus. Wie in der geschichtlichen Untersuchung noch ausführlich zu erörtern sein wird, finden nämlich in der Zeit der epigonenhaften Spätantike immer zahlreichere fremde Gottheiten Aufnahme in den Kreis des klassischen Götterstaates, ein gemeinsames Pantheon für sämtliche Götter sämtlicher Völker der Erde wird errichtet, ja von dem Gnostiker Karpokrates und dem Kaiser Alexander Severus wissen wir, daß sie zugleich Bildsäulen Platos, Homers, des Pythagoras, Alexanders des Großen, Christi, Abrahams, des Orpheus und des Apollonius von Tyana zum Gegenstand eines religiösen Kultes machten. Daß dieser erlösungssüchtige und suggestive Synkretismus in seinem Wesen durchaus unernst ist und daß hier eine Erscheinung der Dekadenz vorliegt, leuchtet ein.[31]

Aus unserer Untersuchung hat sich wohl ergeben, daß das Dogma von der Brüderschaft der Genies nicht besser begründet ist als die Dogmen über Mit- und Nachwelt, ja wir dürfen jetzt füglich bezweifeln, daß sich die Menschheit so bequem in die zwei Klassen der Genies und der Menge einteilen läßt, wie der ein wenig rohe Begriff des großen Mannes es annehmen will. Es scheint vielmehr auch hier wie überall eine Scheidung in abgrundtief getrennte Gruppen der Natur in ihrer unendlichen Fülle und Mannigfaltigkeit einige Gewalt anzutun. Wenn wir also die Mannigfaltigkeit der menschlichen Begabungen jetzt befreit von den Vorurteilen der Geniedogmatik betrachten, dann muß uns Staunen ergreifen über die Voreiligkeit, mit der die öffentliche Meinung Europas auf dem Baugrund einer dürftigen Einteilung der Menschheit in zwei Klassen ein weitläufiges metaphysisches Gebäude errichtet. Das Staunen aber, das nach einem alten Wort die Philosophie geboren hat, wäre fruchtlos, wenn es uns nicht antreibt, nach der Geniedogmatik auch die Wurzeln der Genieverehrung, des Genieideals und des Begriffes von der Persönlichkeit zu untersuchen und zu überprüfen.

II. Die Genieverehrung und das Genieideal

Die Prüfung der Geniedogmatik ist nun abgeschlossen und hat auch schon manche Aufschlüsse über die psychologischen Wurzeln des Geniebegriffes gebracht; für die weit wichtigere Überprüfung der Genie*verehrung* und des Genie*ideals* aber ist beinahe noch nichts geschehen. Die durchaus glaubwürdige Tatsache, daß Menschen von einer den Durchschnitt beträchtlich übersteigenden Begabung geboren werden, braucht uns wie bisher auch weiter nicht zu beschäftigen; wohl aber müssen wir nunmehr untersuchen, aus welchen Motiven und mit welcher Berechtigung jene Menschen verehrt, in den Mittelpunkt des Interesses gestellt und als Menschheitsideale proklamiert werden. Die Genieenthusiasten begnügen sich ja nicht mit tatsächlichen Behauptungen über ihre großen Männer, sie wollen ja nicht nur trocken feststellen, daß etwa Schopenhauer unvergleichlich klüger war als sein Barbier, sondern sie meinen, daß ihm deshalb auch Verehrung gebühre und fällen vor allem Werturteile. Diese Verehrung halten sie für ausnehmend wichtig, ja für das Wichtigste auf der ganzen Welt; Genieverehrung ist der Sinn und die Aufgabe der Weltgeschichte: ungefähr so hat Carlyle gepredigt.[1] Da also Werturteile über ihre Genies den Hauptpunkt in den Schriften der Genieenthusiasten bilden – wovon man sich etwa durch die Lektüre Otto Weiningers überzeugen kann –, so geht es in diesen Schriften bisweilen so zu, wie bei der Zeugnisverteilung in einer Schule: Gottfried Keller muß »von seinem Postament herabsteigen«, Goethe ist doch größer als Schiller[2], kurz, man könnte beinahe eine Gymnasiastenweltanschauung vermuten, wenn man das rege Plätzetauschen betrachtet und sieht, wie ein jedes klassifiziert wird und seine Noten bekommt. Die Erkenntnis, daß es einigermaßen unanständig ist, den Naturverlauf unablässig durch menschliche Wertungen zu stören, scheint den Geniemetaphysikern völlig ferne zu liegen; sie pflegen vielmehr mit ihren Wertmaßstäben ein wenig aufgeregt umherzufuchteln und gleichsam Menschheit und Natur mit ihren Meinungen und ihrer Begeisterung zu schulmeistern.

Vorkapitel: Über das Abfärben der Gefühle

Bevor wir nun die Wertmaßstäbe der Geniebegeisterung näher betrachten, wird es jedoch gut sein, uns einen nicht unwichtigen Hilfsbegriff zu schaffen, der uns bei unserem Vorhaben gute Dienste leisten wird und uns auch schon in der Geniedogmatik bisweilen begegnet ist. Gleichwie nämlich eine Flamme im Nebel von einem Lichtkreis eingesäumt erscheint, so überwächst auch das Gefühl der Verehrung seinen eigentlichen Gegenstand und färbt auf alles ab, was mit dem verehrten Objekt in Berührung steht. Dieses Abfärben der Verehrung ist uns schon im Reliquienkult begegnet, der den Locken und Autogrammen der Genies zuteil wird. Es zeigt sich sofort, daß das Abfärben eine sehr natürliche und verbreitete psychische Erscheinung darstellt, da ja der Reliquienkult nicht auf die Genieverehrung beschränkt bleibt, sondern in allen Religionen zu Hause ist. Ebenso ist auch das Asylrecht, das sich schon bei primitiven Völkern ausgebildet zeigt, aus dem Abfärben der Gefühle zu erklären, denn die Heiligkeit der Dämonen und Götter überträgt sich auch auf ihre Kultstätte und umgibt als schützende Hülle alle Menschen, die sich zu dieser geflüchtet haben. Auch die Dynastiebildung scheint – soweit die Gefühle der Untertanen mitspielen – ähnlich entstanden zu sein, indem die Verehrung für den Dynastiegründer sich auch auf seine Familie und seine Nachkommen überträgt und vererbt. Wenn ferner bei fast allen Völkern nicht jeder einzelne für sich seine religiösen Bedürfnisse befriedigt, sondern sich merkwürdigerweise eigene Stände entwickelt haben, denen es obliegt, zwischen den geheimnisvollen, dämonischen und göttlichen Mächten und den Menschen zu vermitteln, so ist sicher das Abfärben stark beteiligt, denn man verehrt nicht nur die Überirdischen, sondern auch die Menschen, die mit ihnen in Verkehr getreten sind, die sich also zu ihren Priestern entwickeln. Die Ehrfurcht vor dem Priester ist immer ein Abglanz der Ehrfurcht vor der Gottheit: Naturvölker *fürchten* vor allem die zauberische Macht des Schamanen, weil sie auch vor den Geistern und Dämonen nur Grauen empfinden, während eine höhere Form der Gottesverehrung auch in der reineren Ehrfurcht vor dem Priester sich

spiegelt. Eine Art Priesterbildung haben wir ja auch in der Genie-religion angetroffen. Als letzte Steigerung des Geniepriestertums haben wir schließlich den Begriff der Kongenialität erkannt, deren Wertschätzung ganz und gar auf dem Abfärben beruht.
Daß gerade die Religion einen eigenen Stand von Mittelspersonen entwickelt hat, läßt indes erkennen, daß nicht alle Gefühle die gleiche Neigung zum Abfärben haben wie die Ehrfurcht. Gleich ihr Widerspiel, die Verachtung, wird kaum auf die Besitztümer etwa des verachteten Landesverräters in nennenswertem Maß übertragen werden und das gleiche gilt wohl auch vom Haß. Die Liebe dagegen färbt wieder stark ab, denn zärtliche Gefühle für alles, was mit der Geliebten in Berührung ist oder war, sind ganz natürlich: die Spuren ihrer Tritte im Sand, der Sperling, der von ihr geliebkost wurde, sind durchaus geeignet, etwa den Gegenstand eines Liebesgedichtes abzugeben. Da dem Psychiater sogar manche krankhafte Perversionen des Geschlechtstriebes wohlbekannt sind, die sich auf gewisse Kleidungsstücke, Haartrachten u. dgl. richten, scheint es, daß ein Gefühl um so stärker dazu neigt, abzufärben, je mehr seine physiologische Seite hervortritt. In der Tat färbt wohl am stärksten von allen Gefühlen der Ekel ab, denn es genügt der entfernte Zusammenhang mit einem weniger appetitlichen Vorgang, um uns einen Genuß ganz und gar zu verleiden: wie Lichtenberg einmal bemerkt, werden wir einem Butterbrot, das mittels eines Rasiermessers bestrichen wurde, wenig Geschmack abgewinnen. Ja, es reicht die unterbewußte Erinnerung an irgend ein ekelhaftes Geschehnis hin, um einen uns unerklärlichen, dauernden Widerwillen, eine Idiosynkrasie gegen ähnliche Vorgänge herbeizuführen. So hat z. B. – wie Psychiater berichten – eine Dame, die, aus gesellschaftlichen Rücksichten genötigt, aus einem Glas trinken mußte, an dem sie vorher einen Hund hatte lecken sehen, einen dauernden Abscheu vor Wassergläsern zurückbehalten, wiewohl die Erinnerung an das peinliche Ereignis aus ihrem Bewußtsein längst verdrängt war.
Das Phänomen der Gefühlsabfärbung scheint also bis in die innersten Schichten des Bewußtseins zu reichen. Alle unsere Erlebnisse durchzieht und tönt nämlich stets *das allgemeine Lebensgefühl,* ein Gefühl, das unendlich vieler Abschattungen fähig ist und sich durch Worte nur höchst unvollkommen, etwa als Depression und Lähmung oder als Gefühl der gesteigerten Tätigkeit und Kraft, kennzeichnen läßt. Ein Gefühl färbt nun offenbar dann ab,

wenn es mit diesem innersten und dunklen Kern unseres Bewußtseins besonders innig verschmolzen ist und so zur Tönung aller anderen Erlebnisse beiträgt. Ein solches tiefsitzendes Gefühl frißt sich zugleich bis ins Physiologische ein, d. h. es organisiert sich auf lange Zeit nachwirkend in den Nervenbahnen und gestaltet wohl auch die physiologischen Bedingungen des Gesamtorganismus um. Wenn so die ganze gefühlsmäßige und physiologische Einstellung des Organismus umgelagert ist, dann vermag eine ganze Gruppe von benachbarten Vorstellungen die gleiche Reaktion etwa des Ekels oder der Ehrfurcht auszulösen. Es ist nämlich auch die Ehrfurcht ein sehr tiefsitzendes und organisiertes Gefühl, da sie, wie sich noch zeigen wird, mit der lähmenden Furcht aufs innigste zusammenhängt; ja, wenn man Übertreibungen richtig zu verstehen weiß, könnte man das Abfärben der Ehrfurcht und die Reliquienverehrung in der Lähmung wieder finden, die den Vogel befällt, nicht erst wenn die Klapperschlange sich auf ihn stürzt, sondern schon, wenn ihr Rasseln hörbar wird. Man pflegt zu sagen, der Vogel ließe sich von der Schlange hypnotisieren, und wirklich schafft gerade die Suggestion, die ja den ganzen Organismus mit allen seinen Nervenbahnen packt, den richtigen Dunstkreis, in dem das Abfärben der Gefühle zu gedeihen vermag. Da nun primitive Völker besonders stark von suggestiven Vorstellungen beherrscht werden, so spielt bei ihnen das Abfärben die allergrößte Rolle: zauberhafte Kräfte lassen sich nach ihrer Meinung stets übertragen; der Schamane kann seine Macht auf Gewänder, Waffen, Speisen und Zauberformeln übergehen lassen, er kann Steine behexen, die man nicht mehr zu berühren wagt, ja deren zufällige Berührung wirklich den Tod des unvorsichtigen Negers – aus Angst – herbeiführt. So sind der Zauberstab und das Autogramm, wohl auch das Tabu und die Idiosynkrasie Produkte ein und derselben psychischen Erscheinung.[4]

Mit dem Zauberstab durchaus zu vergleichen sind die Ringe und Schwerter der Schicksalstragödie und des modernen Musikdramas, denn dergleichen Requisiten können nur in solchen Kunstströmungen eine große Rolle spielen, die eine Vorliebe für die suggestive Gesamtstimmung haben, in welche alle Einzelheiten eingebettet bleiben. Erst in solchen romantischen Kunstgattungen kann das Abfärben der Gefühle gedeihen, kann sich die Stimmung von dem herrlichen Helden auf sein Schwert übertragen, ja auf den Hornruf, der mit dem Schwert assoziiert ist, denn auch die Leitmotivtechnik des Musikdramas ist ganz und gar auf das Abfärben der Gefühle und Suggestionen eingestellt. Das Leitmotiv ist nämlich eine musikalische Figur, die durch oftmalige Wiederholung mit einem stimmungsvollen Requisit oder einem Helden assoziiert und dadurch gleichfalls mit Stimmung durchtränkt wird.

Die letzten Beispiele haben uns wieder in die Nähe des Geniebegriffes geführt, denn es ist sicher kein bloßer Zufall, daß der Urheber der modernen Requisitenverehrung und Leitmotivtechnik zugleich auch ein Vorkämpfer der Geniereligion ist. Auch bei der Bildung des Genieideals spielt ja die suggestive Stimmung und mithin das Abfärben eine große Rolle. Dieser unscharfen Gefühlsübertragung ist aber nichts so sehr entgegengesetzt wie die Vernunft, die ihr Ziel in der Präzision, in der klaren Trennung alles dessen sieht, was nicht zusammengehört. Das Abfärben des Gefühles muß also verschwinden, je mehr die Verehrung rationalisiert und durch Werturteile ersetzt wird. Wenn wir jetzt darangehen wollen, das Genieideal zu prüfen, so werden wir uns mithin nicht mehr einer Verehrung überlassen dürfen, die abfärben kann, sondern werden von Werten sprechen müssen, die nicht mehr abfärben dürfen und für die der Künstler und sein Werk, der Enthusiasmus und sein Ziel wohl und reinlich voneinander unterschieden sind.

1. Kapitel: Von der Sache zur Persönlichkeit. Genieverehrung und Toleranz

Es hat sich immer wieder gezeigt, daß die Geniedogmatik nur der Ehrfurcht und der Begeisterung entsprungen ist. Doch was ist nun eigentlich *das Ziel* dieser ehrfürchtigen Begeisterung? Da alle jene Genies gleichermaßen heilig sein sollen, ein jedes von ihnen aber als anders geartet gedacht wird als alle anderen und nur für seine eigene Sache lebt, so ergibt sich wohl die unvermeidliche Folgerung, daß der Genieenthusiasmus keineswegs Enthusiasmus für eine Sache sein kann. Oder anders ausgedrückt: der Genieschwärmer ist der unsachliche Mensch. In der Philosophie vermag er sich für widerstreitende Gedanken, in der Wirklichkeit für widerstreitende Lebensziele zu begeistern und gleicht so einem, der selber nichts denkt und für nichts lebt. Auch in der Kunst scheint er keine gute Sache zu kennen, denn er sieht ja im Kunstwerk nicht mehr als den unvollkommenen Ausdruck einer schöpferischen Persönlichkeit, die allein ihm verehrungswürdig erscheint. Jene Genies waren für ihre Sache begeistert, die Genieschwärmer aber sind für diese Begeisterung begeistert: sie haben eine Religion, die keinen Gott kennt, sondern zu den Frommen betet. Ja, es gibt Geniepriester, wie Carlyle und Chamberlain, die schließlich selber den Genietitel erwerben[5], Schriftsteller, deren Genialität darin besteht, daß sie uns immerwährend von der Genialität anderer erzählen. Daß aber die Ehrfurcht vor den großen Männern sich schließlich auf ihre Priester überträgt, ist kaum besonders verwunderlich, denn der Schritt vom Genie zum Geniepriester ist im Grund nur eine Wiederholung des ersten Schrittes vom sachlichen Werk zu der Persönlichkeit des Autors. Es ist durchaus begreiflich, daß dem Genieenthusiasmus die Sache, die Begeisterung und die Begeisterung für die Begeisterung in eine ungeschiedene Einheit zusammenrinnen müssen, denn er läßt den Wert unbedenklich abfärben, vom Werk auf den Autor und vom Autor auf seine Verehrer, ja, er überläßt sich einer Verehrung, die so wenig rationalisiert ist, daß sie zwischen Persönlichkeits- und Sachwerten überhaupt nicht zu unterscheiden pflegt.

Wer aber so lebhaftes und ausschließliches Interesse für seine Genies zeigt, dem scheinen ihre Gedanken nicht sehr am Herzen zu liegen, denn sonst würde er kaum schwärmen, sondern mehr Zeit auf die Untersuchung ihrer Wahrheit verwenden. Das Interesse des Genieverehrers für die Wahrheit dürfte also nur schwach ausgebildet sein: ihm erscheint nicht nur jede Genialität gleich verehrungswürdig und viel wichtiger als der Unterschied zwischen wahr und falsch, sondern er unterläßt es auch, zu der Wahrheit eines Gedankens überhaupt Stellung zu nehmen, und hält sich bloß an die Person des Denkers. Wenn nun eine solche, jede Entscheidung vermeidende Stellung zur Wahrheit als skeptisch, die gleichmäßige Ehrfurcht vor einander widersprechenden Autoritäten als eklektisch und die unsachliche und unernste Betrachtungsweise als feuilletonistisch zu bezeichnen ist, so darf man wohl feststellen, daß unser Geniekult mit seinen Neigungen zur Skepsis, zum Eklektizismus und zum Feuilletonismus nur in einer epigonenhaften Zeit modern werden konnte, denn diese Neigungen haben stets erst unter Epigonen die Oberhand gewonnen. Ja, es ergibt sich die Frage, ob nicht das weitaus bessere Teil neben den Genieenthusiasten all die ungezählten Menschen erwählt haben, die ruhig ihren Geschäften nachgehen, sich um Theorie und Kunst nicht bekümmern, aber aus ihrer Überzeugungs- und Interesselosigkeit wenigstens keine schwärmerische Geniereligion zu machen pflegen.

Auch die Wertung der *Tiefe* hängt mit dem Abfärben zusammen, denn auch sie verwischt den Unterschied zwischen Gedanken und Denkmotiven: hat sich doch gezeigt, daß die Tiefe eines Gedankens vor allem in der Sympathie des Beurteilers mit dem Enthusiasmus des Denkers besteht. Doch mit welchem Enthusiasmus sympathisiert denn der Tiefenschwärmer nicht? Er fragt ja gar nicht nach dem Ziel eines Enthusiasten, sondern die Begeisterung an sich, das Gemütsbedürfnis selbst scheint ihm heilig und verehrungswürdig. Diese Wertung scheint indes nicht recht zu der eigenartigen Natur des Enthusiasmus zu stimmen. So war etwa dem Propheten Elias nicht jede Ehrfurcht heilig: er war kein tiefer Mensch, sondern ein Gotteslästerer, denn er hat Baal vor seinen Verehrern verhöhnt; auch der heilige Bonifazius hat tempelschänderisch die ehrwürdigen Wotanseichen gefällt. Der chinesische Mystiker gar treibt seinen Spaß mit Ahnenkult und Heimatsliebe eines vertrauensseligen Reisenden: ein seichter Aufklärer im

Dienst der Mystik.[6] Dem richtigen Enthusiasten scheinen also Gemütsbedürfnisse und Enthusiasmus nicht heilig zu sein.
Es können überhaupt nur Zwecke heilig sein; der Enthusiasmus, die Begeisterung ist aber nur ein Mittel, denn jede Begeisterung ist auf ein Ziel gerichtet und strebt immer aus sich heraus. Je stärker einer begeistert ist, desto weniger weiß er davon, da sein Bewußtsein völlig von seinem Ziel erfüllt ist; auch der sterbende Winkelried dürfte an die Freiheit der Schweiz und nicht an seine Freiheitsbegeisterung gedacht haben. Wenn es also dem Begeisterten auf sein Ziel und nicht auf seine Begeisterung ankommt, so sollten wir Zuschauer ihm darin nachfolgen und den Enthusiasmus nur als einen Zwischenzustand, ja als ein Auskunftsmittel auffassen. Wir Menschen scheinen ein so träges Geschlecht zu sein, die Lebensnotdurft scheint uns so fest gefangen zu halten, daß wir erst eine besondere Erregung durchmachen müssen, um künstlerische, theoretische, überhaupt ungewöhnliche Leistungen vollbringen zu können. Statt die Heiligkeit metaphysischer Zwecke auf unsere menschlichen Mittel abfärben zu lassen und von der schöpferischen Kraft der Begeisterung zu sprechen, sollten wir uns eher besinnen, wie wenig metaphysische Werte zu menschlichen Regungen passen wollen. Der Enthusiasmus dürfte also nur eine Folge der menschlichen Beschränktheit sein, eine sinnliche Triebfeder für Leistungen, die übersinnlich sein sollen; es ist traurig aber wahr, daß wir Menschen uns für die Wahrheit erst begeistern müssen, noch trauriger aber falsch scheint es, diese Begeisterung für wichtiger zu halten als die Wahrheit.
Enthusiasmus ist also nur ein Mittel zum Zweck, ein Streben zum Ziel. Wir Menschen besitzen aber die merkwürdige Fähigkeit, auf unser Streben zu achten statt auf unser Ziel. Ohne diese Fähigkeit der *Reflexion* wüßten wir nichts von unserem eigenen Seelenleben, denn alle unsere seelischen Regungen sind vorerst nach außen, auf äußere Ziele gerichtet: wir stemmen uns gegen eine Last, wir greifen nach Nahrung und dürsten nach einem Trunk, wir sehen Farben und hören Töne, aber unsere seelischen Regungen selbst, unser Wollen und Begehren, unsere Wahrnehmungstätigkeit bleibt uns zunächst unbewußt. Wenn wir etwa einem Redner zuhören und in den Inhalt seiner Rede vertieft sind, so müssen wir zwar den Schall der gesprochenen Worte völlig erfassen, um ihre Bedeutung zu verstehen; dennoch sind wir uns der Wortschälle gar nicht bewußt, solange unser Bewußtsein vom Inhalt

der Rede völlig erfüllt ist. Wir sind aber imstande, willkürlich unsere Aufmerksamkeit von diesem Inhalt auf die gesprochenen Worte zu lenken und erleben dann, daß mit einem merklichen Ruck die Bedeutung aller gehörten Sätze verschwindet und eine Reihe von einander sonderbar folgenden Wortklängen in unserem Bewußtsein auftaucht. Dieser plötzliche Szenenwechsel in unserem Bewußtsein ist ein Ergebnis der Reflexion, die wir nun nochmals wiederholen können, denn wir können mit einiger Anstrengung auch die in ziemlicher Entfernung ertönenden Wortschälle ganz in unser Ohr, ja in unser Bewußtsein verlegen und nun auf unsere Tätigkeit des *Lauschens* achten. Ebenso können wir auch von den objektiven Farben auf unsere subjektiven Gesichtsempfindungen, von unseren Feinden auf unseren Haß, von dem logischen Gedankeninhalt auf unser subjektives Denken reflektieren – denn auch der fortschreitende Subjektivierungsprozeß des logischen Gedankens, den uns die Kritik des Tiefenbegriffes aufgedeckt hat, ist ja ein Ergebnis dieser Reflexion.
Die Reflexion kehrt also die Richtung unseres Bewußtseins von außen nach innen; sie läßt uns auf unser eigenes Seelenleben achten und fällt zunächst mit der Selbstbeobachtung zusammen. In etwas erweitertem Sinn darf man nun auch von Reflexion sprechen, wenn wir die Lebensäußerungen unserer *Mitmenschen* ins Subjektive wenden. Wir reflektieren auch, wenn wir uns zu den Taten und Worten der Nebenmenschen nicht mehr verhalten wie zu Gegenständen der Außenwelt, sondern ihre subjektive Seite hervortreten lassen und uns in das fremde Bewußtsein hineinempfinden, ohne zu seinen objektiven Äußerungen Stellung zu nehmen und auf sie zu reagieren. So taucht die subjektive Seite sämtlicher Erlebnisse, unser eigenes sowohl wie das fremde Bewußtsein, erst durch unsere Reflexion auf, die mithin den Menschen das Material für die Wissenschaft der Psychologie liefert. Da indes der Ausdruck Reflexion in den mannigfachsten Bedeutungen gebraucht zu werden pflegt, sei nochmals ausdrücklich hervorgehoben, daß von hier ab bis zu der letzten Seite dieses Buches unter der Reflexion immer die Wendung des Bewußtseins von der objektiven auf die subjektive Seite aller Erlebnisse zu verstehen ist.[7]
Der Hungrige denkt also ans Brot, der Psychologieprofessor an den Hunger, d. h. er reflektiert; freilich wird er nicht selbst allzu hungrig sein dürfen. Es scheint nämlich die ursprüngliche Art des

Erlebens *vor* der Reflexion zu liegen, denn es ist natürlich, durch seine Brillen *durch*zuschauen; auf die Brillengläser werden wir nur schauen, wenn sie angelaufen sind und an ihnen etwas nicht in Ordnung ist. Und so dürfte auch etwas nicht in Ordnung sein, wenn ein Autor von seiner Begeisterung statt von seiner Sache, von seiner Tiefe statt von der Wahrheit redet. Die tiefen Schriftsteller dürften einen geheimen Sprung haben, sie sind, wie es scheint, ihrer Sache nicht ganz sicher und müssen irgend etwas in sich niederkämpfen: die Nüchternheit der anderen Menschen beirrt sie wahrscheinlich oder ihre eigene Begeisterung fällt ihnen allzu schwer. Und noch schlimmer dürfte es um die Zuschauer stehen, die die Reflexion auf das Innenleben des Nebenmenschen mit ihrer eigenen Begeisterung verschmelzen und deshalb stets die Sache hinter den Persönlichkeiten zurücktreten lassen. Diese Zuschauer, die so sehr auf die Begeisterung des anderen achten, wollen, scheint es, produzieren; da sie aber ahnen, daß dies ohne Enthusiasmus nicht gehen wird, brauchen sie Enthusiasten, die es ihnen vormachen sollen, in die sie sich hineinfühlen können: sie brauchen einen, der sie mit Enthusiasmus ansteckt.

In der Anbetung des Enthusiasmus steckt mithin ein gutes Stück Reflexion. So ist es erklärlich, daß die Schwärmer der Tiefe zugleich auch die Unbewußtheit und Urwüchsigkeit verehren, denn als Enthusiasten aus zweiter Hand spüren sie, woran es ihnen fehlt.

Da also der tiefe Schriftsteller sich immer den eigenen Enthusiasmus erst zum Bewußtsein bringen muß, sein Anbeter gar eines Surrogats bedarf und die Sympathie mit dem Enthusiasmus des anderen benötigt, scheint dem Genieschwärmer, der von Tiefe schwärmt und für die Begeisterung begeistert ist, seine Begeisterung nicht sehr tief zu sitzen. Er ist im Grund ein Skeptiker und kennt keine Wahrheit, für die man zu leben hat; ja moderne Verkünder der Persönlichkeitsmetaphysik, wie Chamberlain und Karl Kraus, haben es unverhohlen ausgesprochen, daß das Genie zwar tief, aber über wahr und falsch durchaus und völlig erhaben ist.[8] Aber diese Skepsis der Geniebegeisterung ist nicht demütiger Vorsicht und der Erkenntnis menschlicher Schwäche entsprungen; sie gebärdet sich marktschreierisch, denn sie hat nie nach Wahrheit gesucht, sondern immer in Vorurteil und Unwissenheit geschwelgt. Seichte Aufklärer heißen bei diesen enthusiastischen Skeptikern jene anderen, die stillen und feinen Zweifler, denen

die Suche nach der Wahrheit das Herz verbrannt hat, die bei den Aschenresten trauern und die Natur nicht durch menschliche Meinungen und menschliche Wertungen zu stören wagen.
Im Erleben des einzelnen ist also die Reflexion zumeist ein Zeichen der Schwäche oder der Abspannung, denn der Sinn einer Rede verschwindet hinter dem Wortklang erst, wenn uns der Vortrag ermüdet hat, und ähnlich werden wir uns auch unserer Anstrengung nur bewußt, wenn die Last uns zu schwer geworden ist. Man kann nun versuchen, auch in der Entwicklung der Kultur Perioden der Kraft und der Abspannung zu unterscheiden, ja man kann ganze Völker mit Einzelindividuen vergleichen und so von der hoffnungsvollen Jugend, dem kräftigen Mannesalter und dem welken Greisentum eines ganzen Kulturkreises sprechen. Solche biologische Vergleiche haben etwas Bestechendes für sich und vermögen, wenn sie vorsichtig angewandt werden, die Kulturgeschichte zu verlebendigen und manches in ihr zu erklären. Es ist z. B. leicht, in dem Überhandnehmen der Reflexion eine Alterserscheinung der Kultur und ein Zeichen des Epigonentums zu erblicken; so wäre sogleich erklärt, warum von allen Kulturepochen – wie die historische Untersuchung zeigen wird – gerade die enthusiastische Rhetorik der Spätantike und die Zeit des Barocks Strömungen hervorgebracht haben, die sich am ehesten mit der modernen Genie- und Tiefenbegeisterung vergleichen lassen. Der Vergleich der Kulturgeschichte mit dem Lebensprozeß eines Organismus wird also zum Teil erklären, zumindest veranschaulichen können, daß produktive und sachliche Zeiten vorangehen mußten, um von Zeiten abgelöst zu werden, in denen Reflexion und Genieverehrung Mode wird. Wir wollen uns aber hüten, in diesem biologischen Gleichnis zugleich einen biologischen Wertmaßstab zu erblicken und den Genieverehrern in der Verehrung der unbewußten Ursprünglichkeit nachzufolgen. Es ließe sich nämlich stets darüber streiten, an welchem Punkt der Kulturentwicklung eine Periode der Kraft in Verfall übergeht, denn der eine wird immer als Blüte noch hochschätzen können, worin ein anderer schon eine Alterserscheinung sieht. Da aus Theorie, Kunst und Religion zumeist ein gewisses Erschlaffen der rein biologischen Triebkräfte des Menschen zu sprechen scheint, die ja auf bloße und rohe Arterhaltung gerichtet sind, könnte man überhaupt radikal, aber nicht völlig grundlos in der *ganzen* Kultur vom biologischen Standpunkt geradezu ein Zeichen des Ver-

falles erblicken. Biologische Wertmaßstäbe sind also auf Kulturerscheinungen wohl nicht anwendbar. Wenn man sich deshalb vor biologischen Wertungen hütet, wird man anerkennen müssen, daß die menschliche Kultur der Reflexion mancherlei zu verdanken hat.

Von Reflexion gefärbt und aus Reflexion entsprungen ist zunächst eine geistige Strömung, die sich erst spät entwickelt hat, aber einen wichtigen Bestandteil der menschlichen Kultur bildet: die Toleranz. Indem die religiöse Duldsamkeit es verschmäht, die Menschen in Rechtgläubige und verdammenswerte Ketzer einzuteilen, indem sie jeden auf seine Fasson selig werden läßt, läßt sie ja das *Ziel* des religiösen Erlebens zurücktreten und hebt die subjektive und persönliche Seite der Frömmigkeit hervor. Die Toleranz verzichtet darauf, allgemeine Vorschriften dafür zu erlassen, *was* der einzelne glauben soll und wendet so die Aufmerksamkeit von den religiösen Glaubensinhalten ab und der subjektiven Tatsache zu, *daß* die Einzelmenschen an irgend welche religiösen Lehren glauben. Es ist klar, daß der Genie- und Tiefenbegriff mit dieser Wendung der Religion ins Subjektive die reflektierende Grundtendenz gemeinsam hat und erst in einer Zeit sich ausbilden konnte, der religiöse Toleranz schon selbstverständlich scheint: das unduldsame Mittelalter hätte ganz offenbar einen enthusiastischen und originellen Irrlehrer nie mit seiner Tiefe und seiner Genialität entschuldigt, sondern nur für um so gefährlicher gehalten und um so schneller verbrannt. Neben der religiösen gibt es aber auch eine logische Toleranz, die sich hütet, einem Gegner voreilig unrecht zu geben oder ihm gar sein Unrecht zum Vorwurf zu machen, die vor allem auf die subjektive Seite des Gedankens, auf das Wahrheitsstreben achtet und auch den wissenschaftlichen Gegner zu schätzen weiß. Die Annäherung an den Genie- und Tiefenbegriff wird auch hier wohl deutlich sichtbar.

Mit Toleranz und Reflexion höchst verwandt ist ferner die historische Betrachtungsweise. Wer etwa die Geschichte einer Wissenschaft betreibt, dem ist es nicht darum zu tun, den betrachteten Gelehrten recht oder unrecht zu geben, sondern er bekümmert sich vor allem um die historische Bedingtheit der Forscher, um ihre Forschungsrichtung und ihren wechselseitigen Einfluß. Wenn also die Philosophiegeschichte über den Streit zwischen zwei Denkern, etwa zwischen Descartes und Hobbes, zu berichten hat, dann kommt es ihr nicht darauf an, eines der beiden

streitenden Systeme für die endgültig wahre Philosophie zu erklären, sondern sie betrachtet beide Gedankengebäude nur historisch, sucht die verborgenen Motive des Streites und alle strittigen Punkte klar herauszuarbeiten und muß so – ähnlich wie der Genieenthusiasmus – feststellen, daß *beide* Denker über ungewöhnliche Denkkraft verfügen und für den weiteren Verlauf der philosophischen Entwicklung von größter Bedeutung sind. Der Historiker interessiert sich demnach nicht – wie Descartes und Hobbes selber es taten – für den Sachinhalt ihrer Gedanken, sondern er sieht in ihren wie in jedem philosophischen Gedanken nur einen Durchgangspunkt, den das philosophische Denken der Menschheit einmal durchlaufen mußte, einen Durchgangspunkt, der in die Entwicklung einzureihen, aber nicht auf seine absolute Wahrheit zu untersuchen ist. Diese historische Seite des Gedankens ist von seiner logischen unterschieden und klarerweise mit seiner subjektiven recht verwandt.
Ähnlich reflektierend nach innen gewandt, geht auch die Kunst- und Religionsgeschichte mit den Kunstwerken und religiösen Systemen vor; noch deutlicher stehen aber auf dem Standpunkt der Reflexion alle psychologischen Wissenschaften, denn es hat sich ja schon ergeben, daß wir uns des menschlichen Innenlebens überhaupt nur durch Reflexion bewußt werden. Manche Zweige der Psychologie nähern sich sogar sehr stark dem Gedankenkreis der Geniereligion. Wenn der Religionspsychologe etwa das Seelenleben des Religionsstifters zu ergründen trachtet, dann wird er Buddha und Mohammed zusammenstellen und gemeinsam untersuchen müssen, d. h. für ihn ist – ähnlich wie für den Genieverehrer – die Stärke des religiösen Triebes wichtiger als das religiöse Ziel, die Verwandtschaft zwischen Mohammed und Buddha bedeutsamer als die zwischen dem Propheten Allahs und einem kleinen mohammedanischen Kameltreiber aus Damaskus: auch dem Psychologen ist also die Persönlichkeit wichtiger als die Sache. Sowohl die historische als die psychologische Betrachtungsweise müssen schließlich in Toleranz ausmünden, wenn es richtig ist, daß alles verstehen alles verzeihen bedeutet. Wenn man sich auf die Psychologie seiner Gegner einläßt und sich ihre Denkmotive klarmacht, dann kann man sich leichter auf ihren Standpunkt versetzen und sich auch gegenüber religiösen und logischen Meinungen duldsam zeigen, die von der eigenen Überzeugung abweichen. Ganz selbstverständlich ist aber die Toleranz für den Histo-

riker, denn wer wird es heute etwa dem Astronomen Kepler verübeln, daß er an der Grenzscheide des 16. und 17. Jahrhunderts von der Wahrheit astrologischer Betrachtungen nicht sehr viel anders überzeugt ist als seine Zeitgenossen?
Die reflektierende und tolerante Betrachtungsweise der Geschichte pflegt überdies eine Gestalt anzunehmen, die mit dem Nachweltsdogma der Geniereligion recht verwandt erscheint. Erst die rückschauende Betrachtung des Historikers nämlich vermag festzustellen, welche Männer für die Weiterbildung der Kultur und des menschlichen Geisteslebens von Bedeutung waren. Man pflegt nun diese Feststellung mit Wertungen zu verknüpfen, ja der Historiker ist sogar geneigt, in der Geschichte den *einzigen* Prüfstein für den Wert einer Persönlichkeit zu erblicken und zu meinen, der Einfluß auf die Menschheitsgeschichte sei der einzige Wert, von dem zu sprechen für Menschen sinnvoll wäre. Für diese historisierende Wertungsweise wäre also z. B. Kant eine bedeutende Persönlichkeit, ein bedeutender Philosoph deshalb und nur deshalb, weil er fähig war, auf die ganze Menschheit zu wirken und ihr Denken zu beeinflussen; sein Barbier dagegen wäre kleinlich und bedeutungslos, weil er gestorben ist, ohne in der Menschheitsgeschichte Spuren seines Daseins zu hinterlassen. Der Historiker gebraucht also nicht einen absoluten und metaphysischen Wertmaßstab, sondern einen historischen und menschlichen, der zweifellos den Vorteil hat, daß er sich auch anwenden läßt. Denn ob eine Persönlichkeit metaphysisch, vor Gott als wertvoll zu bestehen vermag, werden Menschen wohl schwer entscheiden können; ob sie dagegen im menschlichen Geistesleben verhältnismäßig dauerhafte Spuren hinterlassen hat, das vermögen sicherlich auch Menschen zu erkennen.
So entwickelt sich aus der geschichtlichen Betrachtungsweise ein historischer Wertmaßstab, der aber mit dem individualistischen Maßstab, den die Geniebegeisterung zu besitzen glaubt, durchaus nicht zusammenfällt. Der Individualist ist für die suggestive Persönlichkeit begeistert, der Historiker dagegen wertet den historischen Einfluß und die geschichtliche Notwendigkeit, denn er glaubt ja, was dauere und fortwirke, könne eben deshalb nie unvernünftig und schlecht genannt werden. Der individualistische Maßstab will die Genialität gleichsam von vorne, der historische aber von hinten kenntlich machen. Das Nachweltsdogma der Geniereligion vollzieht nun die Vereinigung der beiden Wert-

maßstäbe, denn es behauptet das historische Fortleben jener individualistischen Genies. In Wahrheit aber geschieht wohl nichts anderes, als daß der Nachweltsgläubige jene Genialität zwar historisch erkennt, aber individualistisch wertet. Er sucht nämlich die Männer heraus, die in der Kulturgeschichte fortleben, schreibt ihnen absolute und metaphysische Werte zu und betrachtet dann diese »historischen Genies« durch eine individualistische Brille. So wird nicht nur der geschichtlich bedeutsame und berühmte Mensch transformiert, sondern besonders auch das recht unbestimmte individualistische Ideal den großen Toten auf den Leib angepaßt und der historische Maßstab eingeschmuggelt, wenn es sich darum handelt, den individualistischen Wertmaßstab auch anzuwenden und den zunächst in der Luft schwebenden Genietitel auf das gegebene Menschenmaterial aufzuteilen.

Jedenfalls ist das Persönlichkeitsideal des Historikers ebenso ein formales wie das des Individualisten, denn es stellt ja nur den geschichtlichen Einfluß selbst als höchstes Ziel für alles menschliche Streben hin und läßt völlig unentschieden, in welche *Richtung* die geschichtliche Menschheitsentwicklung zu lenken wäre. Ein Einfluß um seiner selbst willen, ein Streben ohne Ziel ist aber dem strebenden Menschen fremd: es ist nur ein Ergebnis der Reflexion. Ob sich also die historische Betrachtungsweise mit der einfachen Feststellung der Tatsachen begnügt, ob sie zur Toleranz oder gar zur Bildung eines historisierenden Persönlichkeitsideals führt: immer steht sie auf dem Boden der Reflexion.

Dürfen wir also die Reflexion als Alterserscheinung einfach ablehnen, dürfen wir alle psychologischen Wissenschaften, die historische Betrachtungsweise, dürfen wir vor allem die Toleranz unbedenklich aus dem Geistesleben der Menschheit streichen? Eine Kritik des Geniebegriffes, die zur Bejahung dieser Fragen führt, wäre wohl zu gewaltsam, denn es hieße vor lauter Sachlichkeit rechthaberisch, streitsüchtig und einseitig werden, wenn man verbieten wollte, auch die subjektive Seite jeder geistigen Leistung, der fremden sowohl als der eigenen, ins Auge zu fassen. Ein solches Verbot müßte, wenn man es ernst auffaßt, schließlich dazu führen, daß Irrlehrer vor Ketzergerichte gestellt und der Wahrheit auf Scheiterhaufen Menschenopfer dargebracht werden; ob aber mit Händelsucht und Menschenopfern der Sache gedient wäre, erscheint mehr als fraglich. Da jedoch die Richtung auf die Sache und die Reflexion wie Nord und Süd einander gerade entgegengesetzt sind, so erscheint ein Ausgleich, der nicht auf Halbheiten und einem Kompromiß beruht, nicht ganz leicht, ja es ist eigentlich ein ernstes Problem, wieso schon der übliche Sprachgebrauch Sachlichkeit und logische Toleranz zusammenfallen lassen darf.

Für die Lösung dieses Problems ist nun die Stellung der Geniereligion zur Toleranz merkwürdig und aufschlußreich. Auch die Tiefenverehrer sind duldsam, wenn sie an der Uneinigkeit ihrer Genies keinen Anstoß nehmen, duldsamer als jene Genies selber, deren Einseitigkeit ja hervorgehoben wird. Die Genie- und Tiefenverehrer üben klarerweise hier Toleranz, indem sie reflektieren und alle Gedanken und Werke ihrer Genies nur von der subjektiven Seite nehmen; weil sie aber zugleich leidenschaftlich und enthusiastisch veranlagt sind, so zeigen sie sich gegen alle Menschen, die ihre Geniebegeisterung ablehnen oder ihr kühl gegenüberstehen, von fanatischer Intoleranz besessen. So sind in der Geniereligion die Genies unduldsam und einseitig, die Gläubigen aber duldsam gegen ihre Genies, unduldsam gegen die Ungläubigen. Dieses sonderbare Schwanken zwischen Toleranz und Intoleranz zeigt, daß nicht nur die Reflexion, sondern auch Wertungen und insbesondere das Abfärben des Wertes in der Toleranz eine Rolle spielen können. Wirklich ist bei den Genieverehrern Toleranz immer zugleich mit Ehrfurcht verknüpft, da sie duldsam nur gegen solche Persönlichkeiten sind, deren Wucht jeden Widerspruch ersterben läßt und ihnen Verehrung einflößt. Wenn sie in dem Streit etwa zwischen Wagner und Nietzsche Toleranz bewahren, so erklären sie *beide* Gegner für geniale und tiefe Persönlichkeiten. Der Genieenthusiasmus läßt den Wert eines Gedankens auf den Denker, den Wert eines Kunstwerkes auf den künstlerischen Schaffensdrang und auf den Künstler abfärben und ist gegen seine Denker- und Künstlergenies nur deshalb tolerant, weil er vermeint, sie wären *mehr* wert als alle anderen Sterblichen.

Dieses Abfärben des Wertes erscheint unserer Denkweise durchaus selbstverständlich, wiewohl es nicht nur sachlich unbegründet ist, d.h. einer Rationalisierung nicht standhält, sondern auch manchen vergangenen Zeiten weniger geläufig war. Im Bewußtsein der Antike waren z.B. gewisse Sach- und Persönlichkeitswerte ziemlich reinlich voneinander geschieden. Es war nämlich der öffentlichen Meinung der besten griechischen Zeit die Mißachtung jeder Handarbeit, jeder Banausie so fest eingewurzelt, daß sie die Meisterwerke der Bildhauerkunst zwar bewundert, die herrlichen Götterbilder zwar in ihren Tempeln aufgestellt und mit beinahe göttlicher Verehrung umgeben, die Bildhauer selber aber bisweilen geradezu verachtet hat. Erst die enthusiastische und epigonenhafte Rhetorik des ausgehenden Altertums hat dem bildenden Künstler einen Platz neben und über dem Kunstwerk angewiesen. So dringen aus der überaus kunstfreudigen Antike merkwürdige Stimmen zu uns, die sprechen: »Wir freuen uns an dem Werk und verachten den Künstler.« Wir kennen zahlreiche ähnliche Äußerungen, die nicht weniger entschieden klingen, ja wir hören die schroffe Frage: Wer würde nicht den Zeus in Olympia und die Hera in Argos bewundern, aber welcher Mensch, der bei Sinnen ist, würde wünschen, selbst ein Phidias oder Polyklet zu werden?[9] Diese reinliche Scheidung zwischen Werk und Künstler mag modernen Ohren, in denen das Getöse der Geniebegeisterung zu dröhnen pflegt, befremdlich klingen und doch spricht aus ihr durch die Hülle der Banausenverachtung nur die nackte Wahrheit.

Wie klein und unrein steht nicht der Künstler neben der unerbittlichen Architektonik des Werkes, wie armselig und verwirrt durchirrt nicht der Denker die kristallenen Eispaläste des Gedankens! Frei von Neid und Ruhmsucht, von Geldgier und trübem Enthusiasmus, aber auch von Schulzank und Parteilichkeit scheint der Gedanke und das Werk über dem Getriebe der Menschen, der Künstler und Philosophen zu stehen. Ja, wenn der Wert eines solchen Werkes nur in dem Genuß bestünde, den es den Betrachtern zu bereiten vermag, dann müßte er freilich auch auf seinen menschlichen Schöpfer abfärben, denn wer sich die Milch wohl behagen läßt, der muß wohl auch die Kuh füttern und in Ehren halten, sonst wird er nicht zu seiner Lust und seinem Nutzen kommen können. Wer aber in der Kunst und in der Philosophie hinter der Lust und dem Nutzen noch absolute und metaphysische Ideale sucht, dem sollte der Künstler und der Denker folgerichtig nur als Erdenrest erscheinen, der dem Werk anhaftet. Wiewohl erst später untersucht werden wird, inwieweit Werte unabhängig von menschlicher Lust und menschlichem Nutzen noch einen Sinn haben, so erweist es sich doch schon jetzt, daß gerade die Geniemetaphysik mit ihren durchaus jenseitigen Idealen um der inneren Konsequenz willen möglichst scharf Werk und Autor, Gedanken und Denker voneinander zu sondern hätte. Damit müßte der in seinem innersten Wesen inkonsequente metaphysische Genieidealismus sich freilich auflösen und sich aus dem Kultus von Personen in den reinen Dienst der nackten Sache verwandeln. Wer nämlich absolute Werte von Lust und Nutzen wahrhaft unterscheiden und reinen Idealen dienen will, der ist vor allem von der unerreichbaren Ferne seiner Ideale zu sehr überzeugt, als daß er seine Verehrung an Wirklichkeiten, an strebende Mitmenschen zu fesseln vermöchte. Die breite Kluft zwischen Ideal und Wirklichkeit muß ihn wohl vorsichtig und zurückhaltend machen: darum hütet er sich vor grundloser Verachtung und vor verfrühter Ehrfurcht, denn er weiß die Ferne des Zieles, die Schwierigkeit der Aufgabe und die Schwäche der Menschen abzuschätzen. Vor dem Gedanken und der Sache kann er nicht radikal und konsequent genug sein, vor Denkern und Menschen aber nicht genug vorsichtig und zurückhaltend: er ist kühn und schroff im Denken, doch überaus behutsam und milde in seinem Verhalten und seinem Umgang. So steht er seinen Mitmenschen unvoreingenommen gegenüber und wagt es nicht, ihnen mit absoluten Wertungen wehe zu tun.

Wenn Behauptungen gegeneinander streiten, so prüft er sie auf ihre Wahrheit und sucht aus dem Streit zu lernen, aber er läßt es die Denker nicht entgelten, was er an den Gedanken auszusetzen hat. Wer also den Wert der Sache nicht auf Menschen abfärben läßt, der billigt und verwirft Gedanken, ohne ihre Denker zu verehren und zu verachten, denn jeder Gedanke und jedes Kunstwerk fließt nur aus natürlichen Quellen, bedarf zu seiner Entstehung menschlicher Begeisterung und menschlicher Regungen, die dem Bereich absoluter Werte entrückt bleiben. Auch das Urteil des Schiedsrichters im Widerstreit der Meinungen ist nur Menschenwerk wie die beurteilten Gedanken selber und wie diese dem Irrtum unterworfen. Da also Richter und Parteien in gleicher Weise Kinder der Natur sind, scheint der Weg zur wahren Toleranz nur über die *Demut* zu führen. Wer wahrhaft der Sache dient, der ist duldsam im Streit der Denker und der menschlichen Meinungen, weil er weiß, daß *keine* der streitenden Parteien, ob sie nun Wahres oder Falsches lehrt, mehr ist als alle anderen Menschen.

Auch die Sprache setzt wirklich Sachlichkeit und Toleranz nur deshalb einander gleich, weil sie als sachlich einen solchen Menschen bezeichnet, der sich nur um Probleme bekümmert, der darum die Gedanken, aber nicht die Denker richtet und seine eigene Person hinter die Probleme zurücktreten läßt. Diese beiden Folgerungen ergeben aber, zu Ende gedacht, das Nichtabfärben des Wertes und die Demut. Die eben dargelegte Entwicklung, die später noch ausführlich begründet werden wird, steckt also schon im Begriff der Sachlichkeit darinnen und muß ans Licht kommen, wenn man ihn nur restlos auszuschöpfen wagt.

Der Irrtum des Genieenthusiasmus scheint nunmehr durchaus nicht in der Reflexion zu liegen, sondern im Abfärben der Verehrung, denn der Sache schadet nicht, wer reflektiert, sondern nur, wer die Reflexion mit Enthusiasmus durchsetzt und sich für die Begeisterung *begeistert*. Auch den sachlichen Menschen führt also die Wendung des Bewußtseins nach innen zur Toleranz, aber nicht zur Toleranz aus Verehrung, die dem Genieschwärmer eigen ist, sondern zur Toleranz aus Demut. Hier wie überall sind Sachlichkeit und Persönlichkeitsenthusiasmus Richtungsgegensätze, zwischen denen ein Ausgleich gleich unmöglich ist wie zwischen Nord und Süd. Dem Geniebegeisterten sind Gedanke und Werk gerade gut genug, die Persönlichkeit des Denkers und Künstlers zu offenbaren, während die Sache, auf die Werke und Gedanken hinzielen, ihm unwichtig bleibt; das reine Werk erscheint ihm kalt und tot, denn er vermag nur Menschen zu dienen und sieht in jedem Werk nur den unvollkommenen Ausdruck – nicht der Sache –, sondern einer schöpferischen Begeisterung von Menschen. Wenn dagegen der sachliche Mensch das Auge von der objektiven auf die subjektive Seite des Werkes und von der Sache auf die Person hinlenkt, dann zeigt ihm die Reflexion nicht schöpferische Begeisterung, sondern stets nur menschliche Beschränktheit.

Eine unscheinbare Bemerkung Spinozas mag verdeutlichen, wie wahrhaft sachliche Menschen die Persönlichkeit einzuschätzen pflegen. Der Brillenschleifer und Philosoph wurde einmal in einem etwas abgetragenen Schlafrock von einem Besucher betroffen: als der Freund ihn deshalb tadelte und ihm einen neuen Rock anbot, da wies Spinoza dieses Geschenk zurück. Merkwürdiger als die bescheidene Ablehnung ist aber ihre Begründung. Ein Moderner hätte ohne Zweifel angedeutet, daß äußere Hüllen gleichgültig seien, und hätte über den Besucher, dem der Mantel wichtiger wäre als der Philosoph, wohl ein wenig die Nase gerümpft. Spinoza dagegen meinte, es tauge nicht viel, »wenn der

Sack besser wäre als das Fleisch, das darin stäke«.[10] Diese unscheinbare Begründung weiß also noch nichts von unserem Persönlichkeitsbegriff, denn sie stellt nicht den Menschen über seine äußere Hülle, sondern lehnt es ab, kostbare Hüllen auf Menschen zu verschwenden. So wird der sachliche Mensch durch Reflexion weder zum Persönlichkeitsbegriff noch zu Ehrfurcht und Mengenverachtung geführt, sondern zu einer demütigen Gesinnung, die beinahe christlich erscheint. Diese sachliche Demut ist jedoch der Erkenntnis entsprungen und nicht der Zerknirschung und dem Sündengefühl. Immerhin sind etwa die Quäker, die jeden Menschen, selbst ihre Obrigkeit, ja ihren König duzen, keine Priester kennen und vor keinem Menschen den Hut lüften, aber eben deshalb sich stets als Vorkämpfer der Toleranz erwiesen haben, in mancher Hinsicht der sachlichen Demut sehr nahe gekommen.[11]

Wenn wir also nach innen blicken, um zu erkennen und nicht um uns an eigenem oder fremdem Enthusiasmus zu begeistern, dann wird die Reflexion ein Mittel der Forschung und erschließt Gebiete, die sogleich wieder zur Sache werden müssen, denn der Aufbau des menschlichen Bewußtseins, der Widerstreit menschlicher Bestrebungen und Denkerlebnisse stellt der Erkenntnis neue, schwierige und wichtige Aufgaben. Da die psychologischen Wissenschaften selbst Leidenschaften und Enthusiasmus sachlich zu betrachten lehren, stellt der sachliche Mensch Buddha und Mohammed, Descartes und Hobbes, Wagner und Nietzsche nebeneinander, nicht um Gegensätze gemeinsam zu verehren, sondern um Gegensätze und Gemeinsamkeiten zu betrachten, zu verstehen und zu erklären. Auch die historische Seite jedes menschlichen Strebens vermag der sachliche Mensch ins Auge zu fassen, denn da Menschenwerk noch niemals die reine Sache erfaßt hat, weiß er wohl, daß die wahre Wissenschaft noch nicht gefunden ist und daß alle Wissenschaften nicht mehr als Durchgangspunkte sind, die die Entwicklung des Menschengeistes durchlaufen mußte, ohne auf ihnen in alle Zukunft verweilen zu dürfen. Die geschichtliche Betrachtungsweise erschließt aber seiner Sachlichkeit nur neue Forschungsgebiete und entdeckt ihm zahlreiche Quellen menschlicher Irrtümer, doch sie zeigt seinem Streben kein Ziel und entdeckt ihm keinen Wertmaßstab. Er sucht deshalb die Gedankengebäude und Kunstwerke der Vergangenheit zwar auch historisch zu verstehen, aber er durchsetzt die Geschichte nicht mit Werturteilen: wenn er manche geistige Ströme nach kurzem Lauf versiegen, andere wieder anwachsen und bis in ferne Zeiten dahinfließen sieht, bevor das Meer der Vergessenheit sie aufnimmt, so ist er bemüht, die geschichtliche Notwendigkeit zu verstehen; aber er macht sich nicht zum Büttel und Nachrichter der Geschichte und wagt es nicht, Menschen, die eine erbarmungslose Entwicklung zur Erfolglosigkeit verurteilen mußte, noch obendrein mit dem Stempel der Minderwertigkeit zu brandmarken.

Geniebegeisterung und Persönlichkeitsverehrung sind also der Sache völlig entgegengesetzt, Reflexion, Toleranz, psychologische und geschichtliche Betrachtungsweise dagegen lassen sich mit Sachlichkeit durchaus vereinen. Die Menschheit ist zwar zur Toleranz wohl dadurch gelangt, daß neben der Gottheit auch der gläubige Mensch, neben der Wahrheit auch der Wahrheitssucher als achtungs- und verehrungswürdig gefühlt wurde; auch die psychologische Untersuchung und Vergleichung produktiver Menschen ist wohl aus der Persönlichkeitsverehrung hervorgewachsen und ebenso dürfte die bloß historische Betrachtung des menschlichen Geisteslebens zunächst aus der Wertung des geschichtlichen Einflusses erwachsen sein. Da sich aber Toleranz, Geschichte und Psychologie von jeder Persönlichkeitsverehrung völlig befreien lassen, so braucht die Sachlichkeit auf sie nicht zu verzichten. Gegen eine geistige Strömung braucht überhaupt nicht ihre geschichtliche Quelle zu sprechen, denn auch unsere Astronomie ist aus der Astrologie, unsere Chemie aus der Alchimie hervorgegangen. Mit dem Verblassen der gefühlsmäßigen Vorstellungen, deren die ersten Astronomen und Chemiker als Ansporn für ihre Forschungen bedurften, hat sich Aberglaube zur Wissenschaft entwickelt; ebenso erscheint die Geistesgeschichte und selbst die Künstlerpsychologie als schätzenswerte Wissenschaft, bis erst ihr emotionaler Gehalt verblaßt und die künstlerische Produktion, das geschichtlich bedingte Denken abermals zur Sache und zum Gegenstand der Forschung geworden ist. Mag sich also auch die Toleranz zuerst unter unsachlichen Epigonen ausgebreitet haben, so ist doch Duldsamkeit, gereinigt von den letzten Spuren jedes Persönlichkeitskults, die schönste Blüte und das notwendige Ergebnis der reinsten Sachlichkeit.

2. Kapitel: Das moderne Persönlichkeitsideal und der Persönlichkeitsbegriff

Die wahre und sachliche Reflexion sieht, wie sich gezeigt hat, in unserem Enthusiasmus keinen Zweck, sondern nur ein Mittel, nur ein sinnliches Streben nach Zielen, die übersinnlich sein sollen. Wenn man also in diesem sinnlichen Streben ein Zeichen der Unvollkommenheit erblicken wollte und wenn es überhaupt einen Sinn hätte, sich seiner menschlichen Natur zu schämen, dann müßten wir uns eigentlich unserer Begeisterung schämen. Nicht viel anders ist es nun auch um unsere Gemütsbedürfnisse bestellt: mögen die innigsten und zartesten Gefühle des Menschen zur Heimat, zur Kindheit, zur Natur wie zu Heiligtümern aufblikken, so ist doch an den Gefühlen selbst nichts Heiliges: mag auch Sehnsucht nach dem Unnennbaren die Menschheit durchschauern, immer ist nur das Ziel verehrungswürdig, nie unsere Ehrfurcht.

Der Geniekultus verknüpft nun auch hier Reflexion mit Verehrung. Da ihm die Heiligtümer zu ferne sind und zu wenig besagen, hält er sich an die Gemütsbedürfnisse. Er überläßt sich deshalb einer ungehemmten Ehrerbietung, die den Persönlichkeitsbegriff der Modernen so sehr beherrscht, daß es heute als die wohl allergrößte Schande gilt, wenn ein Mensch gestehen müßte, er sei nicht fähig, zu ehrfürchten, sehnsüchtig zu erschauern und anzubeten. Diese sonderbare Überschätzung der Ehrfurcht ist für die öffentliche Meinung und die Literatur unserer Zeit recht charakteristisch. Es läßt sich zwar nicht behaupten, daß unser Jahrhundert in Wirklichkeit wesentlich ehrfürchtiger geartet ist als vergangene Zeiten, da ja eine solche innere Wandlung sich überhaupt kaum nachweisen ließe; im Zeitalter des Geniebegriffes sind wohl nicht solche Menschen häufiger geworden, die wirklich ehrfürchtig *sind*, sondern solche, die ehrfürchtig sein *wollen*, die auf Inbrunst stolz sind und sie als Ziel predigen. Wer sich also unvoreingenommen in der heutigen Literatur umsieht, der wird gestehen müssen, daß noch in keinem Jahrhundert – auch nicht im Zeitalter der Romantik – so viel über Ehrfurcht geredet und in solchen Ausdrücken der Ehrerbietung geschrieben wurde, wie in

unserer Zeit. In Büchern, Zeitschriften und Tageszeitungen wird man allerorten die ehrfürchtige Gläubigkeit der Geniepriester verkündet finden, man wird finden, daß die einzelnen Zeitschriften sich höchstens in den *Objekten* ihrer Ehrfurcht unterscheiden, ja es zeigt sich, daß sogar der Zank der Literatenschulen, der als durchaus natürliche Erscheinung wohl keiner Literaturepoche fremd ist, sich in unserer Zeit zumeist in der Terminologie der exaltiertesten Minnesänger abspielt.
Das literarische Cliquenwesen, das Treiben der Literaten, das an sich nicht gerade zu den wichtigsten und interessantesten Gegenständen gehört, ist vielleicht der empfindlichste Zeiger für den Stand der öffentlichen Meinung einer Zeit. So steht im schärfsten Gegensatz zu dem inbrünstigen und ehrfurchtsvollen Gehaben unserer Literatenschulen etwa das Zeitalter der französischen Aufklärung, da die Größen der Literatur lustig aufeinander loshackten wie die Schuljungen und, ohne sich viel um Würde zu kümmern, intrigierten und sich wieder vertrugen. Hierin spiegelt sich eben die öffentliche Meinung der Aufklärungszeit, die wohl den Vorzug vor der unseren verdient, denn selbst ein anonymes Pamphlet ist nicht nur lustiger zu lesen und dient der Sache besser, sondern ist sicherlich auch männlicher als eine Rezension, in der ein moderner Persönlichkeitsverehrer sich nicht schämt, von dem Innenleben eines jungen Literatenkollegen mit Ausdrücken der Ehrfurcht zu sprechen. Auch das wenig würdevolle Treiben der Aufklärungsliteraten ist eine nicht ganz verächtliche Art, Sachlichkeit und Demut zu beweisen. Voltaire war würdelos, aber er vermochte über seine eigene Schäbigkeit ebenso zu lachen wie über die seiner Kollegen. Er hatte sich ein Vermögen zusammenspekuliert und konnte damit armen Teufeln die Existenz retten – auch wenn sie ihn früher einmal verhöhnt hatten, denn er vermied es, Ehrfurcht und Metaphysik in den Zank der Literaten hineinzutragen und seine Unanständigkeiten im Namen des Göttlichen zu begehen. Er war wohl ein Intrigant und hatte alle menschlichen Schwächen, aber er konnte darüber scherzen und mit ihnen spielen; er war zwar boshaft wie ein Kind, aber frei und sachlich wie ein Mann.[12]
Dem modernen Persönlichkeitsbegriff indes erscheint die öffentliche Meinung der Aufklärungszeit als seicht. Wer sich jedoch gewöhnt hat, die nackte Sache ins Auge zu fassen, dem muß eher das Betragen der Tiefenverehrer sonderbar, ja ein wenig lächer-

lich erscheinen. Wie eine alternde Jungfrau ihre weiblichen Reize schämig verbirgt und doch ängstlich besorgt sein muß, sie könnten etwa nicht bemerkt werden, so gebärden sich jene Persönlichkeiten, als wäre es entsetzlich, wenn ihr Inneres profanen Blicken enthüllt würde; sie dürfen ihre heiligen Tiefen nicht durch Reden entweihen und müssen dennoch jeden ahnen lassen, daß ihnen unendlich vieles heilig ist, denn beileibe niemand dürfte an ihrer Ehrfurcht vor dem Unaussprechlichen zweifeln. Diese merkwürdige Verbindung von schamhaftem Verhüllen und Zur-Schau-Tragen der Gemütsbedürfnisse folgt jedoch mit Notwendigkeit aus dem Wesen unseres Persönlichkeitsideals. Es ist zwar zu allen Zeiten natürlich, daß leicht verletzliche und durch Worte nie restlos ausdrückbare Gefühle, wie Inbrunst, Ehrfurcht und Andacht, die Neigung haben, sich vor der nüchternen Außenwelt zu verbergen, eine Neigung, die besonders stark wird, wenn der Fühlende ein *Bedürfnis* nach Andacht und Inbrunst empfindet und deshalb Ernüchterung scheuen muß; diese natürliche seelische Scham wird aber erst durch den Persönlichkeitsbegriff bis ins Metaphysische gesteigert. Da nämlich die Verehrung des Persönlichkeitsenthusiasten durchaus unrationalisiert und verschwommen ist, neigen die metaphysischen Werte des Geniekultes durchwegs zum Abfärben. Als ergänzender Gegenpol zu diesem Abfärben kann jetzt auch die Lehre von der Entweihung des Wertes nicht ausbleiben. Der Persönlichkeitsverehrer meint also, Werte könnten nicht nur übertragen, sondern durch ihre unheilige Umgebung auch zerstört und entweiht werden; wenn er ernüchtert und seine Suggestion gestört wird, beklagt er sich nicht etwa über eine private Unbill, die ihm zweifellos widerfahren ist, sondern er meint, an dem Übersinnlichen sei ein Frevel geschehen, die Gottheit sei in den Staub gezogen und beleidigt worden. Aus diesem Grund ist Verschwiegenheit und seelische Scham für den Persönlichkeitsbegriff geradezu eine metaphysische Forderung, die verbietet, das Göttlichste zu entweihen.

Es ist nun recht aufschlußreich, die Verschwiegenheitspflicht der Persönlichkeit[13], die gewöhnlich nur vom Standpunkt dieser Persönlichkeit aus erörtert und gefordert wird, einmal auch von der Seite des Zuschauers, des Publikums zu betrachten. Auf der Unerforschlichkeit des Menschen, der sein Innenleben nur ahnen läßt, beruht nämlich sein Ansehen und seine *Würde*. Wer sich in die Karten blicken läßt und restlos verständlich ist, der wird von seinen Mitmenschen ausgenützt, aber nicht verehrt. Jede Autorität muß deshalb in einem gewissen Dunkel bleiben, denn die Ehrfurcht des Menschen bedarf eines leisen Untertones von Furcht, der sich sofort verflüchtigt, sobald der Verehrer genau voraussehen kann, wessen er sich zu gewärtigen hat, und die Motive der verehrten Autorität mit seinen eigenen auf eine Stufe stellt. Wer also Ansehen gewinnen, auf Menschen wirken und es im Leben zu etwas bringen will, der wird tatsächlich gut daran tun, sich zu einer Persönlichkeit zu entwickeln. Freilich, wer im Dienst der nackten Sache es vorzieht, ärmlich und heiter unter seinen Mitmenschen zu leben, der wird zwar niemanden kränken und ohne gute Gründe, ohne Ersatz zu bieten, der Ehrfurcht und Inbrunst berauben wollen, der wird aber in diesem Dienst der nackten Sache für sich selbst auf Persönlichkeit und Würde verzichten müssen. Nur wenn die Sache es verlangt, daß auch ihr Diener sich im Lärm der menschlichen Meinungen Gehör verschaffe und die Bahnen zu dem als richtig erkannten Ziel auch wirklich freilege, nur dann ist Persönlichkeit und Würde in Wahrheit nicht zu vermeiden. Diese Übereinstimmung des modernen Persönlichkeitsideals mit den praktischen Konsequenzen der Massenpsychologie verdient jedenfalls die ernstlichste Erwägung.

Der Geniekultus scheint also aus einer lediglich praktischen und agitatorischen Notwendigkeit ein metaphysisches Ideal, aus einem massenpsychologischen Hilfsmittel einen Selbstzweck gemacht zu haben. Der Verzicht auf Persönlichkeit und Würde erscheint ihm keineswegs als bloß unpraktisch, sondern als seicht und pöbelhaft, denn er verehrt die Würde als höchstes Gut und lehrt, man müsse die Persönlichkeit, den armen Leichnam tragen gleich einem Heiligenschrein. Unser Persönlichkeitsideal ist deshalb von einer altägyptisch-hieratischen und prätentiösen Feierlichkeit durchtränkt: es lebt vom Pathos der Distanz, von der Würde.

Sokrates scheint bei weitem weniger Würde gehabt zu haben. Vielleicht ließ ihm die Sache keine Zeit dazu, denn er mußte auf dem Marktplatz die Schuster und Schneider am Rockzipfel festhalten, um sie über das Wesen der Tugend auszufragen, und als man ihm einmal von einer kleinen Buhlerin erzählte, ging er sogleich zu ihr, um mit ihr die Regeln zu erörtern, wie man junge Männer fesselt. Auch bei Plato ist manches über sein Benehmen zu lesen: wie man an der Tafel einander warnte, ja nicht mit Sokrates ein Gespräch anzufangen (denn er wurde sachlich und ließ keinen mehr los), wie der Alte über die Warnungen lächelte und so nüchtern war, die Gäste unter den Tisch zu trinken, daß einer nach dem anderen vom Weine beschwert in Schlaf verfiel; wie die Schläfer bei Morgengrauen halb erwachend den Alten hörten, wie er noch immer nüchtern längst über andere Dinge weitersprach und in unendlichen Gesprächen nach der Wahrheit suchte, bis der letzte Mitunterredner unter den Tisch gesunken war. Seine Gespräche mit den Schustern und Schneidern hielt man endlich für staatsgefährlich und machte ihm den Prozeß. So hatte er sich um den Kopf geredet, doch als ihn die Richter eben zum Tode verurteilt hatten, da scherzte er mit ihnen darüber, wie schön er in der Unterwelt die Schatten nach der Wahrheit werde befragen können. Freunde ermöglichten ihm die Flucht; er aber blieb im Kerker und bewies ihnen in langen Gesprächen, wie falsch es wäre, zu fliehen. Er war von der Sache besessen und nahm selbst bequem ein Bad, bevor er den Schierling trank, damit die Leichenfrauen nicht nachher unbequem den Leichnam zu waschen hätten. Dieser Todeskandidat zeigte wenig Ehrerbietung vor der Majestät des Todes. Fürwahr, er hatte keine Würde, dieser unverbesserliche, alte, heitere Schwätzer, dieser sachlichste aller Menschen, dieser freieste Mann, der je gelebt hat![14]

Das sokratische Beispiel verdeutlicht schneller, als alle langwierigen Untersuchungen es könnten, daß der sachliche Mensch ganz andere Dinge zu gewinnen sucht als Würde; ihm steht nicht der Eindruck, den seine Mitmenschen von ihm empfangen, sondern die Unabhängigkeit von der Außenwelt, die *innere Freiheit* am höchsten. Wer nämlich sein Streben nur auf die nackte Sache richtet, der mag sich – ob er nun Gläser schleifen, Gemälde malen, politische Ziele verwirklichen oder die Welt erkennen will – nicht von der Umwelt ablenken und in Fesseln schlagen lassen, denn er will und darf das Ziel, das er sich gesetzt hat, nicht aus dem Auge verlieren. Auch über seine eigenen Leidenschaften und Gefühle muß er Herr sein, da der Dunst subjektiver Gemütszustände die Ziele und die Wege zu ihnen, wie sie in der Sache selber objektiv begründet sind, nur verhüllt und entstellt. Doch spielt die innere Unabhängigkeit und Selbstbeherrschung für den wahrhaft sachlichen Menschen noch eine größere Rolle als die eines Schutzmittels gegen Ablenkungen und Störungen von außen.

Wer nämlich einzig und allein in seinem selbstgewählten Ziel aufgeht, ohne an äußere Vorteile und persönliche Erfolge zu denken, der findet in seinem Streben Befriedigung, auch wenn widrige Zufälle, die der Sache selber fremd sind, ihn von außen bedrängen. Welche Karten immer ihm auch das Schicksal mischt und in die Hand gibt, führt er sein Spiel nach jenen Regeln durch, die die Sache erfordert, ohne sich je zu beklagen und zu verzweifeln: ihn stärkt das Bewußtsein, soweit es bei ihm steht, zu tun, was die Sache verlangt. So kann der wahrhaft freie und sachliche Mensch von Unglück nicht getroffen und gekränkt, von Erfolg und Mißerfolg in seinem Streben nicht beirrt werden.
Der sokratische Ausspruch, daß es für den trefflichen Menschen kein Übel gebe, weder im Leben noch im Tod[15], erscheint so nur als der schärfste Ausdruck für die völlige Unabhängigkeit des freien Menschen von der Außenwelt. Die Unverletzlichkeit durch das Geschick, die Herrschaft über seine trüben Leidenschaften und die Klarheit seines Geistes muß den treuen Diener der Sache überdies mit dem Gefühl der Kraft erfüllen: er ist frei und heiter, immer strebend und stets zufrieden und damit im unverlierbaren Genuß des höchsten Glückes. Eine solche vollendete, freie und heitere Ruhe des Gemütes mag zwar für Menschen niemals völlig erreichbar sein, aber dennoch stellt sie wohl ein Ideal dar, das ein *jeder* von uns erstreben kann, welches Geschäft immer er auch betreibt und wie geartet und wie gering auch seine angeborenen Gaben sein mögen. Wenn nämlich auch die vollendete Herrschaft über das Schicksal und die Affekte eine vielleicht übermenschliche Kraft des Geistes voraussetzt, wenn auch der Weg zu diesem kühnen und herrlichen Ideal schließlich über die Philosophie führen müßte, so können wir Menschen doch von allen Ausgangspunkten aus unserer Freiheit und unserem Glück zumindest näherkommen. Wer nur treu seiner Sache dient, wer nur ehrlich seine Sache zu verstehen sich müht, wer nur seine persönlichen Leidenschaften zu opfern und sachlich zu denken gewillt ist, der nähert sich schon der heiteren und klaren Ruhe des Gemütes und kann, auch wenn er auf halbem Weg stehen bleibt, durch das Ideal der inneren Freiheit nie unzufrieden und verzweifelt, sondern nur glücklicher werden. Hier also haben wir ein Ideal, gleich gut für Handwerker und für Philosophen, für Arbeiter, kleine Leute und für Künstler, für Weise und für Toren, ein Ideal der Sache und des Glückes. Das Ideal der würdevollen Per-

sönlichkeit, das zugleich mit dem Kult der angeborenen Begabung und der Geniemetaphysik soviel Unzufriedenheit und Erlösungssucht unter die Menschen gebracht hat, mag freilich eindrucksvoller erscheinen als ärmliche und heitere Sachlichkeit und als die freie Würdelosigkeit des Philosophen; ob es aber mit seiner Ehrfurcht vor Enthusiasmus, Leidenschaft und Würde die Menschen glücklicher, ob es sie freier macht, mag billig bezweifelt werden.

Das Ideal der inneren Freiheit stellt wohl den Kern der sokratischen Lehre dar und ist deshalb auch von allen seinen Schülern angenommen worden: Kyniker, Hedoniker und Megariker haben nur auf verschiedenen Wegen zu diesem gemeinsamen Ideal vorzudringen gesucht.[16] Zwar hat der Idealmensch bei Sokrates die Gestalt des Sachverständigen, bei den Kynikern dagegen die des Bettelphilosophen mit Stab und Ranzen, bei der hedonischen Schule des Aristipp schließlich die des feinsten Lebenskünstlers angenommen, der alle Genüsse des Lebens ebenso frei genießt, wie er heiter auf sie verzichtet, wenn es sein muß; aber diese drei so verschiedenen Wege der sachlichen Erkenntnis, der äußersten Bedürfnislosigkeit, gepaart mit radikalster Verachtung aller Konvention, und endlich der heiteren Lebenskunst sollen wohl nur zu dem gemeinsamen Ziel der Unabhängigkeit und Freiheit führen. Die innere Freiheit galt seit Sokrates – mit wenigen Ausnahmen – den Denkern und der öffentlichen Meinung der Antike bis zu ihrem Untergang als höchstes Gut und noch ein halbes Jahrtausend nach dem Tod des Sokrates hat man gemeint, der wahre Weise müßte selbst im Feuerofen glücklich und frei sein. Wie aus diesem schroffen Satz die *stoische* Forderung nach Autarkie, nach Selbstgenügsamkeit des Weisen spricht, so lehrt auch die hedonische Schule des *Epikur* mit anderer Begründung, aber nicht weniger entschieden, das Ideal der unerschütterlichen Gemütsruhe, der Ataraxie. Die menschliche und weltliche Weisheit Epikurs wollte deshalb auch vor allem die Menschen aus den Banden der trüben Götterfurcht, der Deisidaimonie, lösen, damit sie ehrfurchtslos, heiter und frei wie die seligen Götter selber ihre Tage auf Erden durchleben könnten. Den Griechen pflichtet seit Jahrtausenden die öffentliche Meinung des ganzen Orients bei, denn wenn Asien auch seine eigenen Wege geht, die aus der Erfahrungswelt hinaus über metaphysische und mystische Spekulationen führen, so hat es doch das gleiche Ziel: auch in den allermeisten philosophischen Systemen und Religionen Indiens und Chinas bildet die Leidenschafts- und Leidlosigkeit, die Unverletzbarkeit des bei Lebzeiten erlösten, des umfassend vollendeten Menschen, d. h. aber das Ideal der inneren Freiheit eine wesentliche Lehre, wenn nicht den Angelpunkt.[17] Mit welchen Augen muß da nicht die halbe Welt das europäische Persönlichkeitsideal betrachten? Müßte nicht auch ein Grieche in dem tiefen Menschen der Modernen nur einen würdevollen *Sklaven* erblicken, dem Ehrfurcht wichtiger ist als Unabhängigkeit?

Es ist nämlich ganz offenkundig die Verknüpfung der Reflexion mit Ehrfurcht, die in dem Innenleben und besonders in den Leidenschaften des Menschen etwas Heiliges erblickt, mit innerer Freiheit nicht vereinbar. Wer in der leidenschaftlichen Wucht gewisser Mitmenschen ehrfürchtig das Zeichen einer großen Persönlichkeit bestaunt, dem ist es wohl fremd, nach Herrschaft über seine eigene Leidenschaft zu streben; wer aber über seine eigenen Affekte nicht Herr zu werden sucht, der muß notwendigerweise ihr Knecht und damit zugleich Knecht der Außenwelt werden. Ja, unser Persönlichkeitsideal ist dem Ideal der inneren Freiheit geradezu entgegengesetzt. Da der Geniebegriff vor allem der Eigenart des Künstlers angeglichen ist, *verlangen* wir sogar von der Idealpersönlichkeit, daß sie einer zarten Harfe gleiche, die durch den leisesten Lufthauch mächtig zum Tönen gebracht wird; in der Sensitivität des Künstlers sehen wir nicht seine notwendige Unvollkommenheit, die ihre Rechtfertigung erst im Werk finden kann, sondern das erstrebenswerte Ziel selber. Deshalb beachtet und verehrt der Genieenthusiasmus gerade jene Züge seiner großen Männer, die ein Grieche wohl als Schwächen empfunden hätte. Man pflegt es heute mit sichtlichem Interesse und einer gewissen Hochachtung zu betrachten, wenn ein berühmter Philosoph in einem peitschenknallenden Fuhrknecht das niederschmetternde Symbol der Verworfenheit alles Irdischen erblicken will oder wenn ein andermal ein ebenso berühmter Musiker sich nur in Seidenschlafröcken wohl zu fühlen vermag. Das achtungsvolle Interesse vor dieser Abhängigkeit von äußeren Reizen pflegt sich bei geniebegeisterten Menschen vollends bis zur staunenden Bewunderung zu steigern, wenn endlich ein berühmter Staatsmann gar gesteht, er habe einmal vor Haß nicht schlafen können. Wenn nämlich bei berühmten Persönlichkeiten die Affekte eine hohe Intensität und die Abhängigkeit von der Außenwelt einen hohen Grad erreicht hat, pflegt man dies als titanisch zu bezeichnen und Ehrfurcht zu empfinden. So ist es nicht verwunderlich, daß seine Affekte und Vorurteile als Zeichen seines Wertes sorgfältig pflegt, wer bemüht ist, selbst eine Persönlichkeit zu werden, daß der also strebsame Genie- und Persönlichkeitskandidat es stolz seinen Freunden erzählt, wenn ihn das harmlose Geschwätz von Spießbürgern zur Verzweiflung treibt, und daß er mit sich zufrieden ist, wenn er zum Sklaven der Außenwelt geworden ist. Denn wer nicht vor Affekten, Gefühlen und Idiosynkrasien Ehrfurcht empfindet, pflegt von der Persönlichkeitsbegeisterung als untiefer Mensch bezeichnet zu werden, womit zum Ausdruck gebracht werden soll, daß er das Gegenteil dessen ist, was die Worte Persönlichkeit und Individualität bedeuten. Es ist ein merkwürdiger Zufall, daß einmal auch ein chinesischer Mystiker das uns so geläufige Bild von der Tiefe verwendet, anscheinend jedoch nicht in europäischer Bedeutung; er sagt nämlich: Je tiefer die Leidenschaften eines Menschen sind, desto seichter sind die Regungen des Göttlichen in ihm.[18]

Auch hier ist es wieder aufschlußreich, die Idealpersönlichkeit nicht, wie es gewöhnlich nur geschieht, von innen zu betrachten und zu erörtern, sondern ihre Wirkung auf das *Publikum* ins Auge zu fassen. Da es einleuchtet, daß Leidenschaftlichkeit, enthusiastische Vorurteile und Idiosynkrasien auf die Umwelt eine stärkere Wirkung ausüben als unscheinbare Sachlichkeit, muß sich unser Persönlichkeitsideal mit den Anforderungen dekken, die ein auf Wirkung bedachter Demagoge an sich selbst, ein geschäftstüchtiger Impresario an seine Virtuosen zu stellen hätte. Wenn also ein Chinese sich über die merkwürdigen Photographien in den europäischen Schaufenstern verwundern sollte, auf denen träumerische, versonnene, düstere, dämonische, titanische, bacchantische und verzückte Männer und Frauen zu sehen sind, so wäre ihm zu erklären, daß der europäische Geschmack an solchen Darstellungen Gefallen findet. Diese Publikumswirkung wird der Chinese wohl bald verständlich finden. Er täte aber unrecht, wenn er auf Grund heimischer Erfahrungen in dem Aussehen unserer Schauspieler, Geiger und Pianistinnen – denn *sie* sind ja auf jenen Bildern dargestellt – nur berechnenden Geschäftsgeist und Hilfsmittel der Reklame erblicken wollte. Es besteht nämlich kein Zweifel, daß die große Mehrzahl jener reproduzierenden Künstler aus Überzeugung und nicht aus Be-

rechnung ein so persönliches Aussehen angenommen hat, ja sie scheinen sogar aufrichtig bemüht, sich geradezu zu Idealpersönlichkeiten zu entwickeln. Europa stellt sich eben das Persönlichkeitsideal, das Genie so vor wie einen Virtuosen. Sind denn die modernen Darstellungen der Verstorbenen unter unseren Genies, die Bilder, Büsten und Biographien Beethovens, Schopenhauers, Wagners von den Photographien jener lebendigen reproduzierenden Künstler verschieden? Fällt denn nicht auch das Brüderlichkeitsdogma der Geniereligion zusammen mit den Geschäftsprinzipien des Impresarios oder Verlegers, dem alle Richtungen gleich lieb sein müssen, wenn sie nur die Aufmerksamkeit des Publikums erregen, und dem deshalb die Originalität seiner Schützlinge und ihre Persönlichkeit wichtiger sein muß als ihre Sache? Kurz, unsere Persönlichkeiten müssen titanisch, versonnen, verzückt und individuell aussehen und sein, denn nach moderneuropäischer Meinung ist die Idealpersönlichkeit dadurch charakterisiert, daß man ein *Erlebnis* hat, wenn man ihr begegnet, und eine *Erinnerung*, wenn man an sie zurückdenkt.
Dieses Persönlichkeitserlebnis stellt das Zentrum dar, um das sich der ganze Geniebegriff aufbaut. Das Persönlichkeitserlebnis suchen wir hinter jeder Symphonie, hinter jedem Gemälde und hinter jedem Buch; von jedem Feldherrn wollen wir im Innersten gepackt und ergriffen werden, wenn wir einen Arzt zu Rate ziehen, soll er uns nicht nur heilen, sondern uns auch imponieren, von jedem Forscher verlangen wir, daß die Wucht seines Denkens uns in seinen Bann zwingt. Nicht umsonst ist der überlegene Detektiv, der verkannte Künstler, der große Erfinder und Naturforscher in unseren Kinostücken so beliebt, denn auch sie sind Persönlichkeiten, die zur größten Befriedigung des Publikums auf ihre Mit- und Gegenspieler bald verachtungsvoll, bald voll mitleidiger Liebe hinabblicken können. Eine Persönlichkeit ist vor allem der Dirigent, der vor unseren Augen sein Orchester meistert und das ersehnte Persönlichkeitserlebnis, wie durch ein hundertfaches Echo vervielfacht, gewährt. Wir sind über alle Maßen *suggestionsbedürftig*, denn das Persönlichkeitserlebnis, das wir suchen, ist nichts anderes als die Suggestion. Die Suggestion erzwingt Verehrung, und da die Sache selbst uns jenes ersehnte Erlebnis nicht verschaffen kann, haben wir ein *Persönlichkeits*ideal und verehren Persönlichkeiten. Im Dunstkreis der Suggestion vermag das Abfärben zu gedeihen, kann die Reflexion mit

Ehrfurcht jene Verbindung eingehen, die einer Rationalisierung der Verehrung zu Werturteilen nicht standhalten konnte. Der Suggestionsbedürftige muß auch schöpferische Begeisterung, Leidenschaft und Enthusiasmus verehren und muß sich über Nüchternheit und Entweihung beklagen. Das Abfärben der Suggestionen erklärt vor allem die große Wichtigkeit, die das Genieideal allen suggestiven Requisiten der Idealpersönlichkeit, ihrer Würde, ihren Vorurteilen und Idiosynkrasien, besonders aber ihrem Auftreten und Aussehen zuweist.

Um diesen Kern des modernen Genie- und Persönlichkeitsbegriffes, um das suggestive Persönlichkeitserlebnis rankt sich nun ein verwickeltes Geflecht teils von philosophischen Spekulationen, teils von unphilosophischen und sehr ursprünglichen Gefühlen, ein Geflecht, dessen mindestens teilweise Entwirrung hier wohl versucht werden muß. Soweit also der moderne Persönlichkeitsbegriff ein philosophisches Gewand umgenommen hat, äußert sich zunächst in ihm eine Reaktion gegen philosophische und psychologische Bestrebungen, die das Ich zu zerlegen, ja wegzuleugnen suchen. Die Philosophie der Persönlichkeit, die, wie sich sogleich zeigen wird, eine Metaphysik der Persönlichkeit ist, stellt zweifellos eine Antwort dar auf eine andere Philosophie, die darauf ausgeht, das menschliche Bewußtsein aufzulösen, und zwar – wie der klassische englische Empirismus es bewußt fordert – in ein »Bündel«, einen »Haufen« von Eindrücken – wie ein moderner Gegner es darstellt –, in eine »Staubwolke« von Vorstellungen.[19] Klarerweise kann eine solche Zersetzung und Leugnung des eigenen und fremden Ichs natürlich fühlende Menschen, auch wenn ihnen philosophische Theorien völlig fern liegen, nicht befriedigen, denn man liebt, haßt und bewundert ja Persönlichkeiten und nicht Vorstellungsbündel und hat auch stets das Bewußtsein, selber als *ganzer* zu handeln und zu leben. Muß doch auch die Philosophie und Psychologie, die den uns gegebenen Tatbestand sorgfältiger überprüft, feststellen, daß unser Bewußtsein durchaus nicht glatt aufgeht in einer bloßen Summe von zusammenhangslosen Einzelvorstellungen, daß diese vielmehr immer in eins verschmolzen und eingebettet sind in das uns schon bekannte allgemeine *Lebensgefühl.*

Dieses Lebensgefühl kann in seinen unendlichen Abschattungen von der tiefsten Niedergeschlagenheit bis zum höchsten Wohlbehagen nur erlebt, doch kaum beschrieben werden. Nur durch eine

Anstrengung der Aufmerksamkeit und trotzdem noch recht unvollkommen lassen sich aus seiner verschmolzenen Flut jene Empfindungen einzeln herausheben, die alle Teile unseres Leibes uns immerwährend zusenden, Empfindungen, die stets die Funktionen unserer inneren Organe, die Spannungen aller unserer Muskeln und Gelenke, die Berührungen unserer Haut begleiten. Dieser ungeschiedene und dunkle Strom aller Leibesempfindungen, der nie versiegt, auch wenn er nicht zum Hunger oder Durst, zur Atem- oder Herzbeklemmung, zum Schmerz oder zur Wollust einseitig angeschwollen ist, umspült und durchdringt auch alle unsere Wahrnehmungen der Außenwelt und stellt wohl das einigende Band dar, das alle in einem Zeitpunkt vorhandenen Erlebnisse, Gefühle, Willensakte und Vorstellungen zu einem einheitlichen Ich zusammenschließt. Mit diesem Gefühl der Ich*einheit*, das also auf dem vereinigten Strom der Leibesempfindungen beruhen dürfte, verschmilzt nun im Ichgefühl das Erlebnis der zeitlichen Dauer. Denn die Erlebnisse der nahen Vergangenheit durchdringen nachwirkend stets das Erleben der Gegenwart und sind ihrerseits selbst getönt von ihren zeitlichen Vorgängern. Das Gefühl des zeitlichen Ichzusammenhanges schlingt also die Kette eines zusammenhängenden Gedächtnisses und begleitet immer das allmähliche Entschwinden unserer Vergangenheit und das Aufdämmern unserer Zukunft, die nur deshalb unser ist, weil sie durchtränkt ist von den Ausläufern des eben entschwundenen Erlebens. Auch dieses Gefühl der Ich*kontinuität* ist zahlloser Abschattungen fähig – zu denen beispielsweise die Langeweile gehört –, die den bald trägen, bald reißenden, aber niemals plötzlich abreißenden Fluß des Erlebens widerspiegeln. Das Gefühl der Icheinheit und der Ichkontinuität zusammen bilden so das psychische Gegenbild des einheitlichen und zeitlich dauernden Leibes und stellen in ihrer Vereinigung als *Ichgefühl* die geistige Grundlage des Ichs, der Persönlichkeit dar.[20]

Freilich kann das Ichgefühl in krankhaften Fällen eine Entartung und Spaltung erfahren und gibt dann zu den dem Psychiater wohlbekannten Erscheinungen der Hysterie Anlaß. Es können nämlich bei den Hysterikern ganze Empfindungsgruppen – etwa die Empfindungen des Armes oder des Auges – wie durch eine Art aufs höchste gesteigerte Zerstreutheit aus dem Ichgefühl und damit aus dem Bewußtsein austreten, so daß sich völlige oder teilweise Empfindungslosigkeit einstellt, wobei trotzdem aber die anscheinend nicht vorhandenen Empfindungen Reaktionen und Assoziationen auslösen und unter Umständen Erinnerungsbilder hinterlassen können; ganz ebenso können sich Bewegungen von dem Icherlebnis loslösen, so daß es zu den sonderbaren Phänomenen der automatischen Schrift und der automatischen Rede kommt, in denen lange und sinnvolle Sätze unbewußt und unpersönlich zum Ablauf gelangen; und schließlich können durch plötzliche Veränderung der Organempfindungen sich zwei oder gar mehrere Ichzusammenhänge entwickeln, die, wenn der Umschlag der labil gewordenen Icherlebnisse sich wiederholt, miteinander zeitlich abwechseln, jeder für sich ein separates Gedächtnis ausbilden, aber voneinander mehr oder weniger vollkommen getrennt bleiben. Alle diese krankhaften Erscheinungen, vor allem aber die Phänomene des Doppelich und der mehrfachen Persönlichkeit zeigen durch ihre näheren Begleitumstände aufs deutlichste, daß unsere Persönlichkeit durchaus nur auf dem unser ganzes Bewußtsein durchtränkenden Erlebnis der Icheinheit und der Ichkontinuität, kurz, auf unserem Ichgefühl beruht.[21] Wieso wir aber dazu gelangen, auch unsere *Neben*menschen als Persönlichkeiten zu fühlen und wie das suggestive Persönlichkeitserlebnis, von dem wir ausgegangen sind, mit dem Ichgefühl zusammenhängt, wird später zu erklären sein.

Das verschmolzene und verschmelzende Gefühl des Ichzusammenhanges bietet indes einer philosophischen Auffassung, die glauben machen will, das Gebiet des Erfahrbaren beschränke sich auf verhältnismäßig scharf umgrenzte *Vorstellungen*, genug Anlaß, um an die Icheinheit mit *metaphysischen* Voraussetzungen heranzutreten. Man schließt deshalb das einheitliche Ich, das wir doch in jeder Sekunde unseres Daseins erleben, aus der uns zugänglichen Erfahrungswelt aus und behauptet, gezwungen zu sein, eine Persönlichkeits*metaphysik* zu entwickeln. Auch die Erfahrungstatsache, daß die Grundzüge des persönlichen Charakters, ähnlich der ererbten physischen Konstitution im allgemeinen, von Geburt ab ziemlich feststehen und sich im Verlauf des menschlichen Lebens nicht mehr stark abändern lassen, wird – übrigens nach dem Beispiel Schopenhauers – gern mit metaphysischen Problemen in Beziehung gebracht und im Anschluß an den Kantischen Begriff des intelligiblen Charakters spekulativ ausgedeutet.[22] Auch hier würde jedoch eine nähere Untersuchung zeigen, daß schon in normalen Fällen der Charakter zugleich mit

einschneidenden organischen Veränderungen – etwa der Pubertät und der Menopause – nicht unerhebliche Veränderungen erfährt und daß besonders bei den krankhaften Erscheinungen des mehrfachen Ich sehr beträchtliche Schwankungen des Charakters, etwa zwischen Bosheit und Gutmütigkeit, zwischen Mutwillen und Lebensüberdruß zugleich mit den Schwankungen des Icherlebnisses und der Leibesempfindungen, auftreten können.[23]
Der Sprung in die Metaphysik wird um so begreiflicher, als in den Persönlichkeitsbegriff zweifellos auch das Ding- oder Substanzproblem hineinspielt, das ja eine alte Domäne der Metaphysiker darstellt. Das persönliche Ich erscheint nämlich ganz ähnlich als *Träger* seiner Erlebnisse und Bewußtseinsinhalte, wie die *Substanz* etwa des Zuckerwürfels Trägerin der Zuckereigenschaften, der weißen Farbe, des süßen Geschmackes, der Löslichkeit, der Würfelgestalt ist. Auch diese Zuckersubstanz läßt sich ebensowenig wie das Ich und die Persönlichkeit aus Einzelwahrnehmungen, aus Eigenschaften glatt und restlos zusammensetzen. Die Persönlichkeit bildet deshalb den *Träger* ihrer Eigenschaften, Erlebnisse und Bewußtseinszustände, die Ich- oder Seelen*substanz*, denn dieser Träger wird unkörperlich, also seelisch gedacht: kurz, der Persönlichkeits- und Seelenbegriff ist zumindest eine Unterart des Substanzbegriffes. Ja, er dürfte ursprünglich sogar mit dem Substanzbegriff zusammenfallen, denn die ursprünglichste und dem Menschen natürlichste Lösung des *Substanz*problems ist die animistische, die jedes Einzelding, jeden Baum, jeden Stein, ja jedes Artefakt, jeden Tisch und jedes Haus als persönlich und beseelt, d. h. als ein Ich fühlt, ihm eine Dingseele zuschreibt und den zusammenhaltenden Träger der Eigenschaften in der Dingseele erblickt.[24] Wenn wir bedenken, daß die griechischen Dämonen solche Dingseelen sind und daß auch die Meinung der Lateiner individuellen Dingen, Örtlichkeiten und Körperschaften einen *Genius* zuschreibt, dann stellt sich heraus, daß der Genie- und Persönlichkeitsbegriff mit dem Begriff des Individuellen und Substantiellen äußerst eng verwachsen ist. Freilich ist diese Verwandtschaft keine historische, denn der römische Genius, der ursprünglich wohl den Dämon der männlichen Zeugungskraft darstellt, der darum *jedem* Mann zugeteilt wird und niemals als eine Sondermitgift von hervorragend begabten Ausnahmspersönlichkeiten auftritt, ist durchaus nicht der geschichtliche Ahnherr, sondern nur der Pate des modernen Genies. Die

Verwandtschaft zwischen dem römischen Genius und dem modernen Genie ist nur eine philosophische und kann nur ans Licht kommen, wenn man das Persönlichkeitsproblem genügend weit in seine Bestandteile zerlegt und zu dem Problem des Individuellen und der Substanz verallgemeinert.[25]

Wenn wir also heute die Persönlichkeit als Substanz auffassen, so hat man zweifellos ursprünglich jede Substanz als Persönlichkeit aufgefaßt und gefühlt, ihr ein Ich eingelegt. Diese Substanzpersönlichkeit wird jedenfalls immer als seelisch und lebendig gedacht, so daß die Beziehungen des Persönlichkeitsbegriffes zu den außerordentlich dunklen und schwierigen *Lebens*problemen neuen Anlaß für eine metaphysische Auffassung der Persönlichkeit geben. Diese metaphysische Auffassung denkt sich also die Persönlichkeit, das Individuelle als unerforschliches Prinzip des Lebens, der Selbstbeweglichkeit, Tätigkeit und Schwungkraft und sieht in unpersönlicher Sachlichkeit die Todeskälte eines starren Verstandes. Besonders liebt man heute auch die Persönlichkeit als ein metaphysisches Lebensprinzip mit Mannigfaltigkeit und Verschiedenheit in Beziehung zu bringen, da organisierte und belebte Individuen mannigfaltiger erscheinen als nicht organisierte und dem Anschein nach unbelebte. So pflegt sich der Persönlichkeitsbegriff der *Leibniz*schen Substanzauffassung zu nähern, nämlich der Monade, denn die Monaden Leibnizens sind seelische, lebendige und individuelle Substanzen, die niemals leidend, immer tätig aus ihrer eigenen Vergangenheit ihre Zukunft aufbauen. Nach Leibniz gibt es nun unter diesen Monaden nicht zwei einander gleiche, denn eine jede ist ein lebendiger Spiegel des Universums, ein Mikrokosmus unter unendlich vielen, der auf seine individuelle Art und anders als alle anderen Monaden das Weltall zum Ausdruck bringt, so wie eine Stadt, von jedem Punkt gesehen, ein anderes Bild darbietet. Die Leibnizsche Monade ist also vor allen anderen Fassungen der Substanz besonders geeignet, den modernen Persönlichkeitsbegriff zu beeinflussen: auch jene Genies denkt man sich ja als seelische und individuelle Mikrokosmen, die die gemeinsame Allwahrheit ein jeder auf seine durchaus eigene Art spiegeln, lebendig, schöpferisch, keimhaft und zukunftsschwanger.[26] So wird die unendliche Verschiedenheit aller jener Genies aufs schärfste betont, wobei sie aber zugleich mehr oder weniger deutlich als mannigfaltige und lebendige Inkarnationen des einen heiligen Allgeistes aufgefaßt werden. Welche Motive aber danach drängen, daß man sich die Idealpersönlichkeiten in der Erscheinungswelt als unendlich verschieden, im Übersinnlichen aber als durch ein metaphysisches Urprinzip geeinigt vorstellt, ist in der Untersuchung des Brüderschaftsdogmas der Geniereligion und des Tiefenbegriffes zur Genüge erörtert worden.

Durch die innige Verflechtung des Persönlichkeits- mit dem Substanzbegriff und mit den dunklen und höchst schwierigen Problemen der Seele und der Lebenskraft wird der Versuch, das Persönlichkeitsproblem metaphysisch zu behandeln, zwar verständlich, ohne daß aber deshalb die tatsächlichen Behauptungen und Wertungen einer solchen Persönlichkeitsmetaphysik schon philosophisch gerechtfertigt wären. Es wäre falsch, das Band, das die Einzelerlebnisse des Menschen verknüpft, seine Persönlichkeit zu leugnen, und höchst unphilosophisch wäre es, die Beziehungen der Persönlichkeit zum Substanz-, Seelen- und Lebensbegriff zu verkennen. Daß Gemütsbedürfnisse die philosophische Klärung und Erforschung dieser beiden letztgenannten Begriffe nicht abwarten können und eine verfrühte Persönlichkeitsmetaphysik aufstellen wollen, ist durchaus verständlich; der Inhalt und die Triebfedern einer solchen Metaphysik verlangen aber noch nach einer Prüfung.

Eine solche Prüfung zeigt nun sofort, daß der römische Animismus *jedem* Mann einen Genius zuteilt, daß Leibniz *jedes* Ding, auch wenn es unbelebt scheint, sich aus Monaden, aus lebendigen und seelischen Mikrokosmen zusammengesetzt denkt: hier wie dort handelt es sich um eine persönliche Auffassung der Substanz und des Individuellen und durchaus nicht um eine Ausnahmsstellung, die gewissen Menschen zugeschrieben und aus der ein Lebensideal abgeleitet werden soll. Nichts ist deshalb unhistorischer als der heute immer wiederholte Versuch, die *moderne* Metaphysik der schöpferischen Persönlichkeit in Philosopheme der Vergangenheit, die das Lebens- und Substanzproblem zum Gegenstand haben, in die Entelechien des Aristoteles, in die λόγοι σπερματικοί der Stoa, in das Minimum des Nikolaus von Cues, in die Mikrokosmen der deutschen Renaissancephilosophie und in die Monadologie Leibnizens hineinzudeuten.[27] Wenn die moderne Auffassungsart ihre metaphysische Persönlichkeit nur einer *Sonder*klasse von Menschen zuschreibt, wenn sie dem guten, alten Wort Persönlichkeit seinen indifferenten Klang genommen und ihm den Beigeschmack des Erstrebenswerten, Ehrfurchtgebietenden und Bevorrechtigten verliehen hat, so ist das ein Zeichen dafür, daß die philosophischen Probleme des Lebens und der Seele gerade nur den dunklen und leeren Raum für die Ausbreitung metaphysischer Spekulationen abgeben, daß aber der eigentliche Antrieb für die moderne Persönlichkeitsmetaphysik anderswo zu suchen ist.

Dieser eigentliche Antrieb muß kenntlich werden, wenn wir fragen, nach welchem Maßstab denn von den Persönlichkeitsbekennern die Persönlichkeiten von den Nichtpersönlichkeiten, den Dutzendmenschen ausgesondert werden. Da zeigt es sich nun, daß Menschen, die einmal als Persönlichkeiten aufgefaßt sind, weiterhin, ohne ihren Persönlichkeitscharakter einzubüßen, denken, äußern und tun dürfen, was ihnen beliebt und was auch jeden anderen unfehlbar zur Nichtpersönlichkeit stempeln würde; daß aber umgekehrt ein winziger Umstand, ein Urteil über ein Buch, einen Mitmenschen, eine völlig belanglose Äußerung hinreicht, um einen Fremden ein für allemal unter die Dutzendmenschen einzureihen, mag er es in der Folge anstellen, wie er will. Man ist heute gegen seine Persönlichkeiten so unendlich tolerant, gegen seine Dutzendmenschen so unendlich intolerant, daß es beinahe gleich peinlich ist, von einem überzeugten Persönlichkeitsgläubigen für eine Persönlichkeit wie für eine Nichtpersönlichkeit angesehen zu werden, denn der also Eingereihte wird entweder auf keinerlei Widerstand stoßen, was immer er auch behauptet und vornimmt, oder er wird einem Wall von beschränkten und unduldsamen Vorurteilen gegenüberstehen. Diese ganz und gar unberechenbare Auswahl von einzelnen Persönlichkeiten aus einer Flut von Menschen, die man völlig undifferenziert läßt und deshalb als Dutzendmenschen bezeichnet, wird am ehesten verständlich, wenn man annimmt, das Prinzip der Auswahl sei überhaupt nicht rational zu fassen, sondern beruhe nur auf subjektiven Gefühlen, sei vor allem in dem suggestiven Persönlichkeitserlebnis gelegen. Wem es gelingt, den Suggestionsbedürftigen zu packen, der hat offenbar ein für allemal das Spiel gewonnen und den Persönlichkeitstitel erworben; für immer verspielt hat aber, wer diesen für den Persönlichkeitsmetaphysiker so erfreulichen Eindruck verfehlt.

Auch hier wieder gibt erst das suggestive Persönlichkeitserlebnis die gesuchte Erklärung dafür, wieso Persönlichkeit nicht jeder

Substanz oder zumindest jedem Menschen zugeschrieben, sondern als ein Vorrecht einer Minderzahl und als selten verwirklichtes Ideal hingestellt wird. Es bedeutet schon eine beträchtliche philosophische Verfeinerung der Persönlichkeitsmetaphysik, wenn man den Unterschied zwischen Persönlichkeiten und Nichtpersönlichkeiten nicht völlig absolut faßt, sondern einen allmählichen Übergang und eine Entwicklung zu immer stärkerer Persönlichkeitsentfaltung lehrt. Aber selbst eine solche metaphysische Stufenleiter von immer deutlicher ausgeprägten Mikrokosmen, die bei den unbelebten Dingen anhebt, über die Organismen führt und gewisse überragende, wuchtige und eindrucksvolle Menschen an die Spitze der Natur stellen will, muß als ein so beschränkter Anthropomorphismus erscheinen, daß er nur aus menschlichen und vor allem wieder aus suggestiven Bedürfnissen verständlich wird. Gewisse eindrucksvolle Menschen verschaffen eben dem Betrachter ein besonders intensives Persönlichkeitserlebnis. Da also der metaphysische Persönlichkeitsbegriff der Gegenwart keineswegs die Probleme der Substanz, des Lebens und der Seele, kurz, *die Tatsachen* klären, sondern nur menschlichen Sonderindividuen eine Sonderstellung einräumen will, so scheint wiederum sein Kern nur in dem suggestiven Persönlichkeitserlebnis zu liegen, das erst nachher eine metaphysische Ausschmükkung und Verkleidung erfährt. Einem suggestionsbedürftigen Zeitalter muß eben das Persönlichkeitserlebnis das wirksamste Gefühl unter allen jenen abgeben, die gegen die Auflösung des Ichs und des Individuellen in zusammenhanglose Elemente Einspruch erheben. Da also die moderne Persönlichkeitsphilosophie durchaus verschieden ist von der vergangener Zeiten und die eigentlichen Probleme der Bewußtseinseinheit, des Seelischen, des Lebens, der Substanz und des Individuellen gar nicht in ihrer Reinheit und vor allem ihrer Allgemeinheit anzufassen gewillt ist, muß sie die Klärung dieser Probleme, die hier weder versucht werden kann noch braucht, anderen und ernsteren Richtungen des philosophischen Denkens überlassen.

Es ist aber ein wichtiger Bestandteil und ein wichtiges Motiv des Persönlichkeitsbegriffes selbst noch nicht geklärt. Nicht erklärt ist nämlich bisher, warum man es denn so sehr liebt, einzelne hervorstechende Individuen aus einer ungeschiedenen Menge hervortreten zu lassen. Warum ist es für Menschen so erfreulich, zu differenzieren, warum begrüßt man es als höchst erwünscht, wenn diese Differenzierungstätigkeit uns dadurch erleichtert wird, daß markante Individuen von ihrem Hintergrund sich besonders deutlich abheben, wieso erlangt das Wort Individualität, das ja ursprünglich nur die Eigenart eines einzelnen gegen die Umgebung abgrenzen will, einen ähnlichen Beigeschmack des Bevorrechtigten wie das Wort Persönlichkeit? Offenbar verbirgt sich hier ein *Wert*maßstab, der vollends deutlich wird, wenn die menschliche Eigenart und Mannigfaltigkeit als erstrebenswert, als Idealzustand hingestellt wird. Diese Wertung der Eigenart, d.h. wohl der Mannigfaltigkeit und Verschiedenheit, spielt heute eine große Rolle: man ereifert sich immer wieder gegen die »Gleichmacherei« gewisser ethischer und politischer Bestrebungen, betont, daß die Menschen höchst verschieden sind und daß dem gut so sei, und bezeichnet anderseits Menschen, denen diese Eigenart scheinbar fehlt, verächtlich als Dutzendmenschen, als ob es selbstverständlich wäre, daß Gleichheit einen Mangel bedeutet. Eben deshalb liebt man es auch, die Einzigartigkeit gerade jener Genies hervorzukehren, alle Merkmale, durch die sie sich von den Mitmenschen unterscheiden, ins hellste Licht zu stellen und sie als Originale aufzufassen, die in der Welt nicht ihresgleichen haben. Diese merkwürdige Wertung der Verschiedenheit hängt zweifellos auch unmittelbar mit dem suggestiven Persönlichkeitserlebnis eng zusammen, denn eine spätere Untersuchung wird noch ausführlich im Persönlichkeitserlebnis Bewunderung und Staunen als wesentliche Elemente nachzuweisen versuchen, Gefühle, die wir ja gerade außergewöhnlichen und eigenartigen Menschen und Erscheinungen entgegenbringen. Überhaupt kann als Persönlichkeit nur gefühlt werden, was sich von seiner Umgebung abhebt und nicht mit ihr verschwimmt. Auch die anderen Gefühle, die sich der Auflösung der Persönlichkeit unserer Mitmenschen in eine Staubwolke von getrennten Elementen widersetzen, etwa die Liebe, heften sich übrigens an die persönliche *Eigenart,* denn eben das, was uns an einem teuren Toten *unersetzlich* ist, eben das haben wir geliebt. Trotzdem dürfte es der Mühe wert sein, die Schätzung der Einzigartigkeit und menschlichen Mannigfaltigkeit auch losgelöst von dem Persönlichkeitserlebnis zu betrachten.

Eine solche Betrachtung zeigt zunächst, daß die Schätzung der individuellen Verschiedenheit durchaus nicht so selbstverständlich ist, wie sie uns Modernen erscheint. Schon in einem anderen

Zusammenhang ist uns die Meinung *Kants* begegnet, das zu erstrebende Ziel der Philosophie bestünde nicht in der originel len Vielfältigkeit, sondern in der Übereinstimmung, in der *Gleichheit* aller Philosophen. Noch weiter geht ein Ausspruch *Spinozas*, der uns von seinem Biographen überliefert ist. Danach meinte der Philosoph, nur Vorurteile und Leidenschaften unterschieden die Menschen; Leidenschaften aber seien die Quelle aller Irrtümer und widerstritten geradezu dem Ziel der Natur, das dahin gehe, »die Menschen *einförmig* zu machen gleich Kindern derselben Mutter«. Ein schärferer Widerspruch zu dem modernen Individualitätsideal läßt sich wohl nicht denken. Auch *Plato* hat Mannigfaltigkeit der Meinungen nur bei der unwissenden und zügellosen Menge finden wollen, den Philosophen aber als den sachverständigen Menschen Einhelligkeit und göttliche Harmonie zugesprochen. Auch Plato ahnt also noch nichts von dem modernen Individualitätsbegriff, der umgekehrt gerade die Menge als Dutzendmenschen den Originalen gegenüberstellt.[28]
Der auffallende Unterschied der philosophischen und der modernen Wertungsweise erklärt sich wohl zunächst aus dem Gegensatz zwischen Rationalismus und Irrationalismus: der rationalistische Philosoph sieht das Ziel in der Übereinstimmung aller Menschen, weil sein Ideal in der Wissenschaft, insbesondere in der Mathematik verkörpert ist, die unvollkommen bleibt, solange nicht alle Mathematiker in der Ansicht über jeden Lehrsatz einig sind. Dem Irrationalisten dagegen erscheinen Leidenschaften, die der Mathematiker nur als Fehlerquellen einschätzen kann, als verehrungswürdig; in der Gleichförmigkeit sieht er deshalb nüchterne und tote Verstandeskälte, während in der Verschiedenheit sich ihm die Mannigfaltigkeit alles Lebendigen spiegelt. Dadurch entsteht indes ein klaffender Widerspruch zwischen der Allgemeingültigkeit der Wissenschaft und der Bewunderung des Individualitätsverehrers für die menschliche Einzigartigkeit. Wie der Tiefenbegriff diesen Widerspruch zu umgehen versucht, ist schon dargelegt worden.
Man muß aber wohl noch weitergehen, denn auch *rationalistische* Philosophen haben in der Verschiedenheit aller Dinge einen Vorzug erblicken wollen: wenn es z. B. nach *Leibniz* nicht zwei durchaus gleiche Monaden, nicht zwei ununterscheidbare Dinge oder Ereignisse gibt, so ist ihm gerade diese unendliche Fülle und Mannigfaltigkeit nicht der geringste unter den Umständen, die

unsere Welt zu der besten aller möglichen Welten stempeln. Man muß also wohl zweierlei einander entgegenwirkende Wertungsweisen unterscheiden und erklären. Die erste entspringt der Empfindlichkeit und Reizbarkeit des Menschen; sie strebt nach der Vereinfachung aller Reize und erblickt deshalb in Verschiedenheit und Mannigfaltigkeit nur Tumult und Verwirrung, die abgelehnt werden. Dieser Trieb scheint sich in der Auffassung zahlreicher Philosophen kundzutun, die die Verschiedenheit als Mangel und Verwirrung empfinden, Gleichartigkeit und Einheit dagegen als Harmonie werten. Ihm entgegen wirkt der Überdruß und die Langeweile, die nach Abwechslung verlangt, Mannigfaltigkeit als Zeichen des Lebens hochschätzt und in der Verschiedenheit aller Dinge einen Vorzug erblickt.[29]

Mit der Langeweile hängt anscheinend die Freude am Staunen und die Bewunderung zusammen, ja auch der Seltenheitswert: wenn merkwürdigerweise Raritäten, wie Mißgeburten und Meerwunder, die keinerlei materielle Bedürfnisse befriedigen können, von den Menschen bestaunt und geschätzt werden, so ist offenbar die Freude an der Abwechslung und die Langeweile die eigentliche Triebfeder. Es läßt sich die Vermutung nicht abweisen, daß auch der Seltenheitswert in dem Persönlichkeits- und insbesondere dem Geniebegriff eine gewisse Rolle spielt: warum denn sonst wird die außerordentliche Seltenheit jener großen Männer, die überwältigende Überzahl der Dutzendmenschen gar so sehr betont? Liegt es dem Genieenthusiasmus gänzlich ferne, zu meinen, seine Helden wären auch deshalb so überaus wertvoll, weil sie gar so selten sind?*

Jedenfalls äußern sich bei uns Menschen zwei entgegenwirkende psychologische Triebfedern, die bald die Mannigfaltigkeit und Eigenart, bald die völlige Gleichheit der Menschen und auch der Dinge als den Idealzustand erscheinen lassen und so auch die Genesis mancher philosophischer Lehren der Vergangenheit erklären könnten.** In dem Genie- und Persönlichkeitsideal aber,

* Da durch die Betonung des Seltenheitswertes der Geniebegriff selber seine Genies in die Nähe der Mißgeburten und Abnormitäten rücken muß, ist es nicht verwunderlich, daß auch die Psychiatrie sich die Zusammenstellung von Genialität und Irrsinn nicht entgehen lassen konnte.

** So finden sich z. B auch bei Plato Spuren der Lehre, daß unter allen Dingen der Erscheinungswelt nicht zwei völlig gleiche zu finden sind. Während aber bei Leibniz die Allverschiedenheit als Vorzug und Zeichen das wir ja hier weiter zu betrachten haben, herrscht nur das Staunen, die Langeweile und der Seltenheitswert, da das Persönlichkeitserlebnis und die Bewunderung, wie sich noch zeigen wird, das Gefühl des Staunens einschließen. Inwieweit diese ganze Gruppe von sehr natürlichen Gefühlen, wie Staunen, Bewunderung und Persönlichkeitserlebnis, geeignet ist, für objektive Werte und metaphysische Ideale eine Begründung abzugeben, kann wohl nur erst in einem beträchtlich weiteren Zusammenhang geprüft werden, der versuchen wird, das Problem des Wertes und Ideals in seiner ganzen Allgemeinheit zu untersuchen. Jedenfalls aber ist, um von Idealen vorläufig zu schweigen, Persönlichkeit und individuelle Eigenart eine Tatsache, eine Tatsache, von der sich nicht leugnen läßt, daß ihr auch eine gewisse Bedeutung für die menschliche Kultur zukommt.

Wie nämlich jeder Lebensvorgang Gestaltung, Differenzierung und Arbeitsteilung voraussetzt, so zeigt zweifellos auch das menschliche Geistesleben eine gewisse Mannigfaltigkeit und Arbeitsteilung: in dem Hause der Kultur sind viele Wohnungen, die erst in ihrer Gesamtheit die Kultur zu einem Gebäude, und zwar zu einem gleichsam lebendigen machen. Auch die Erkenntnis dieser kulturellen Differenzierung und Mannigfaltigkeit hat den Zuwachs einiger wertender Bestandteile zu dem Persönlichkeitsbegriff ermöglicht. Die im Geist vollzogene Vereinigung aller Persönlichkeiten pflegt sich nämlich in ästhetisch gerichteten Zuschauern mit einem förmlich künstlerischen Wohlgefallen an der Gestaltung und Differenzierung, in mehr biologisch gerichteten Betrachtern mit einer Freude an der organischen Arbeitsteilung zu verbinden. Man behauptet also, jede Persönlichkeit in ihrer Eigenart ebensowenig missen zu können wie einen farbigen Stein, den Vandalen aus einem bunten und wohlzusammengepaßten Mosaik herausbrechen wollten, wie ein Glied, das einem lebendigen Tierkörper abgehackt werden sollte; kurz, man schreibt jeder persönlichen Eigenart auch eine Eigen*berechtigung* zu und findet, daß sie ihren Platz im Ganzen der Kultur aufs trefflichste ausfüllt. *Schleiermacher* hat diesen Gedanken deutlich ausgesprochen und hat deshalb gefordert, »daß jeder Mensch auf eigene Art die Menschheit darstellen soll, in eigener Mischung ihrer Ele-

der Vollkommenheit der Welt gilt, bedeutet sie bei Plato und ebenso bei Nicolaus v. Cusa einen Mangel, der dem unvollkommenen, schwankenden und breiartigen Charakter der Welt des Diesseits entspringt.[30]

mente, damit auf *jede* Weise sie sich offenbare«; denn »wie das Gestein, dem Ruhe nicht ward noch Raum zur eigentümlichen *Gestaltung* sich zu kristallisieren, nur als rohe Masse erscheint: so alle die, welche den Gedanken der Eigentümlichkeit des Einzelwesens nicht gefaßt«.[31] Es darf jedoch nicht übersehen werden, daß diese ästhetisierend-biologische Freude an der differenzierten Gestaltung allein keineswegs gerade zu einem *Persönlichkeits*ideal führen müßte, denn Mannigfaltigkeit zeigt sich auch in den Werken und Gedanken der Menschen kaum weniger als in ihren Personen. Wirklich ist diese bald ästhetisierende, bald biologische Betrachtungsweise durchaus nicht nur auf Persönlichkeiten, sondern auch auf andere Phänomene angewendet worden: *Herder* hat ganze Völker auf diese Art gesehen und hat gemeint, erst aus dem Zusammenhang aller ethnographischen Verschiedenheiten spreche die Idee der Menschheit in ihrer Vollkommenheit, jedes einzelne Volk aber spiegle die Humanitätsidee nur einseitig und unvollkommen. Auch die allverschiedenen Monaden *Leibnizens* sind ja solche einseitige, einander ergänzende und miteinander zusammenstimmende Spiegelungen eines vollkommenen Universums. Ein wenig verwandt mit diesen Wertungsweisen Leibnizens, Herders und Schleiermachers, wenn auch bereichert um die wichtige Entwicklungsidee, ist auch die *Hegel*sche Philosophie: auch nach Hegel gibt es eine Fülle von mannigfaltigen Ideen, deren jede ihre Eigenberechtigung hat, mit Notwendigkeit an ihrem Platz steht, ihn aufs vollkommenste ausfüllt und die erst in ihrer Gesamtheit ein vollkommenes Gebäude darstellen. Freilich ist die Eigenberechtigung jeder Idee bei Hegel keine Gleichberechtigung, das Gebäude keine Ideenwabe, sondern eine Stufenleiter von immer vollkommeneren Ideen und die Gesamtheit zugleich in der höchsten Idee repräsentiert; aber auch bei Hegel trägt jede Idee oder – was nach seiner philosophischen Grundüberzeugung das gleiche ist – jedes Geschehen der Natur und der Geschichte seine innere Rechtfertigung in sich, weil es an seinem Platz und in seiner Eigenart notwendig und deshalb vernünftig ist. Allen diesen Wertungsweisen ist gemeinsam, daß die Eigenart jedes Elements gerechtfertigt wird durch seine Stellung in einem mannigfach gegliederten und deshalb vollkommenen Ganzen. Wirklich spielen Hegelsche Gedanken und Wertungen in dem historisierenden Geniebegriff, der uns schon beschäftigt hat und uns noch beschäftigen wird, eine gewisse Rolle.

Die zuletzt erwähnten Wertungen, die mit dem Persönlichkeitsbegriff eine Verbindung einzugehen pflegen, stellen sich erst ein, wenn die Einzelindividuen wieder zusammengefaßt und zu einem synthetischen Gebäude vereinigt werden. Es pflegt aber merkwürdigerweise auch die gerade entgegengesetzte Geistestätigkeit, nämlich die Tätigkeit des Trennens und Auflösens, von dem Persönlichkeitsideal für sich in Anspruch genommen zu werden. Es hat beispielsweise die Verfeinerung des sittlichen Gefühles zu der christlichen Forderung geführt, jeder einzelne Mensch, selbst der geringste, müsse berücksichtigt, keiner dürfe geschädigt, ja jeder müsse geliebt werden. Das Christentum löst durch diese Forderung etwa eine Schar von Sklaven, die vorher einfach als Herde gefühlt wurde, in zahlreiche einzelne, fühlende Menschen auf und scheint so den Persönlichkeitsbegriff vorbereitet zu haben. Trotzdem ist ziemlich unverständlich, wie sich auf die christlich-brüderliche Menschenliebe der Persönlichkeitsbegriff berufen kann, der ja weiter zur Ausbildung eines Persönlichkeits*ideals,* zur Ungleichheit von Ausnahmspersönlichkeiten und Dutzendmenschen führen muß. Historisch betrachtet mag ja das Christentum unser Auge für die Persönlichkeit ganz außerordentlich geschärft haben, denn jede Liebe muß uns die Erkenntnis beibringen, daß Menschen nicht mit der Umgebung in eins verschwimmende Farbflecken noch zusammengeballte Fleischmassen, sondern einheitliche Personen sind. Das Christentum hat zweifellos gelehrt, in jedem Menschen eben den Menschen und mithin eine Person zu erblicken; das Persönlichkeits*ideal* dagegen erscheint wohl als höchst unchristlich und ließe sich viel eher als mit christlicher Brüderlichkeit mit den individualethischen Schulen der heidnischen Antike in Einklang bringen, die nicht ihren Menschenbrüdern beistehen, sondern nur den sittlich lebenden Einzelmenschen selbst durch Ethik vollkommen und glücklich machen wollen.

Die Gegenüberstellung des christlichen mit den verschiedenen griechischen Idealen hat uns an einen überaus wichtigen Punkt geführt. Eine völlig erschöpfende Untersuchung des Persönlichkeitsbegriffes müßte nämlich geradezu *sämtliche* Persönlichkeitsideale, die je aufgestellt wurden, einer Erörterung unterziehen. Der kynische Idealmensch in seiner Bedürfnislosigkeit, der hedonische mit seiner heiteren Lebenskunst, das Platonische Ideal der Heiligkeit und Kalokagathie, das Aristotelische der richtigen

Mitte, das Goethesche der harmonischen und gleichmäßigen Entfaltung aller Geisteskräfte, ja selbst ganz unphilosophische Ideale wie die des tapferen Kriegers, des eleganten Hofmannes, des treuen Vasallen, des guten Patrioten: sie alle schließen den Begriff der Person in sich ein. Die eigenartige Beziehung des modernen Persönlichkeitsbegriffes zu den zahllosen Persönlichkeitsidealen ist nun für uns so wichtig, daß sie nach einer kurzen Erörterung verlangt, die an das Icherlebnis und die schon öfters erwähnte Tatsache der Einfühlung wird anknüpfen müssen.
In der Architektur werden häufig menschliche Gestalten als Träger des Gebälkes, als Karyatiden verwendet. Wenn wir eine solche Karyatide betrachten, so haben wir die Empfindung, als stemme sie sich gegen die Wucht des auf ihr lastenden Gebälkes, d. h. wir legen ihr die Muskelempfindungen ein, die wir selbst in ihrer Lage verspüren müßten. Dieses Einleben wird uns offenbar durch die menschliche Gestalt der Karyatide erleichtert, aber auch eine Säule werden wir – wenn vielleicht auch nicht gleich lebhaft – als tragend, d. h. als sich stemmend fühlen. Diese Einfühlung ist nicht nur für die ästhetische Wirkung der Architektur von Bedeutung, sondern sie ist überhaupt eine weitreichende und höchst wichtige Urtatsache des Seelenlebens, auf der ja auch jede Sympathie beruht, die Tatsache nämlich, daß wir den Lachenden – und uns mit ihm – als heiter, den Weinenden als traurig fühlen. In den Gesichtsausdruck des Nebenmenschen legen wir also die uns wohlbekannten eigenen Muskelempfindungen hinein und erleben so unmittelbar in dem fremden Du jene Gefühle und Reaktionstendenzen, die wir bei gleicher Spannung unserer eigenen Gesichtsmuskulatur selber erleben würden. Es verdient Erwähnung, daß es sich hiebei kaum um bewußte und verstandesmäßige Analogieschlüsse aus der Erfahrung handelt, um den Schluß etwa, daß alle Lachenden, die wir bisher erblickt hatten, innerlich auch heiter gestimmt gewesen wären. Abgesehen davon, daß wir eine solche Erfahrung über den inneren Gemütszustand unserer Mitmenschen ohne *vorher*gegangene Gefühlseinlegung nie hätten machen können, stellt vielmehr die Einfühlung und Sympathie ein durchaus ursprüngliches Erlebnis dar, das sich wohl schon beim Säugling einstellt, sobald er nur imstande ist, ein gesehenes und getastetes Stück der Außenwelt als menschliches Antlitz aufzufassen und so seine Gesichts- und Tastempfindungen auf seine eigenen Muskelempfindungen und die sie begleitenden Gefühle

zu beziehen. Wiewohl also diese sympathische Einfühlung Assoziationen voraussetzt, scheint sie doch weit eher als auf verständigen Schlüssen auf einem Trieb zu beruhen, der wohl jedem Lebewesen eigen sein dürfte, auf dem Trieb nämlich, die wahrgenommenen Bewegungen seiner Artgenossen *nachzuahmen*. Dieser ursprüngliche Nachahmungstrieb muß ja, auch wenn er nur in unmerklichem Ausmaß befriedigt wird, das nachahmende Ich mit ähnlichen Organempfindungen erfüllen wie das nachgeahmte Du und damit auch mit ähnlichen Gefühlen, denn Organempfindungen und Gefühle sind stets zu einer ungeschiedenen Einheit verschmolzen.[32]

Das gleiche Bedürfnis nach Einfühlung ist es nun auch, das uns danach drängt, selbst einen Kreis mit drei entsprechend eingesetzten Punkten oder etwa den Vollmond als ein menschliches Gesicht aufzufassen. Gerade auf einer ursprünglichen und noch wenig rationalisierten Entwicklungsstufe des menschlichen Seelenlebens, in der Kindheit und bei primitiven Völkern, zeigt sich die einfühlende Phantasietätigkeit besonders lebhaft, denn die Mythen aller Naturvölker beruhen ja darauf, daß nicht nur der Mond als ein Mann, sondern auch die Sonne, die Wolken und alle Naturdinge als persönlich und belebt, alle Naturerscheinungen aber als Lebensäußerungen von Naturgeistern gefühlt und gedacht werden. Es konnte deshalb die personifizierende Einfühlung unter dem Namen der »mythologischen Apperzeption« sogar zu einem Grundbegriff der Völkerpsychologie werden, denn primitive Menschen sind besonders geneigt, mehr oder weniger vollständig die Gesamtheit ihrer Organempfindungen, d. h. aber ihr *Icherlebnis* in die Dinge der Außenwelt hineinzufühlen: schon früher hat sich ja gezeigt, daß der animistische Begriff der Substanz nur auf einem also eingelegten Ichgefühl beruht.[33]

Wie jedoch mit dem Erstarken der Vernunft die ergänzende Phantasietätigkeit abnimmt und der animistische Substanzbegriff eintrocknet und sich rationalisiert, so wird überhaupt das Ichgefühl in seiner ganzen Lebhaftigkeit später nicht mehr so bereitwillig *jedem* individuellen Ding, das sich von seiner Umgebung deutlich abhebt, eingelegt, sondern nur mehr den selbstbeweglichen Körpern, den Lebewesen, am stärksten aber den Menschen. Wir fühlen also den Nebenmenschen als ein fremdes Ich, als ein Du, kurz, wir empfinden bei seinem Anblick ein *Dugefühl*. Das Dugefühl wird so zur Gefühlswirkung, die von jedem Menschen

bald stärker bald schwächer ausstrahlt, und die auch von seiner Beurteilung, sei sie geartet wie immer, nicht abzutrennen ist. Genau so wie jedes eigene Erlebnis in unser eigenes Ichgefühl eingebettet ist, genau so ist auch jede Wahrnehmung und Beurteilung eines Nebenmenschen, ob wir ihn nun als tapfer, als treulos, als unharmonisch oder als fromm empfinden, in ein Duerlebnis eingebettet, das nichts anderes ist als der mit einem kaum beschreibbaren Vorzeichen versehene Widerschein unseres Ichgefühles.
Daß aber wirklich unsere Nebenmenschen von uns als Personen nur auf Grund eines eigenartigen Duerlebnisses gefühlt werden, das mit dem Gefühl unseres eigenen Ichzusammenhanges aufs engste zusammenhängt, wird durch eine psychiatrische Beobachtung vortrefflich erhärtet. Es gibt nämlich gewisse psychisch Kranke, die sich als durchaus unwirklich und leer fühlen, ja sich selber als verstorben bezeichnen, was offenbar auf einer tiefgreifenden Veränderung des Ichgefühles und der Leibesempfindungen beruht. Unter diesen Kranken sind nun besonders schwere, aber für uns höchst instruktive Fälle zur Beobachtung gelangt, in denen der selber völlig Depersonalisierte zugleich auch das Gefühl ganz verloren hat, von *anderen* lebenden Personen umgeben zu sein, so daß er glaubt und behauptet, um sich nur Kadaver und Automaten zu erblicken. Hiemit wäre nun, was oben versprochen wurde, nachgeholt und aufgeklärt, worauf es denn beruht, daß unsere Nebenmenschen von uns als Personen bezeichnet werden; es wäre gezeigt, daß wie die eigene Persönlichkeit in dem Ichgefühl, so die fremde in dem mit ihm aufs engste verwandten Duerlebnis ihre Quelle hat.[34]
In einem solchen Dugefühl muß klarerweise auch jedes nicht bloß sachliche, jedes persönliche Ideal eingebettet sein. Der moderne Persönlichkeitsbegriff ist nun von allen Persönlichkeitsidealen der Vergangenheit dadurch ausgezeichnet, daß er das *Dugefühl selbst* und nicht die darein gebetteten Schätzungen zum Ideal erhebt. Ob nun der Nebenmensch tapfer oder treu, enthaltsam oder leidenschaftlich, fromm oder kühn, ja selbst ruchlos oder ekstatisch ist, scheint unserem Persönlichkeitsideal nicht von Belang. Es ist ein vollständig formales und, wie sich zeigen wird, parteiloses Ideal: die in dem Duerlebnis eingeschlossenen sachlichen Kerne erscheinen ihm als beliebig untereinander austauschbar, denn allein wichtig ist ihm lediglich, daß das Dugefühl die größtmögliche Intensität erreicht. So ist der eigentliche Sinn un-

seres Persönlichkeitsideals erst dann erfüllt, wenn vollends das Dugefühl durch seine Intensität das Gefühl unseres eigenen Ichzusammenhanges überwächst, das heißt aber, wenn es bis zur Stärke der Suggestion* gesteigert ist. Dieses bis zur Suggestion gesteigerte, unser eigenes Icherlebnis überflutende Dugefühl ist aber das suggestive Persönlichkeitserlebnis, von dem unsere ganze Untersuchung der Persönlichkeitsphilosophie ausgegangen ist. Deshalb also, weil wir den Mitmenschen um so intensiver als Persönlichkeit erleben, je stärker das Dugefühl wird, deshalb ist das enthusiastische Genie, das das Duerlebnis am stärksten und wuchtigsten in uns hervorruft, die konsequenteste Ausprägung des formalen Persönlichkeitsideals. Jetzt erst wird es ganz verständlich, warum der Geniebegriff auf das düstere, titanische und dämonische Aussehen, auf das leidenschaftliche Gebaren seiner Helden so sehr sein Augenmerk richtet. Je deutlicher und leidenschaftlicher nämlich der Charakter und das Innenleben eines Menschen in seinem Äußeren zum Ausdrucke kommen, desto leichter wird uns die Einfühlung gemacht, desto stärker wird unser Dugefühl und desto eher kann es sich bis zum Persönlichkeitserlebnis steigern. Da sich dieses suggestive Persönlichkeitserlebnis an Stelle des Ichgefühles setzt und wie dieses die ganze Bewußtseinslage durchtränkt und in eins verschmilzt, werden schließlich auch das Abfärben, die Requisitenverehrung und die Entweihungsidee als unvermeidliche Begleiterscheinungen des Geniebegriffes verständlich.
Nachdem wir so zum Ausgangspunkt unserer Untersuchung des

* Es ist ersichtlich, daß hier der Ausdruck Suggestion nicht in jenem engen und strengen Sinn gebraucht wird, der ihm von der psychiatrischen Fachwissenschaft vorbehalten ist und der dahin geht, daß Suggestion vorliegt, wenn eine von außen zugeführte Vorstellung selbständig und durchaus losgelöst von dem Bewußtsein und dem Willen abläuft und sich sogar in Wahrnehmungen und Handlungen umsetzt. Hier und an allen anderen Stellen des Buches sollen nicht nur so extreme Erscheinungen, wie etwa durch zugeführte Ideen hervorgerufene Halluzinationen und automatische Bewegungen mit dem Worte suggestiv bezeichnet werden, sondern wir wollen von Suggestion schon dann sprechen, wenn eine Vorstellung in ein Duerlebnis eingebettet ist, das wesentlich intensiver ist als das Gefühl des eigenen Ichzusammenhanges. Diese etwas laxere Bezeichnung, die dem üblichen Sprachgebrauch nähersteht, sieht also von dem *völligen* Austritt aus dem Ichzusammenhang, d. h. der Unbewußtheit und dem Automatismus der suggerierten Vorstellungen ab.[35]

modernen Persönlichkeitsideals, zum Persönlichkeitserlebnis, zurückgekehrt sind, ist es wohl am Platze, Problemstellung, Methode und Ergebnis dieser Untersuchung noch einmal kurz zu überblicken. Zu diesem Zwecke wollen wir von einem ganz konkreten Falle ausgehen und etwa annehmen, es handle sich um die Beurteilung von Personen während eines Krieges zwischen Deutschland und England. Auf einer ganz ursprünglichen und von jeder Reflexion noch freien Stufe der Persönlichkeitsbewertung könnte nun ein Deutscher alle Menschen, die für die deutsche Sache kämpfen, je nach der Intensität und Opferwilligkeit ihres Kampfes als Erfüllung, die Feinde Deutschlands aber als Widerspiel seines Persönlichkeitsideals empfinden. Schon einen Schritt näher steht der Beurteiler der Reflexion, wenn er auch einem patriotischen Engländer seine Hochachtung nicht versagt und so das Ideal des patriotischen Deutschen durch das formalere Ideal des opferwilligen Patrioten überhaupt ersetzt. Diese der Reflexion entspringende Formalisierung des Persönlichkeitsideals läßt sich nun wiederholen. Wenn der Beurteiler einem Konflikt zwischen einem heldenmütigen Patrioten und einem ebenso überzeugten und opfermutigen Pazifisten von durchaus internationaler und unpatriotischer Gesinnung beiwohnt, wäre es durchaus möglich, daß er beide Gegner als Persönlichkeiten im eminenten Sinne empfindet. Und schließlich wäre es auch denkbar und ist in Wirklichkeit auch oft realisiert worden, daß nicht nur opfermutige und überzeugungstreue Bekenner irgend einer Gesinnung, sondern auch Menschen, die sich durch den besonderen Grad von Eigennutz, Heuchelei und Unbestand auszeichnen, wie etwa Pietro Aretino, Catilina, Cesare Borgia, Cagliostro, oder viele recht gesinnungslose Dichter und Politiker als Persönlichkeiten bezeichnet werden. Was ist also das zugrunde liegende Klassifikationsprinzip, wenn so verschiedenartige Menschen, wie Beethoven, Bismarck, Spinoza, Michael Kohlhaas, Shakespeares Richard der Dritte, Arnold Winkelried, Luther und Ignatius von Loyola in die gemeinsame Klasse der Persönlichkeiten im eminenten Sinne eingereiht und den Dutzendmenschen gegenübergestellt werden? Das war unser Problem.

Dieses Problem kann man nun zu lösen versuchen, indem man gemeinsame Eigenschaften aller Persönlichkeiten herauszuheben trachtet und die innere Struktur beschreibt, nach der ein Mensch gebaut sein müßte, um zu jener Menschenklasse gerechnet werden zu können. Da aber die innere Struktur unserer Nebenmenschen uns nicht unmittelbar zugänglich ist und da, wie von vornherein einleuchtet, im Persönlichkeitsbegriff sehr stark emotionale Bedürfnisse mitschwingen, ist es anzunehmen, daß man nach dieser Methode zu wenig exakten Resultaten, wenn nicht gar in die Metaphysik gelangen wird. Nun hat aber *Kant* einmal den Satz ausgesprochen: »Was die Dinge an sich sein mögen, weiß ich nicht und brauche es nicht zu wissen, weil mir doch niemals ein Ding anders als in der Erscheinung vorkommen kann.«[36] Diese Erkenntnis des kritischen Philosophen erleichtert uns unsere Aufgabe ungemein, denn auch uns braucht das aller Erfahrung und allen Erlebnissen entrückte Wesen der Persönlichkeit nicht zu interessieren. Deshalb also hat unsere Untersuchung nicht die Frage aufwerfen wollen: wie ist das Innere der Idealpersönlichkeit an sich beschaffen? sondern hat sie nur gefragt: woran ist die Idealpersönlichkeit für uns kenntlich? oder besser ausgedrückt: was *erleben* wir, wenn wir diesen Menschen als Persönlichkeit bezeichnen und jenen nicht? Das war die Methode unserer Untersuchung.

Und was schließlich ihr Ergebnis anlangt, so läßt es sich folgendermaßen zusammenfassen: jedes menschliche Erlebnis hat zwei Seiten, eine objektive und eine subjektive oder, wie sie sich auch bezeichnen lassen, eine sachliche und eine persönliche. Der sachliche Faktor – der Trunk, die Farbe, der Ton – ist das Ziel, auf das jedes Erlebnis unmittelbar gerichtet ist, der persönliche Faktor dagegen – das Dürsten, Erblicken, Lauschen – wird erst durch Reflexion mittelbar bewußt. Wenn wir stufenweise von den äußeren Wahrnehmungen über die Organ- und Vitalempfindungen zu den Gefühlen hinabsteigen, scheint sich die persönliche Erlebensseite immer weniger zu sachlichen Kernen schon kristallisiert zu haben, aber weder der persönliche noch der sachliche Faktor läßt sich jemals *völlig* isoliert erleben. Alle persönlichen Faktoren sind nun untereinander zu einer Einheit, ja zu dem Urbild jeder Einheit verschmolzen und bilden so den Ichzusammenhang, der als Ichgefühl erlebt wird und als Zentralerlebnis den dunklen Kern unserer eigenen Person ausmacht. Das Icherlebnis, das in seiner Isolation von allen sachlichen Einschlüssen ja nur einen Idealfall darstellt und dem die Vitalgefühle verhältnismäßig noch am nächsten stehen dürften, wird aber von uns auch in unsere Mitmenschen mit wechselnder Intensität hineingefühlt und bildet so in

der Gestalt des Dugefühles die phänomenale Grundlage des Du und der fremden Personalität. Wenn wir nun das Dugefühl mit besonderer Intensität und womöglich stärker als unser eigenes Ich erleben, dann sprechen wir – dies war das Ergebnis der eben abgeschlossenen Untersuchung – von einer Persönlichkeit im eminenten Sinn. Von den sachlichen Einschlüssen aber, ohne die auch das Duerlebnis nicht bestehen kann, abstrahiert der Persönlichkeitsbegriff mehr oder weniger vollkommen und erklärt sie in seiner konsequentesten Gestalt für untereinander beliebig austauschbar. In die Gestalt eines Ideals gekleidet scheint also der Persönlichkeitsbegriff zu lehren, daß derjenige der vollkommenste Mensch ist, der, gleichgültig, welche Sache immer er auch anstrebt, seinen Mitmenschen das stärkste Duerlebnis gewährt.
Es läßt sich indes auch von einem durchaus phänomenalistischen Standpunkt, der jeden Sprung in die Persönlichkeitsmetaphysik ablehnt, keineswegs leugnen, daß von unseren Mitmenschen gewisse Bedingungen erfüllt sein müssen, wenn das von ihnen ausstrahlende Persönlichkeitserlebnis eine besondere Intensität erlangen soll. Als solche phänomenale Vorbedingungen haben wir ja die Lebhaftigkeit der Ausdrucksbewegungen, die Eigenart, die Originalität und Geschlossenheit, die Würde und alle suggestiven Requisiten schon kennengelernt. Da also das Persönlichkeitserlebnis in recht mannigfachen anderen Erlebnissen fundiert sein kann, können die Anforderungen, die der Beurteiler an seine Persönlichkeiten stellt, beträchtlich schwanken und je nach dem Grade, in dem er sein Erleben zu rationalisieren gewohnt ist, sich auch komplizieren. So werden Beurteiler, deren Fühlen einigermaßen verfeinert und durch vernünftige Erwägungen beherrscht ist, für die Suggestion der Künstlerlocken und verwandter Requisiten nicht mehr recht empfänglich sein und deshalb das Hauptgewicht auf die innere Geschlossenheit und Einheitlichkeit ihrer Persönlichkeiten legen. Wie nämlich die eigenen Erlebnisse bald mehr, bald weniger innig in den eigenen Ichzusammenhang oder – was nach unserer Grundüberzeugung dasselbe ist – in das eigene Ichgefühl eingebettet sind, so können auch die Lebensäußerungen des Nebenmenschen in sehr verschiedenem Grad zu einem einheitlichen Kern, dem Duerlebnis, der Persönlichkeit verschmolzen sein. Wer so zu einem wesentlich abgeklärteren Persönlichkeitsbegriff neigt, wird naturgemäß die innere Ehrlichkeit in den Vordergrund seines Persönlichkeitsideals rücken,

denn die Symphonien etwa Beethovens bilden, wie der unmittelbare, noch mehr aber der durch Überlegung geläuterte Eindruck zeigt, mit seinen übrigen Lebensäußerungen eine weit innigere Einheit als die eines musikalischen Geschäftsmannes, der für einen gewissen Geldbetrag Musikstücke verfertigt und deshalb für einen etwas größeren vielleicht im entgegengesetzten Stil oder überhaupt nicht komponieren würde. Da aber auch diese innere Geschlossenheit nur ein anderer Ausdruck für die besonders innige Einschmelzung in ein mehr oder weniger unmittelbares Erlebnis ist und da sich gezeigt hat, daß der allerformalste Persönlichkeitsbegriff auf die innere Ehrlichkeit auch verzichten kann, so liegt dem Persönlichkeitsbegriff, mag er nun ein wenig gröber oder feiner geartet sein, stets das Persönlichkeitserlebnis zugrunde.
Und dies ist selbst dann der Fall, wenn der Beurteiler ein Dugefühl in suggestiver Intensität überhaupt nicht selber erlebt. Es werden nämlich z. B. bedeutende wissenschaftliche Gegner, Führer von starken politischen oder künstlerischen Parteien, die den Beurteiler durchaus gleichgültig lassen und weder seinen eigenen Ichzusammenhang mit einer fremden Färbung durchtränken, noch auch ihn nur zu einer heftigen Abwehr gegen suggestive Einflüsse aufreizen, als Persönlichkeiten bezeichnet. Dieser höchst abgeklärte und verfeinerte Persönlichkeitsbegriff, entwicklungsgeschichtlich wohl der späteste von allen, läßt sich also nicht unmittelbar aus dem Persönlichkeitserlebnis ableiten, sondern bedarf zu seiner Erklärung, wie sich später zeigen wird, noch eines Umweges über die Sympathie und die Reflexion. Der Beurteiler nämlich, der dem abgeklärten Persönlichkeitsbegriff anhängt, verspürt das Persönlichkeitserlebnis zwar nicht selber, aber er versetzt sich in dritte Personen hinein und fühlt, daß jene, seien sie nun wirklich vorhanden oder nur vorgestellt, den Beurteilten als Persönlichkeit mit größter Intensität erleben müßten. Unser nächstes Kapitel wird dieses Persönlichkeitserlebnis aus zweiter Hand, das erst durch Sympathie und Reflexion seine Abschwächung erfahren hat, noch näher zu erörtern haben und wird so die Theorie der Persönlichkeit nicht nur in einem recht wesentlichen Punkt ergänzen, sondern auch den aus der befolgten Methode entspringenden Vorteil deutlich machen. Wenn nämlich die dargelegte Theorie alle Abstufungen vom Ich und Du zur Person, zur Persönlichkeit im eminenten Sinn und zum Genieideal, von der plumpsten Suggestion bis zum abgeklärtesten Per-

sönlichkeitsbegriff aus dem suggestiven Persönlichkeitserlebnis als gemeinsamen Kern und Ursprung abzuleiten versucht, so scheint dies den methodischen Vorteil zu bedeuten, daß sie bloß graduelle Abstufungen, deren Zusammengehörigkeit zum Teil schon aus der Namensverwandtschaft spricht, wirklich aus einem gemeinsamen Prinzip erklärt. Und wenn endlich auch die ideengeschichtliche Untersuchung als die ersten und ältesten Entwicklungsstufen der modernen Idealpersönlichkeit den vollendeten Hofmann in der Literatur der italienischen Spätrenaissance, den heroischen, verschlossenen und suggestiven Staatsmann in der Literatur des spanischen Barock wird nachweisen können, so erbringen diese beiden alten Ideale des vollendeten Benehmens und der Massensuggestion schließlich auch die *historische* Bestätigung dafür, daß der moderne Begriff und das moderne Ideal der Persönlichkeit nicht etwa das Streben nach innerer Vollkommenheit, sondern den *äußeren* Eindruck auf die Mitmenschen, das Persönlichkeitserlebnis, zum Keim und Kern besitzen.[37]

Aus diesem suggestiven Ursprung folgt nun ein merkwürdiger und auffallender Parallelismus zwischen Genie und Charlatan. Da nämlich auch von diesem eine Gefühlswirkung von solcher Intensität ausstrahlt, daß alle darein gebetteten sachlichen Kerne als von geringerem Belang erscheinen müssen, ist es nicht verwunderlich, wenn er in mannigfacher Beziehung an uns schon bekannte Dogmen, Wertungen und Requisiten der Geniebegeisterung erinnert. Auch der Charlatan steht also gleich dem Genie allein einer bewundernden Menge gegenüber, auch er braucht Würde und Mengenverachtung, sonst finden seine Suggestionen keinen Glauben. Seine Rede ist erfüllt von Leidenschaft, denn sein wichtigstes Betriebskapital ist sein Enthusiasmus, seine Helferin die Ehrfurcht, sein gefährlichster Feind der Zweifel und die wertungslose Betrachtung. Wenn er seine Wundermittel auf geheimnisvollen Wegen entdeckt haben will und ihnen Vorzüge zuschreibt, die nur dem Erleuchteten erkennbar sind, so gleicht er dem Autor, der seine Gedanken als tief bezeichnet und seichte Einwände ablehnt. Es hat auch noch keinen Charlatan gegeben, der nicht sein äußeres Auftreten für besonders wichtig gehalten hätte. Er ist entweder von ungewöhnlicher Eleganz und zeigt in seinem Betragen die außerordentliche Harmonie eines Empiregeheimrates, oder aber er schlägt der herkömmlichen Lebensart ins Gesicht und erscheint vernachlässigt und abgerissen, ein Titane,

in Künstlerlocken und Lumpen gehüllt. Kurz, der Marktschreier verzichtet auf keines der Requisiten, die auch der Geniebegeisterung so wichtig sind. Seine Produkte hüllt er gern in Brokat und Seide, denn er schätzt weihevolle Hülsen ebenso hoch wie der Genieenthusiasmus, der manche Opern aus Furcht vor der Entweihung nur in bestimmten Städten aufgeführt wissen will. Er bevorzugt alle suggestiven Zutaten, Reiz, Rührung und Brei, Stimmung, Waldweben und Feuerzauber ganz ähnlich wie die Anhänger des Genieideals. Was er in die Hand nimmt, wird ehrwürdig: wenn ihm seine Pillen ausgegangen sind, verkauft er zu hohen Preisen das Papier, in das sie gewickelt waren, denn er läßt den Wert abfärben, und da er ebendeshalb Assoziationen liebt, läßt er wohl auch hinter dem Vorhang immer das gleiche Signal blasen, wenn der Löffel genannt wird, mit dem er seine Tränke umzurühren pflegt. Infolge des Abfärbens der Suggestionen scheint sich also die Ähnlichkeit bis in solche Einzelheiten wie die Requisitenverehrung und Leitmotivtechnik des modernen Musikdramas ausspinnen zu lassen.
Freilich besteht ein gewichtiger Unterschied zwischen dem Charlatan und dem Genieideal, der sich nicht übersehen läßt, denn alle Anhänger des Persönlichkeitsbegriffes werden einwenden, daß ihre Genies ehrlich, Charlatane dagegen Schwindler seien. Es läßt sich tatsächlich nicht leugnen, daß der Charlatan die Begeisterung nicht wirklich zu verspüren braucht, die er zeigt, daß er mit Enthusiasmus, Würde, Tiefe nur sein Spiel treibt und im Innern ein nüchterner Geschäftsmann sein kann. Den Lebensäußerungen des Marktschreiers kann deshalb auch jene Geschlossenheit fehlen, die ein verfeinerter Persönlichkeitsbegriff der groben Einzelsuggestion vorzieht, denn der Charlatan handelt kaum aus innerster Überzeugung, sondern mehr aus der Berechnung des äußeren Vorteiles. Dieser Unterschied vermag jedoch den so auffallenden Parallelismus zwischen Genieideal und Charlatan wohl nicht zu zerstören. Der Parallelismus läßt sich ferner nur vom Genie*ideal* behaupten, nicht aber von den wirklichen Menschen, die als Genies verehrt werden; darum sollen auch durch unseren Vergleich keineswegs Menschen verhöhnt, sondern lediglich die Tendenzen des modernen Ideals ins rechte Licht gestellt und die Ergebnisse unserer Kritik sinnenfällig veranschaulicht werden. Betrachten wir hingegen die Menschen nicht als das, was sie ihren Verehrern scheinen oder was sie selber sein wollen, sondern wie sie wirklich

sind, so wird man höchstens mannigfach abgestufte Übergänge und Annäherungen an den Charlatanstypus konstatieren können, Annäherungen, die bisweilen freilich, bei manchen Vertretern des modernen Persönlichkeitsideals, recht weit gehen.
Wenn wir also die Lehren unserer Parallele zusammenfassen, zum Genie*ideal* zurückkehren und den ethisch nicht unwichtigen Unterschied zwischen Berechnung und Aufrichtigkeit mit berücksichtigen, dann müssen wir schließlich sagen: der Geniebegriff der Modernen proklamiert als Menschheitsideal den Charlatan aus Überzeugung, den Charlatan, der sich und alle seine Requisiten ernst nimmt. Will man jedoch auch hier den modernen Idealmenschen von der Seite des Publikums betrachten und beschreiben, so wäre der Imperativ zu formulieren: nimm den Charlatan, nicht wie er ist, sondern wie er dem gläubigen Bauer erscheint, und du hast das Genie!

3. Kapitel: Die Heldenverehrung und der parteilose Geniebegriff

Bisher ist nur der Geniebegriff erörtert und gezeigt worden, daß er auf einer Vernachlässigung des sachlichen Elements zugunsten des Persönlichkeitserlebnisses beruht. Da man aber die Geniebegeisterung nicht allzu abgesondert von ihren nächsten Verwandten betrachten darf, verlangt auch ihr Zusammenhang mit den übrigen Arten der Heldenverehrung und Persönlichkeitsbewertung hier nach einer Untersuchung. Es braucht ja Heldenverehrung durchaus nicht gerade als Genieenthusiasmus aufzutreten. Wer irgend einen Menschen als seinen Helden verehrt, der tut dies zunächst als Parteimann: der Held ist der Vorkämpfer, der Verehrer der Gefolgsmann, denn beide streben nach dem gleichen Ziel. Ein solcher Held ist der Feldherr für seine Soldaten, das Schulhaupt für seine Schüler, der Abgeordnete für seine Wähler. Die Kehrseite dieser Art Heldenverehrung ist der Haß und der Hohn gegen den feindlichen Vorkämpfer, der entgegengesetzte Ziele anstrebt. So ist das verehrte Väterchen Attila der Hunnen die gehaßte Gottesgeißel für die Europäer; die Soldaten verehren den Feldherrn des Feindes, die Schüler den Widersacher ihres Meisters, die Wähler den Abgeordneten der Gegenpartei durchaus nicht.

Von dieser parteimäßigen Heldenverehrung bis zur wahllosen Genieschwärmerei gibt es nun alle denkbaren Zwischenstufen. Der Soldat kann seinen eigenen Feldherrn verehren, braucht aber den Feldherrn des Feindes durchaus nicht zu hassen; er kann sogar eine gewisse abgeschwächte und formale Anerkennung für seine Fähigkeiten übrig haben. Der Grieche kann Achill verehren und den Trojaner Hektor schätzen, besonders wenn beide längst verstorben und ihr Kampf längst entschieden ist; aber dieser im nachhinein so gerechte Zuschauer mag den Helden ganz anderer Art, etwa den Philosophen kühl, wenn nicht spöttisch gegenüberstehen. Die kühle Anerkennung des feindlichen Helden kann sich nun in anders gearteten Menschen bis zur Bewunderung steigern und so hat es zur Zeit der Befreiungskriege manche Deutsche gegeben, die Blücher vergöttert und zugleich Napoleon bewun-

dert haben. Und schließlich kann die Heldenverehrung noch formaler, noch unabhängiger von den Zielen des verehrten Helden werden. Es gibt, wie sich gezeigt hat, Menschen, die jeden Vorkämpfer, jeden überragenden Menschen gleicherweise verehren wollen, denen seine Ziele *völlig* gleichgültig erscheinen und die Wert nur auf die größtmögliche Intensität des Dugefühles legen. Diese Enthusiasten machen, wie sie wenigstens behaupten, zwischen Parteien, zwischen Freund und Feind keinen Unterschied und verehren auch ganz gleichmäßig Künstler, Staatsmänner, Feldherrn und Forscher, kurz, alle produktiven oder, wie man zu sagen pflegt, schöpferischen Persönlichkeiten. Dieser ohne Rücksicht auf sein Ziel verehrte Held ist eben das Genie. Ob es nun wirklich jemals einen vollständig parteilosen Genieverehrer gegeben hat, mag bezweifelt werden; es gibt aber sicherlich Menschen, die solche parteilose Genieverehrer werden *wollen* und sich für unvollkommen halten, wenn irgend eines jener Genies ihrer Verehrung entgangen ist.
Bisher haben wir nur diesen Geniebegriff zu prüfen versucht; nun müssen wir die Persönlichkeitsbewertung in allen ihren Gestalten untersuchen, von der Verehrung der Parteihelden angefangen über alle Zwischenstufen der formalen Anerkennung und der Bewunderung bis zur völlig parteilosen und allerformalsten Genieverehrung.
Warum also werden Helden verehrt? Daß einer auf seine eigene Begeisterung achtet, ist keine sehr ursprüngliche Erscheinung, vielmehr ein Ergebnis der Reflexion, wie sich schon gezeigt hat; es ist aber nur natürlich, daß die Begeisterung des anderen die Zuschauer mitreißt, wie es nur natürlich ist, daß wir mit den Lachern lachen und mit dem Trauernden weinen. Die *Sympathie* mit den Gefühlsäußerungen des anderen ist uns Menschen als sozialen Wesen eingepflanzt und es ist wieder nur natürlich, daß der Ausdruck eines starken Strebens uns stärker mitschwingen läßt. Darum heftet sich unsere Sympathie vorzugsweise an überragende und wuchtige Personen, die Neigung, ihnen unser Icherlebnis einzulegen, sie als ein Du zu fühlen, verstärkt sich und so genießen wir in jedem Athleten zugleich unsere eigene Kraft, in jedem König befriedigt sich unser eigenes Machtbedürfnis, in jedem Entdecker und produktiven Menschen zugleich unser eigener Schaffensdrang. Sehen wir nun einen solchen Menschen ganz außerordentliche und unerwartete Leistungen vollbringen, so er-

greift uns *Staunen;* wir fühlen uns mitgerissen, zu einem Grad der Spannung unseres Ich emporgerissen, der höher ist, als der aus eigenem von uns gewöhnlich erreichte. Diese Gefühle des Staunens und der *Lebenssteigerung* erhöhen unsere Sympathie und unser Dugefühl gewaltig und verschmelzen mit ihnen zur *Bewunderung* für den Helden.

Sowohl das Gefühl des Staunens als das der Lebenssteigerung ist nun mit starken Lustgefühlen verknüpft. Darum erfüllt den Bewunderer Befriedigung; wir *suchen* zu bewundern und sind geneigt, das Gefühl der Bewunderung, das uns erfüllt, zu steigern. So hat der bewunderte Held die Tendenz, in den Augen seiner Bewunderer zu wachsen: er wird idealisiert, aller Schwächen, die stören könnten, entkleidet und überhaupt so umgestaltet, daß er unserer Bewunderung immer würdiger erscheint. Diese Idealisierung und Transformierung* des Helden vermag aber einen merkwürdigen Gefühlsumschlag herbeizuführen. Da der Bewunderte über alle Maßen groß und stark gedacht wird, beginnt der Bewunderer sich daneben klein und schwach zu fühlen. Vor der überragenden Wucht seines Heros fühlt er sich wehrlos; wenn er seinem Helden gegenübersteht, ist er verlegen, der Gedanke, diesem gar entgegenzutreten, müßte ihn mit *Furcht* erfüllen. Diese Ahnungen von Furcht sind aber von dem gewöhnlichen Affekt der Furcht beträchtlich verschieden. Wenn wir einen bösartigen Tyrannen fürchten, wenn wir vor dem Anfall eines Raubtieres jeden Widerstand aufgeben und die Flucht ergreifen, so erfüllt uns das Verlangen nach Widerstand, das wir nur deshalb nicht befriedigen, weil uns jeder Versuch der Verteidigung gegen den weit überlegenen Feind als aussichtslos erscheint. Eine solche feindselige Furcht pflegt deshalb den Trieb nach Vergeltung zu hinterlassen, der nur die günstige Gelegenheit abwartet, um sich an dem übermächtigen und fürchterlichen Gegner zu rächen. Der bewunderte Held erscheint uns jedoch nicht als Feind, sondern als liebenswert, da uns das Gefühl der Bewunderung durchaus erfreulich ist: wir blicken zu ihm auf wie zu einer väterlichen Autorität. Deshalb beseelt uns vor dem Helden leise Furcht, die aber frei ist von feindseligen Regungen, vielmehr mit Liebe verknüpft ist und so das Gefühl der *Ehrfurcht* oder der Verehrung darstellt.

* Vgl. oben S. 65.

Es scheint nun einen Widerspruch zu enthalten, daß Bewunderung, die ja auf einem Gefühl der Lebens*steigerung* beruht, in Ehrfurcht übergehen und mit Ehrfurcht sich verbinden soll, die von Furcht und mithin von Lähmung und Schwächegefühl begleitet ist. In der Tat zeigt es sich, daß die Menschen je nach ihrer Konstitution mehr zur sthenischen Bewunderung oder mehr zur asthenischen Ehrfurcht neigen und daß die Heldenverehrung in lebenskräftigen Zeiten einen anderen Gefühlston hat als in lebensschwachen, im Griechenland des 5. vorchristlichen Jahrhunderts anders, heller geartet ist als in der Spätantike. Dennoch sind im Gefühlsleben des Menschen die polaren Gegensätze so innig miteinander vermischt, daß wir nicht nur Liebe und Haß, sondern wohl auch Spannung und Abspannung, Lebenssteigerung und Lähmung zugleich oder in raschem Wechsel zu fühlen vermögen. Die Bewunderung des Helden steigert wohl das Miterleben und das Dugefühl, die Verehrung lähmt aber zugleich alle Bestrebungen, die denen des Helden entgegengerichtet sind oder mit ihnen nur nicht zusammenfallen. Wenn vollends die Verehrung aus einem momentanen Affekt zu einem Dauerzustand wird, so hat sich der Verehrer ganz auf die Ziele seines Helden eingestellt; der Alltag erscheint ihm grau und nüchtern und nur mehr durch die Bewunderung seines Helden kann er aus Ermattung zu neuem Leben erweckt werden: das Duerlebnis hat das Gefühl des eigenen Lebens, den Ichzusammenhang überwachsen, zum Teil aufgezehrt und geschwächt, die Verehrung ist in dauernde Suggestion übergegangen, die die Lebenskraft zwar nach einer Richtung steigert, nach allen anderen aber lähmt. Es ist nicht verwunderlich, daß in so extremen Fällen Ehrfurcht als letztes Stimulans begierig gesucht und höchst lustvoll empfunden wird. Aber auch in den minder ausgeprägten Fällen wird die leise Lähmung, von der jede Ehrfurcht getönt ist, nicht als peinlich, sondern als süße Schwäche gefühlt; so besteht bei den Menschen ein lebhaftes Verehrungsbedürfnis, ja Verehrung hat noch mehr als Bewunderung die Neigung zu wachsen, den Helden zu idealisieren und zu transformieren. Hiezu kommt noch, daß Verehrung die Selbsteinschätzung des Verehrers im nachhinein beträchtlich erhöht, denn dieser glaubt sich durch Bande des Gefühles mit seinem Heiligsten verknüpft. Die Ehrfurcht färbt von dem Helden auf seine Verehrer ab und die Schar der Verehrer kann sich nun jedem Profanen überlegen fühlen: »denn er war unser«

wird zu ihrem Losungswort. Es werden also die Verehrer zu Priestern und Mittlern, auf denen ein Abglanz von Ehrfurcht ruht, die sich deshalb auch gedrängt fühlen, ihr Heiligstes zu erhöhen und mit ihm selbst zu wachsen. So wird der Held schließlich bis ins Übermenschliche und Göttliche gesteigert, bis die Verehrung einen religionsähnlichen Gefühlston annimmt, der auch sprachlich zum Ausdruck kommt: aus dem erstaunlichen und bewundernswerten wird der göttliche Mann, aus dem ϑαυμάσιος der ϑεῖος ἀνήϱ. Auch der geniale Mensch ist ja im Reich der Genien zu Hause. Damit ist der Prozeß der Heroisierung eines bewunderten Menschen abgeschlossen.

Diese Entwicklung, die von der staunenden Bewunderung ausgeht, hat zugleich gezeigt, wie das Dugefühl sich durch Staunen und Bewunderung bis zum suggestiven Persönlichkeitserlebnis steigert. Es gibt jedoch noch eine andere und sehr natürliche Art der Ehrfurcht, die nicht die staunende Bewunderung zur Quelle hat und auch von Priestergefühlen zunächst frei ist: dies ist die Verehrung, die Kinder ihren Eltern, Pflegern und Schützern entgegenbringen. Sie geht aus von Liebe und Dankbarkeit, ist aber gleichfalls von einem Gefühl der Schwäche und Hilflosigkeit sowie von leiser Furcht getönt; da diese liebende Ehrfurcht zudem bald auf Erzieher, Lehrer und sonstige Autoritäten des Kindes übertragen wird, scheint insbesondere die Schule von hier aus eine Brücke zur Helden- und weiterhin zur Genieverehrung zu schlagen. Dennoch stellt im Naturzustand die sehr ursprüngliche kindliche Ehrfurcht kaum den eigentlichen Keim der Heldenverehrung dar: denn daß wir gerade zum Vater dankbar und liebend aufblicken, das hat uns die Natur ins Herz gepflanzt, indem sie uns Schützer und Pfleger schon beim Eintritt ins Leben mitgibt; der Heldenverehrer dagegen steht einer Unzahl von mehr oder minder ehrfurchtgebietenden Mitmenschen gegenüber, er muß sich seinen Helden gleichsam erst auswählen und kann ihn wohl nur durch das Persönlichkeitsgefühl und durch staunende Bewunderung finden. Immerhin sind die dankbare und die bewundernde Ehrfurcht so nahe miteinander verwandt, daß sie miteinander verschmelzen und in ihrer Verbindung bald die eine, bald die andere Seite deutlicher ausprägen. Auch zum Helden blicken also seine Verehrer bisweilen wie zum Vater auf, insbesondere wenn er etwa als Feldherr für seine Soldaten väterlich sorgt oder als Schulhaupt seinen Jüngern in täglichem, vertrautem Umgang mit Rat und Beispiel hilfreich beisteht. Da überhaupt das Persönlichkeitserlebnis den Menschen höchst erfreulich ist und ihnen eine sichere Stütze gewährt, kann es auch bei Verehrern mehr oder minder mit dankbarer Liebe verschmelzen, die von ihrem Helden weit entfernt leben. Umgekehrt vermag sich auch die dankbare Ehrfurcht vor den Eltern mit Bewunderung zu verbinden, ja bei den Söhnen angesehener und gar berühmter Väter mag sich auch ein gewisses Priestergefühl einstellen in Gestalt etwa des Stolzes, einem so trefflichen Vater, einer so angesehenen Familie anzugehören.

Noch ein weiteres Element, nämlich ein *religiöses,* kann mit der Heldenverehrung verschmelzen. Daß die Heldenverehrung einen religiösen Gefühlston annehmen kann, ist uns schon bekannt, ja gewisse Religionsphilosophen haben sogar versucht, die Religion überhaupt aus der Heldenverehrung abzuleiten, indem sie die Götter etwa der antiken Mythologie für historische Persönlichkeiten von gewaltiger Bedeutung erklärten, die die Verehrung später bis ins Außermenschliche und Übernatürliche erhöht habe. Diese durch eindringlichere Forschungen durchaus widerlegte Theorie des Götterkultes und der Religion ist schon im Altertum von dem Griechen Euhemeros aufgestellt worden, wohl mit der aufklärerischen Tendenz, das Ansehen der Götter herabzumindern. Es ist nun recht bezeichnend für die moderne Geniebegeisterung, daß sie in der wohl entgegengesetzten Absicht, das Ansehen der Helden und Genies zu erhöhen, bisweilen ähnlich euhemeristische Gedanken äußert: von Carlyle, der Odhin für einen »großen Mann« hält, haben wir ja schon gehört.[38] In Wirklichkeit verhält es sich wohl umgekehrt, als Euhemeros und seine zugleich aufklärerischen und geniebegeisterten Anhänger meinen, denn die Heldenverehrung wird erst nachträglich von religiösen Zuflüssen gespeist, die freilich zum Teil den gleichen psychischen Quellen entstammen wie sie selbst und deshalb hier gleichfalls nach Erörterung verlangen. So kurz diese Erörterung auch sein mag, wird sie doch die Rolle, die Furcht, dankbare Liebe und staunende Bewunderung in der Heldenverehrung spielen, in der Entwicklung der Religion wie in einer Vergrößerung noch deutlicher hervortreten lassen.

Zu den primitivsten Vorstufen der Religion gehört jedenfalls der Glaube der Naturvölker an Seelen und Geister, der sich weiters zu einem Kult der Toten entwickeln kann. Gerade der Totenkult

primitiver Menschen zeigt nun die *Furcht* besonders deutlich, von der jede Ehrfurcht getönt ist, denn Begräbnissitten, wie das Einschnüren, Festbinden und Verbrennen der Leichen, das Vermauern der Gräber und ähnliche werden am ehesten verständlich, wenn man annimmt, daß hiedurch den gefürchteten Geistern der Verstorbenen die Wiederkehr unmöglich gemacht werden soll. Ebenso sollen wohl die lobpreisenden und ehrfurchtsvollen Leichenreden und Totenklagen den Geist des Abgeschiedenen günstig stimmen, während die Trauerkleidung wahrscheinlich den Sinn hat, die Hinterbliebenen unkenntlich zu machen und zu schützen. Der Kult der jüngstverstorbenen Toten kann nun in einen dauernden Kult der Ahnen übergehen, eine Kultform, von der man glauben könnte, es habe sich in ihr die dankbare Liebe bis ins Religiöse gesteigert. Jedoch ist dies wohl ein trügerischer Schein, denn in der Urform des Ahnenkults treten stets Tiere, nie Menschen als Ahnen auf, wahrscheinlich deshalb, weil nach der primitiven Vorstellung die Seele den Leichnam des Verstorbenen als Tier, als Vogel, Schlange, Fisch, Kröte u. dgl. verläßt. So entsteht der Totemismus, ein Kult von Tierahnen, der sich ebenso bei Stämmen Australiens, wie Nordamerikas und Afrikas findet und also offenbar eine dem Menschen auf einer gewissen Entwicklungsstufe besonders natürliche Form des religiösen Fühlens darstellt. Während aber die Geister der Verstorbenen wohl nur Furcht erregen, wird das Totemtier nicht nur gefürchtet, sondern als Schützer des Stammes, als dessen Ahne es gilt, auch einigermaßen *dankbar* verehrt. Erst auf einer späteren Stufe verwandelt sich nun der Totemismus in einen Kult menschlicher Ahnen, wie sich ein solcher in Spuren bei den Alten, völlig rein aber bis auf den heutigen Tag in China und Japan erhalten hat. Zu dieser Vermenschlichung der Ahnen mag wohl die Entwicklung der Familie beigetragen haben, denn erst im menschlichen Ahnenkult dürfte wirklich die *dankbare Liebe* die Hauptrolle spielen, wie ja daraus hervorgeht, daß bei den genannten ostasiatischen Völkern zugleich auch die Familienpietät überaus stark ausgebildet ist.[39]
Nun verbindet sich mit dem menschlichen Ahnenkult überall, nicht nur in der Antike und in Ostasien, ein Kult der Heroen und der Begründer und Stifter kultureller Errungenschaften und Einrichtungen, so daß auf dieser Kulturstufe, auf der die Familien- und Ahnenpietät vorherrscht, die staunende Bewunderung als Motiv der Heroenverehrung zunächst ausgeschlossen erscheint.

Wenn aber in China beispielsweise der Erfinder der Seidenzucht zugleich mit den Ahnen und wohl auch mit den gleichen Gefühlen wie diese dankbar verehrt wird, so ist dieser Kulturheros selbstverständlich keine historische Gestalt, sondern eine rein mythische Persönlichkeit. Über die Motive der Helden- und Genieverehrung dürfen wir also hier keinen Aufschluß erwarten. Und ebenso steht es auch in der griechischen Mythologie mit der Person eines Herakles und Theseus, die zugleich als Heroen und Kulturbringer auftreten, indem ihnen nicht nur heroische Taten, sondern zugleich auch die Befreiung der hellenischen Lande von kulturfeindlichen Ungeheuern zugeschrieben werden.[40]
Gerade bei diesen hellenischen Heroen tritt jedoch die *staunende Bewunderung* ihrer ungewöhnlichen Kraft und Tapferkeit schon stark hervor. Überhaupt sind im griechischen Heroenkult so ziemlich alle Motive der Heldenverehrung vereinigt und vertreten. In ihrer ursprünglichsten Gestalt wurden die hellenischen Heroen als ahnenartige Schutzpatrone an ihren vermeintlichen Gräbern verehrt. Neben diesem Heroenkult, der im Rituale und wohl auch im Gefühlston dem der Ahnen nahesteht, finden wir jedoch bei den Griechen auch ausgesprochen unheilvolle und fürchterliche Wesen als Heroen verehrt, die wohl dem Kreis der bösen und gefürchteten Naturdämonen entstammen. Später werden auch historische Persönlichkeiten heroisiert. Wenn etwa die gefallenen Perserkämpfer einen religiösen Kult genießen, so mag neben der liebevollen Dankbarkeit für die Retter des Vaterlandes schon sehr stark die Bewunderung für ihre Tapferkeit mitgespielt haben, aber auch Priestergefühle in der Gestalt des Stolzes auf die Vorkämpfer der Nation.[41]
Es leuchtet nun ein, daß der so höchst mannigfaltige Heroenkult der eigentlichen Helden- und Genieverehrung um so näherkommt, je mehr die dankbare Liebe zu den ahnenartigen Schutzpatronen hinter der staunenden Bewunderung und dem Persönlichkeitserlebnis zurücktritt. Anderseits kann der weltliche Held, der ja den eigentlichen Gegenstand unserer Untersuchung abgibt, von dem mythologischen Heros Züge nur aufnehmen, wenn ihn die Bewunderung schon beinahe bis ins Übermenschliche gesteigert hat; erst dann kann die Heldenverehrung Ströme in sich aufnehmen, die gespeist werden aus den uralten und dunklen Fluten des religiösen Toten- und Ahnenkults. Solche unterirdische Zuflüsse aus dem Totenkult machen sich geltend, wenn die

Verehrung eines Helden erst nach seinem Tode sich bis zur religiösen Inbrunst steigert, eine recht häufige Erscheinung, die die Anhänger des Begriffes vom verkannten Genie aufs gröblichste mißdeuten, wenn sie sie zur Stütze ihres Dogmas von der Verkennung der lebendigen Größen heranziehen. In Wahrheit zeigt sich hier nur, daß die Heldenverehrung den Gefühlston einer religiösen Pietät viel leichter annehmen kann, wenn der verehrte Held auch von den Schauern des Todes umwittert ist. Diese Schauer aber stammen ab von dem im menschlichen Gefühlsleben tief verwurzelten und deshalb nie ganz vergessenen Totenkult. Auch jene religiösen Dulder- und Erlöserkulte, die sich etwa in dem Mythos von dem feuerbringenden und gemarterten Kulturheros Prometheus äußern, können in die weltliche Heldenverehrung einfließen und so zum Begriffe des verkannten Genies führen, wie wir früher gezeigt und zu erklären versucht haben. Alle diese religiösen Zuflüsse sind es, die zur Entwicklung einer Geniedogmatik oder, wie wir jetzt auch sagen dürfen, einer Geniemythologie geführt haben. Genau so nämlich wie religiöse und religionsähnliche Antriebe sich in den *einzelnen* Heroen- und Göttermythen und den mit ihnen verwandten Heldensagen entladen haben, genau so können auch Gesamtmythen entstehen, die in das Erdenwallen aller Helden und Genies gemeinsame Züge hineinlegen wollen. Ja in Zeiten, denen historische Genauigkeit schon geläufig geworden ist, kann sich viel leichter der halbreligiöse Glaube entwickeln, alle Genies seien durch übersinnliche Bande geeinigt und müßten sich durch irdische Qualen eine posthume Unsterblichkeit erarbeiten, als daß etwa einzelne Goethe-, Beethoven- und Schopenhauermythen entstünden. Denn je allgemeiner gehalten der Mythus ist, desto weniger ist die mythenbildende Phantasie, die ja in keinem Zeitalter völlig untätig bleibt, durch konkrete historische Tatsachen eingeengt.
Auch in der Entwicklung der religiösen Ehrfurcht läßt sich also die treibende Gewalt der Furcht, der dankbaren Liebe und der staunenden Bewunderung nicht verkennen. Die Rolle aber, die das Priestergefühl in der religiösen Ehrfurcht spielt, ließe sich erst dann untersuchen, wenn es möglich wäre, hier auch das weite Feld der Götterkulte einer Erörterung zu unterziehen. Es scheint nämlich, daß gerade die höchste Steigerung der Verehrung, die erst im Götterkult vorliegt, an das Vorhandensein eines Priesterstandes gebunden ist, da überall, wo Götter verehrt werden, auch

Sondergruppen von bevorzugten Verehrern sich finden, die in so inniger Beziehung zu ihrer Gottheit stehen, daß zugleich mit ihrer eigenen Ehrfurcht auch ihre Selbstachtung und ihr Ansehen eine Steigerung erfährt. Als den eigentlichen Kern der *weltlichen* Heldenverehrung, an den sich erst später andere Gefühle anheften, wollen wir aber nur die staunende Bewunderung und das Persönlichkeitserlebnis ansehen, denn nur sie sind Gefühle, die geeignet scheinen, auf Massen ansteckend zu wirken. Die Dankbarkeit für irgend welche sachliche Leistungen – mit Ausnahme der politischen – dagegen müßte von vornherein auf den engen Kreis der Menschen beschränkt bleiben, die geistigen Werken wirklich etwas zu verdanken haben. Wenn also die moderne Genieverehrung versuchen wird, sich auf Liebe und Dankbarkeit zu berufen, so wird man sagen müssen, daß Menschen wohl sehr selten sind, die etwa Beethoven zuerst aus Dankbarkeit für seine sachliche Leistung lieben und erst weiterhin verehren. Gegen dankbare Liebe zu jenen Genies wird niemand etwas einwenden können, aber gerade die parteilose Genieverehrung, die heute üblich ist, scheint viel eher aus dem Persönlichkeitserlebnis hervorzuwachsen, mag dieses auch als Ahnherr in geringerem Ansehen stehen. Sie selbst betont ja alle suggestiven Züge ihrer Genies weit mehr als die liebenswürdigen. Jene Genies werden also immer zuerst bewundert und als wuchtige Persönlichkeiten erlebt und erst später mag dankbare Liebe sich dazu einfinden – oder oft auch ausbleiben, denn schließlich haben Deutsche auch Napoleon verehrt. Verehrer und auch Priester *unheilvoller* Gottheiten gibt es eben in den allermeisten Religionen.

Daß aber wirklich der Trieb nach Erhöhung der *eigenen* Geltung, das Priestergefühl, den wichtigsten Antrieb zur immer weiteren Steigerung des Helden abgibt, ließe sich aus zahlreichen Beispielen nachweisen. Am naivsten kommt dieser Antrieb vielleicht in der Goetheverehrung der Bettina von *Arnim* zum Ausdruck, die als wohl leidenschaftlichste Goethepriesterin unter den Zeitgenossen des Dichters durch ihre von Verehrung überquellende Schrift »Goethes Briefwechsel mit einem Kinde« zur Entstehung und Ausbreitung des Goethekultus viel beigetragen haben dürfte. Bettina hat nun zeitlebens sich mit dem Gedanken getragen, dem Dichter ein Denkmal zu setzen, hat selbst den Entwurf eines Goethedenkmales ausgearbeitet und die Ausführung dieses Entwurfes eifrigst betrieben. Indem sie das Andenken ihres vergötterten und auch geliebten Dichters dankbar in Stein verewigen wollte und ihren Denkmalsträumen nachhing, sah sie sich selbst im Geist als ein »Hündchen, das gewöhnlich zu Füßen hoher Männer und Helden in Stein ausgehauen liegt«; »darein möchte ich mich verwandeln«, schreibt sie in liebenswürdiger Naivetät. In der Tat zeigt ihr Denkmalsentwurf den Dichter, in erhabener Majestät thronend, zu seinen Füßen drei Frauengestalten: eine Psyche, eine Mignon und eine dritte – die sich zu dem Namen Bettinens auch offen bekennt. Der Wunsch des Verehrers, vor dem Helden sich zu erniedrigen, vor den Profanen aber sich zu erhöhen, ist selten naiver und deutlicher zum Ausdruck gekommen.[42]

Da nun dieser Wunsch, der sich von dem Persönlichkeitserlebnis kaum abtrennen läßt, eine sehr natürliche Triebfeder des Menschen darstellt, ist Heldenverehrung nur natürlich und zu allen Zeiten geübt worden. Der Held ist eben der wuchtige, ungewöhnliche und starke Mensch, der uns zugleich emporreißt und lähmt, der Hypnotiseur, nach dessen Zielen wir alle mitstreben. Ein solcher Hypnotiseur ist auch der Charlatan, der seine Wundermittel anpreist und dessen zielbewußte Energie keinen Zweifel, keinen Widerspruch aufkommen läßt, jedoch Liebe und Dankbarkeit sich kaum erringt. Auch der politische Parteiführer ist für seine Partei ein solcher Hypnotiseur und Held, der es freilich etwas leichter hat, denn er braucht ihr nicht erst völlig neue Ziele zu suggerieren, da die natürlichen Interessen einer Menschengruppe schon vorhanden sind; diese Gruppe strebt von vornherein in eine vorgezeichnete Richtung, der Parteiführer hat durch seine Suggestion dieses Streben nur zu vereinigen, anzutreiben und auszuführen. Ein solcher Parteihypnotiseur ist auch der Feldherr für seine Soldaten: ihr Siegeswille zeichnet seinen Suggestionen die Richtung vor, die militärische Disziplin erleichtert sie ihm auch äußerlich. Auch die Parteihypnotiseure werden also bewundert, verehrt und, wenn sie sich um ihre Anhänger verdient gemacht haben, auch dankbar geliebt; kurz, es ist überhaupt die Helden-, Hypnotiseur- und Charlatansverehrung natürlich und ursprünglich: wir Menschen sind Heldenverehrer. Die Frage ist nur, ob wir Heldenverehrer auch bleiben können.

Die zuletzt genannten Parteihelden können mit aller Glut der Begeisterung im allgemeinen nur von beschränkten Menschengruppen bewundert und verehrt werden, nämlich von ihrem Heer, ihrem Volk oder ihrer politischen Partei; Fremde, die von vornherein entgegengesetzte Ziele anstreben, werden sich gegen ihre Suggestionen wehren. Noch mehr auf eine Partei beschränkt bleibt die Dankbarkeit, denn Fremde haben nichts zu danken. Wenn aber dieser parteimäßigen Art der Heldenverehrung auch gewisse natürliche Schranken gesetzt sind, so kann sie anderseits nie aussterben, denn es ist selbstverständlich, daß wuchtige Führer, wann sie auftreten, bei ihren Parteien immer Bewunderung, Verehrung und dankbare Liebe finden werden. Anders steht es mit den Helden, die nicht nur als Parteiführer verehrt und geliebt, sondern von anscheinend uninteressierten Zuschauern als wuchtige Persönlichkeiten bewundert werden.

Jede Energieentfaltung, jede produktive Tätigkeit ist auf ein Ziel gerichtet. Wer also mit einem zielbewußten Streben sympathisiert und eine Persönlichkeit verehrt, der läßt sich zunächst ihre Ziele suggerieren. Das Persönlichkeitserlebnis, das Dugefühl kann ja nie allein auftreten, sondern muß in sich eingebettet als Kern irgend welche sachliche Vorstellungen und Ziele enthalten. Jegliche Persönlichkeitsverehrung will deshalb von selbst auch in Verehrung einer Sache übergehen. Auch wenn ein Krieg längst vergangen ist, auch wenn ich an seinem Ausgang gar nicht interessiert bin, kann ich kaum den hervorragenden Feldherrn bewundern, ohne ihm Sieg zu wünschen, ohne zumindest den Krieg zu schätzen. Überhaupt muß auch der mehr formalen Heldenverehrung eine gewisse Parteilichkeit anhaften.

Auch diese formalere Heldenverehrung ist ziemlich ursprünglich und schon in verhältnismäßig primitiven Verhältnissen, etwa im ältesten Griechenland, werden hervorragende Führer nicht mehr ausschließlich von ihrer Partei verehrt, sondern auch damals gab es schon eine scheinbar parteilose Heldenverehrung. Sie erstreckte sich aber beinahe ausschließlich auf Athleten, Feldherrn und Staatslenker, denn primitivere Menschen können nur mit Streben nach äußerer Macht sympathisieren; auf sie kann nur Machtstreben suggestiv wirken. Es treten aber bald neben den Athleten, Königen und großen Politikern andere zielbewußte Persönlichkeiten auf, die mitreißen, bewundert werden und den Zuschauern ihre neuen Ziele suggerieren: Propheten, Dichter und Philosophen. Doch die neuen Helden erzeugen Konflikte, denn da die neue Suggestion die alte zerstört, kommt die Parteilichkeit, die in jeder Heldenverehrung steckt, zum Vorschein und so sehen wir etwa das Aufkeimen der griechischen Philosophie begleitet

von heftigen Kämpfen gegen die Bewunderung und Verehrung der Athleten und Dichter.[43]
Diese Konflikte sind leicht erklärlich; denn jede Bewunderung ist blind und da der Heldenverehrer nur für die Ziele seines Helden fühlt, wird er sofort ernüchtert, wenn er in den Bannkreis eines neuen Hypnotiseurs gerät, der ihm seine neuen Ziele suggeriert. So muß dem Achilles nüchtern gegenüberstehen, wer den Sokrates zu verehren gelernt hat. Freilich gibt es Menschen, denen das Streben nach künstlerischen und theoretischen Zielen ziemlich abgeht. Solche Menschen sind nicht gewillt und nicht imstande, sich in Dichter und Philosophen einzufühlen, sie können nur mit Machtstreben sympathisieren und sind für die neuen Suggestionen unempfänglich. Primitive Menschen dürften also bei der Verehrung primitiver Helden und primitiver Ziele stehenbleiben.
Es zeigt sich auch, daß der Unterschied zwischen den Parteihelden und den formaleren Heroen kein allzu wesentlicher, sondern nur ein gradueller ist. Es ist richtig, daß der Bauer seine natürlichen Bauerninteressen hat und deshalb von vornherein nach Machterhöhung für den Bauernstand strebt; sein Ziel braucht er sich also vom Bauernführer nicht erst suggerieren lassen, aber den Weg zu diesem Ziel hat ihm doch erst sein Parteiheld gewiesen. Eben dadurch erwirbt sich ja dieser auch die Liebe und Dankbarkeit seiner Anhänger. Der Verehrer eines überragenden Philosophen verdankt zwar den Suggestionen seines Helden viel mehr als einen bloßen Weg, aber auch ihm kann von vornherein ein Streben nach philosophischen Zielen nicht *völlig* fremd gewesen sein, sonst wäre er für diese Suggestionen unempfänglich gewesen. Der Parteiheld findet also ein ziemlich ausgesprochenes Streben bei seinem Verehrer schon vor und suggeriert nur die Mittel; je unparteiischer der Heldenverehrer ist, desto mehr verdankt er den Suggestionen seines bewunderten Helden und desto weniger Gewicht braucht er auf dessen Liebenswürdigkeit zu legen.
Es hat sich früher ergeben, daß Bewunderung auf der Sympathie mit wuchtigen, zielbewußten und *ungewöhnlichen* Persönlichkeiten beruht. Wer also eine Persönlichkeit bewundert und weiterhin verehrt, der muß die Einzigartigkeit seines Helden betonen, ja übertreiben, der muß immer wieder darauf verweisen, wie sehr der Bewunderte von seiner Umgebung sich abhebt. Die große Bedeutung, die dieses Abheben für das Persönlichkeitserlebnis hat, die Wertung der Verschiedenheit und ihr Zusammenhang mit

der Langeweile und dem Seltenheitswert ist ja schon früher erörtert worden. Da also der Bewunderer und Verehrer alle Merkmale, durch die sich sein Held von allen anderen Menschen unterscheidet, geflissentlich hervorkehren muß, drängt die Persönlichkeitsverehrung von selbst zu einer immer weiter gehenden *Differenzierung* der bewunderten Helden, zu einer Differenzierung der Suggestionen. Wenn etwa das athenische Volk alle Philosophen, Anaxagoras, Sokrates und die Sophisten in *einen* Topf wirft, wenn ihm die ganze Richtung nicht paßt, so sieht dagegen der Philosophen*verehrer* eine Fülle von originellen und mannigfaltigen Persönlichkeiten vor sich, zwischen denen er zu wählen hat.

Diese notwendig fortschreitende Differenzierung muß nun, ähnlich wie das erste Auftauchen der Dichter- und Philosophenverehrung, abermals zu Suggestionskonflikten führen, die noch bedeutsamer erscheinen. Je größer nämlich die Zahl der Helden ist, je zahlreicher und mannigfaltiger die Suggestionen sind, desto schneller müssen sie einander zerstören und aufheben. Wird mir ein einziges Ziel suggeriert, so bin ich blind; wenn aber in mir zwei Suggestionen einander stören, dann beginne ich zu sehen: ich wähle zwischen den Zielen und verzichte auf die Hypnotiseure. Wenn also die Persönlichkeiten einander umbringen, dann haben es die Sachen gut. So sehen wir, daß die Religion selten so hoch im Ansehen stand, wie zur Zeit der Reformation, da die Suggestionen gegeneinander stritten und ein jeder sich gedrängt fühlte, Partei zu ergreifen. Es scheint also fast, als hielte sich die Sache gegen die Persönlichkeiten an den Spruch: Divide et impera! Entzwei und herrsche!

Ein früherer Abschnitt hat darzulegen versucht, wie sich durch Reflexion und Abfärben Persönlichkeitsverehrung aus Sachverehrung entwickeln kann. Jetzt dagegen haben die Suggestionskonflikte gezeigt, daß dieser Weg auch in umgekehrter Richtung zurückgelegt wird; ja wir müssen uns sogar sagen, daß junge Leute, mit ihrem Überschuß an blinden Kräften und ihrem Mangel an eigener Erfahrung, Helden wahrscheinlich *früher* kennen werden als sachliche Ziele von größerer Komplikation, also etwa theoretischer oder künstlerischer Art. Freilich ist diese jugendliche Heldenverehrung überaus parteiisch und von dem parteilosen Geniebegriff höchst verschieden. Man wird also weder der Persönlichkeits- noch der Sachverehrung einen zeitlichen Vorrang

einräumen dürfen und wird mit einiger Sicherheit nur die völlig *parteilose* Heldenverehrung und den Geniebegriff in eine späte, »epigonenhafte« Zeit ansetzen können. Sowohl im Leben des Einzelmenschen als im Leben der Kultur dürften Persönlichkeits- und Sachwerte ziemlich gleichzeitig und gleich ursprünglich auftauchen. Dennoch dürfte die Persönlichkeitsverehrung immer auch einen Boden abgeben, aus dem neue Sachwerte emporwachsen müssen, ja diese Sachwerte dürften sogar die Tendenz haben, die Persönlichkeitsverehrung, die ja zu Suggestionskonflikten führen *muß,* allmählich aufzuzehren – soweit eben nicht außervernünftige Motive diese Selbstzersetzung aufhalten.
Was könnte von der Persönlichkeitsverehrung übrig bleiben? Wir haben vorhin gesagt, daß man auf die Hypnotiseure verzichtet, wenn ihre Suggestionen einander zerstören und aufheben, und haben damit vielleicht ein wenig übertrieben, denn man braucht die Persönlichkeiten nicht gerade unhöflich zu verabschieden, wenn man selbst seine gute Sache wählt. Wir können sehr wohl auch anders vorgehen, wenn zwei zielbewußte Persönlichkeiten mit zwei verschiedenen Zielen vor uns stehen. In das Streben beider können wir uns zwar nicht mehr hineinleben, beide können uns nicht mehr mit- und emporreißen und so fehlt der Hauptbestandteil der Bewunderung, um von Verehrung ganz zu schweigen; trotzdem könnte sich der Betrachter aber sagen, daß jede dieser Persönlichkeiten für sich allein unstreitig die Fähigkeit besäße, für *andere* Leute einen Heros abzugeben; ja es ist ihm sogar möglich, sich ein wenig in Bewunderer dieser Helden hineinzufühlen, und so ist uns sozusagen eine Bewunderung aus zweiter Hand zugänglich. Und nicht nur bei Suggestionskonflikten verhält es sich derart, sondern man kann überhaupt eine gewisse abgeschwächte und tolerante Schätzung für Persönlichkeiten übrig haben, deren Ziele man nicht teilt oder gar ablehnt. Man kann sich etwa sagen: was diese Persönlichkeit anstrebt, ist mir zwar gleichgültig, ja zuwider; ich selber könnte ihre Leistungen aber nie vollbringen.
Diese Art der Persönlichkeitsbewertung gibt es also zweifellos; sie entspringt nicht dem eigenen Persönlichkeitserlebnis, sondern der Reflexion und der Sympathie mit dem Persönlichkeitserlebnis der Mitmenschen. Wer einen Helden persönlich hochschätzt, ohne seine Ziele zu teilen, sieht ihn vor sich, wie er eine Volksmenge überragt, die durchaus im Banne ihres Helden steht, fühlt

sich jedoch selber nicht als Glied dieser Menge, sondern als Zuschauer: er bewundert nicht selbst, kann sich aber in die Menge hineinversetzen und fühlt, daß auch er bewundern müßte, wenn er mitten drinnen und nicht abseits stünde. Zugleich erfüllt ihn seine tolerante Persönlichkeitsbewertung mit einer gewissen Befriedigung, denn er fühlt sich mit dem Helden auf einer Stufe, da sie beide als zwei Einzelne der Menge gegenüberstehen. Daß diese rein persönliche und unparteiische Schätzung wirklich auf der Sympathie mit fremden Bewunderern beruht, erhellt daraus, daß insbesondere die Führer von starken Gegenparteien formal geschätzt werden. Wenn aber diese Anhängerschaft und Bewundererschar des formalen Helden nicht wirklich vorhanden ist, so ist man leicht bereit, sie hinzuzudenken; wir Menschen sind nämlich auch sonst als soziale Wesen immer geneigt, uns mit unseren Gefühlen auf vorhandene oder nur vorgestellte Gemeinschaften zu beziehen, wenn wir einen Mitmenschen zu beurteilen haben.[44] Jedenfalls aber setzt diese tolerante und parteilose Schätzung Reflexion voraus, denn wir müssen uns willkürlich und auch mit einiger Anstrengung das Innenleben des fremden Helden, seiner Bewunderer oder unser eigenes zum Bewußtsein bringen. Hier, in der Sympathie mit dem Persönlichkeitserlebnis des Mitmenschen wurzelt wohl auch jene rein formale Abart des modernen Persönlichkeitsbegriffes, die zu abgeklärt und tolerant ist, als daß sie sich aus dem eigenen suggestiven Persönlichkeitserlebnis erklären ließe. Dem völligen Zerfall der Persönlichkeits- in Sachwerte stellt sich also zunächst die Reflexion hindernd in den Weg. Wegen dieser Herkunft aus der Reflexion ist auch die formale Schätzung kein sehr ursprüngliches und im allgemeinen auch kein sehr lebhaftes Gefühl.

Es läßt sich dennoch nicht leugnen, daß diese farblose und formale Persönlichkeitsbewertung in unsachlichen und ästhetischen Menschen eine beträchtliche Stärke erreichen kann. So wie wir zwei Ringkämpfern mit hohem ästhetischen Vergnügen zusehen und uns an ihrer Kraftentfaltung mitfreuen können, solange uns an dem Ausgang des Kampfes nichts gelegen ist, ebenso gibt es auch Menschen, die machtvollen Persönlichkeiten mit sehr großem Genuß zusehen und sich ihre Sache, ihre Ziele nicht nahegehen lassen. Für solche teilnahmslose Ästheten ist zweifellos jede produktive Kraftentfaltung gleich reizvoll und bewundernswert.

Diese starke ästhetische und parteilose Bewunderung der Menschenkraft ist vor allem dem Kunstliebhaber eigen; da in der Kunst eine Vielzahl von Idealen und Stilen herrscht, braucht er nicht einmal die Kunstwerke neben den Künstlern zu vergessen. Zwischen der Sache und den Persönlichkeiten braucht er keine Konflikte zu befürchten, solange er bloßer Kunst*liebhaber* ist, denn erst dann, bis er selber beginnt, sich künstlerisch zu betätigen, muß er sich für *einen* Stil entscheiden. In der Philosophie und in der Wissenschaft dagegen müssen sich notwendigerweise solche Konflikte selbst auch für den bloßen Liebhaber einstellen, da das Ideal der Wahrheit ein einziges ist und die Bewunderung wohl leidet, wenn der Bewunderer sich das Unrecht eines seiner Helden völlig deutlich zu Bewußtsein bringt. Auf das praktische Leben übertragen, ergibt diese formale, bewundernde Freude an der Menschenkraft ungefähr die Gefühlseinstellung *Nietzsches.* Diese helle Bewunderung ist frei von Ehrfurcht und Inbrunst, die sich ja erst einstellen, wenn der Bewunderer Parteimann ist und sich als Priester fühlt, nicht aber, wenn er dem Treiben und den Kämpfen der Menschen zusieht wie einem herrlichen Kampfspiel, selber parteilos und unabhängig. Der Ästhet muß also auch zum Ideal der inneren Freiheit gelangen, denn er bleibt im Kampfspiel des Lebens stets Zuschauer und ist unverwundbar, weil er sich nie unter die Kämpfer mischt. Als ästhetischer Zuschauer bewundert er die Unabhängigkeit von der Außenwelt an anderen Menschen als höchste Kraft und eiserne Selbstzucht; auch für sich selber sucht er sie, aber nicht um ungestört der Sache dienen zu können, sondern um seine bewundernde Freude an den Heroen nicht einzubüßen.

Sobald aber der Ästhet auf irgend welche sachliche Ziele sich einstellt und Partei ergreift, muß die helle Bewunderung *jeglicher* Kraftentfaltung verblassen und muß zur formalen und kühlen Schätzung fremder Helden zusammenschrumpfen, die auf der Sympathie mit dem fremden Bewunderer beruht. Darum ist die völlig parteilose Bewunderung jeder herrlichen Persönlichkeit ein Standpunkt, auf dem sich wohl stehen, aber nicht gehen läßt. Es ist sonderbar, daß der Ästhet, der in der großartigen Energieentfaltung das Höchste und Herrlichste bewundert, sich selber zur völligen Passivität verdammen muß, denn seine rein ästhetische Bewunderung muß verfliegen, sobald er im geringsten zu reflektieren aufhört, seine eigenen Kräfte zu regen und selber nach eigenen Zielen zu streben beginnt. Der Ästhet kann also nicht konsequent bleiben und muß an sich selber, an den Zuschauer andere Maßstäbe anlegen als an seine bewunderten Helden – was ihn freilich nicht sehr stört, denn Konsequenz ist nicht seine Sache.

Die dargelegte unaufhaltsame, aber langsame Tendenz von den Persönlichkeiten zur Sache, die sich aus der fortschreitenden Differenzierung der Suggestionen ergibt, dürfte sich nur in konsequenten und klaren Köpfen bis zu Ende durchsetzen, weil nur diese gegen widerstreitende Suggestionen besonders empfindlich sind; unklare oder schwächere Menschen dagegen können bei der Verehrung eines einzigen, oft recht primitiven Helden oder einer Gruppe nicht allzu verschiedener Helden stehenbleiben. Es scheint aber nur zwei Wege zu geben, auf denen die Persönlichkeitsverehrung sich dauernd und völlig unerschüttert gegen die Sachwerte behaupten kann.

Es wird nämlich erstens immer Menschen von einer so zwiespältigen und verworrenen Veranlagung geben, daß sie auch widersprechenden Suggestionen erliegen können, Menschen, die zugleich auch so wenig zielbewußt sind, daß sie immer Sehnsucht nach irgend einer suggerierten Begeisterung empfinden. Bei solchen Halb- und Doppelnaturen kann die Persönlichkeitsverehrung naturgemäß nie aussterben und erst bei ihnen kann sie die fast religiöse Inbrunst der Genieschwärmerei annehmen. Wenn Menschen einer solchen Konstitution häufiger werden, pflegt man von einer epigonenhaften Zeit zu sprechen. Sie bilden sich bisweilen auch anthropomorphisch ihre Götter nach dem eigenen Vorbild und gelangen so zu einem Genieideal, das, wie wir schon wissen, meint, in jedem jener großen Männer wären sämtliche Menschentypen vereinigt und keimhaft angelegt wie in einem Schauspieler.[45] Es ist das suggestive Persönlichkeitserlebnis selbst, das hier vergöttlicht wird; die sachlichen Einschlüsse, ohne die es ja nicht bestehen kann, erscheinen als gleichgültig und untereinander beliebig austauschbar. Diese Art der Persönlichkeitsverehrung hat vor der eben geschilderten, rein formalen Bewunderung des Ästheten für jegliche produktive Tätigkeit noch das Element der Suggestion, das Priestergefühl und den trüben Gefühlston voraus, denn zwischen dem Ästheten und dem zwiespältigen Genieschwärmer besteht der Unterschied, daß der eine parteilos bewundert, der andere gar parteilos verehrt. Selbstverständlich kennt die Natur auch alle möglichen Zwischenstufen, d. h. es gibt Leute, die dem zwiespältigen Menschen und dem Ästheten mehr oder weniger nahestehen; so kommt es, daß die heute übliche Genieverehrung auch Menschen mitzureißen vermag, die aus eigenen Bedürfnissen wohl niemals zu solchen Gefühlen und Überzeugungen gelangt wären.

Das war die erste Erhaltungsmöglichkeit der Persönlichkeitsbewertung. Es gibt aber zweitens eine Gruppe von Gefühlen, mit denen *jeder* Mensch sympathisiert, Gefühle, die jeder Persönlichkeit und jedem Zuschauer eingepflanzt scheinen: das sind die sittlichen, vor allem die sozialen Gefühle. Ein ungewöhnlich zielbewußtes sittliches Streben dürfte jeden Menschen mitreißen, d. h. seine Bewunderung erregen. Wer ungewöhnliche Energie daransetzt, um unter eigener Lebensgefahr ein wimmerndes Kind aus den Flammen zu retten, dem ist das Mitstreben und die Bewunderung aller Zuschauer sicher. Der Verbrecher, der ungewöhnlich zielbewußt den Brand gelegt hat, wird in der überwiegenden Mehrzahl der Zuschauer nicht Bewunderung, sondern Abscheu erregen, da die Zuschauer selber eine Gemeinschaft bilden und von sozialen Trieben erfüllt sind. Der sittliche Hypnotiseur, der moralische Mensch braucht also nicht zu befürchten, daß seine Suggestion durch eine feindliche gestört wird, denn größere Menschengruppen, soziale Gemeinschaften können kaum mit antisozialen Handlungen sympathisieren. Da also die Zuschauer einer sittlichen Handlung kaum einen Suggestionskonflikt durchleben werden, so wird die Bewunderung der sittlichen Helden nicht der Ernüchterung zu weichen brauchen. Der sittliche Persönlichkeitswert hat also nicht die Tendenz, sich in Sachwerte zu verwandeln.*

Wirklich zeigt es sich, daß bei klaren und konsequenten Köpfen, etwa bei Kant und wohl auch bei Spinoza, der Wert der Persönlichkeit auf ihren ethischen Wert zusammengeschrumpft ist. Spinoza leugnet zwar, wie wir noch hören werden, objektive Werte überhaupt, hat aber in seinem Verhalten zu den Handwerksleuten, bei denen er wohnte, in der Wahl seiner Freunde und seines täglichen Umganges und in seinen mündlichen Urteilen über

* Dies ginge noch deutlicher aus einer näheren Untersuchung der sittlichen Wertmaßstäbe hervor, nach denen ja immer nur die persönlichen Triebfedern einer Handlung und nicht sachliche Erfolge beurteilt werden.

Bürgersleute und Geistliche wohl gezeigt, daß ihm ethische Vorzüge an seinen Mitmenschen wichtiger sind als irgend welche andere; besonders aber Kant hat auch in seinen Werken zu wiederholten Malen und sehr nachdrücklich erklärt, daß aller Wert der Persönlichkeit allein auf der Übereinstimmung mit dem moralischen Gesetz beruht.[46]

Die psychologische Untersuchung hat uns also gezeigt, daß die Persönlichkeitsverehrung, soweit sie auf dem Persönlichkeitserlebnis und nicht bloß auf dankbarer Liebe beruht, die Tendenz hat, sich in Sachwerte zu verwandeln, und dies um so schneller, je mehr die Verehrung sich konsequent gestaltet und rationalisiert. Es hat sich ergeben, daß nur der sittliche Persönlichkeitswert übrig bleiben kann, ferner allenfalls eine blasse und formale Schätzung der feindlichen oder gleichgültigen Helden. Diese blasse Schätzung vermag sich nur in Ästhetennaturen zu einer in sich inkonsequenten Bewunderung jeglicher Kraft, nur in zwiespältigen und suggestionsbedürftigen Menschen zu einer nicht weniger inkonsequenten und schwärmerischen Verehrung der Genies zu steigern. Es mag also Weise und Dummköpfe, Künstler und Stümper, fähige und unfähige Leute, wuchtige und kleinliche Charaktere geben: wir wollen alle Verschiedenheiten zugeben, wir wollen von unseren Mitmenschen lernen, wollen ihnen danken, mit ihnen fühlen und über sie lachen, wir wollen mitspielen oder zuschauen: aber von niemandem wollen wir uns weismachen lassen, daß wir sie zu *verehren* haben. Die *Menschen*verehrung wollen wir von uns abtun; verehrungswürdig ist nur die Sache und der gute Mensch – den uns noch keine Mutter geboren hat.

4. Kapitel: Zur Bedeutung des Genieideals für die menschliche Kultur

Es ergibt sich nun die Frage, worauf die menschliche Gesellschaft verzichten müßte, wenn sie den Geniebegriff fallen läßt und die Genieverehrung aufgibt. Schon mehrmals hat sich gezeigt, daß der Geniebegriff durchaus der Vielzahl des *ästhetischen* Ideals angepaßt ist und darum vor allem im Reich der Kunst seine Heimat hat. Er hat ja auch die Sensitivität und Leidenschaftlichkeit des Künstlers in sich aufgenommen und auch das äußere Auftreten des Künstlers – des produzierenden weniger als des reproduzierenden, des Virtuosen, der genötigt ist, dem Publikum persönlich gegenüberzustehen – hat im Persönlichkeitsbegriff deutliche Spuren hinterlassen. Wirklich wird eine geschichtliche Untersuchung noch zeigen, daß der Geniebegriff auf dem Boden der Kunst entstanden und zuerst von Literaten, Kunstliebhabern und Ästhetikern ausgebildet worden ist. Würde also die Kunst durch eine Zerstörung unseres Geniebegriffes nicht verarmen und Schaden erleiden?

Es scheint, als ob man diese Frage ruhig verneinen dürfte, denn der Geniebegriff hat seine geschichtliche Mission für die Kunst wohl schon erfüllt. Daß für den Künstler echtes Gefühl und ursprüngliche Begabung wichtiger sind als äußere Regeln, daß das Kunstwerk kein Produkt des rechnenden Verstandes ist und die Kunst sich nicht von einem jeden erlernen läßt, daß nicht Nachahmung, sondern Originalität dem Künstler ziemt, das alles sind Wahrheiten, die heute zu Gemeinplätzen geworden sind, die aber in vergangenen Zeiten so wenig anerkannt waren, daß der Geniebegriff entstehen mußte, um ihnen Geltung zu erkämpfen. Wenn also diese Wahrheiten in der Neuzeit einen völligen Sieg erkämpft haben über die mittelalterliche Auffassung, die die Kunst teils zur Wissenschaft, teils zum Handwerk rechnen, aber immer für völlig lehrbar erklären will, so ist dies vor allem der enthusiastischen Vorstellung von einem *Genius* des Künstlers zu verdanken, die zur Zeit des Barock, um die Mitte des 16. Jahrhunderts, zum erstenmal aufgetaucht ist und sich im 17. und 18. Jahrhundert weiterentwickelt hat. Als völlig unabhängig von allem Regel-

zwang, ja als ihm geradezu entgegengesetzt dachte man sich diesen künstlerischen Genius, denn er erfüllt den Künstler mit Begeisterung, nicht aber mit verstandesmäßigen Kenntnissen und kann ihn deshalb nie zur Nachahmung, sondern stets nur zur Erfindung oder, wie das spätere Schlagwort heißt, zur Originalität inspirieren. Es bildet sich also im 18. Jahrhundert der Begriff des Original- und Kraftgenies aus, ein Begriff, der im höchsten Grade autoritätsfeindlich ist und – wie der historische Teil uns zeigen wird – durchaus nicht Ehrfurcht vor der Genialität lehren, sondern die jungen Künstler anfeuern will, selber Originalgenies zu werden; ja der Genieenthusiast des 18. Jahrhunderts sieht in der »zu großen Bewunderung für andere« geradezu eine »Selbsterniedrigung« und vergleicht sie mit der »blinden Ehrfurcht des Frömmlers, der die päpstlichen Zehen küßt« und an die »Unfehlbarkeit seines Idoles« glaubt.[47] Daß eine so überschwängliche Vorstellung wie die des Original- und Kraftgenies zu maßlosen Übertreibungen führen mußte, ist selbstverständlich, aber ebenso selbstverständlich ist, daß ähnliche halb- oder viertelswahre Ideen immer auftauchen werden, wenn Jugend sich gegen irgend welchen Zwang revolutionär auflehnt.
Die Ausbildung eines Geniebegriffes ist also durchaus verständlich, denn der Glaube, die Kunst lasse sich durch Nachahmung von unveränderlichen Vorbildern erlernen, mußte sich schließlich einen leidenschaftlichen Gegner zeugen und mußte der Zerstörung anheimfallen. Außerordentlich merkwürdig ist es aber, daß dieser Gegner, der Geniebegriff, nach Erreichung seines Zieles, mit dem Übergang vom genialischen Künstler des 18. Jahrhunderts zum genialen Menschen des 19. den revolutionären Gefühlston ziemlich verloren hat, wobei in Deutschland Gestalten wie Grabbe und Georg Büchner letzte Nachzügler bilden. Die Genie*verehrung*, zu der sich also der autoritätsfeindliche und recht ehrfurchtslose Geniebegriff des 18. Jahrhunderts allmählich entwickelt hat, zeigt deshalb z. B. durchaus die Tendenz, wieder zur Nachahmung zu führen – wie sehr sie auch die schöpferische Originalität betont –, denn das Gefühl der Ehrfurcht, das *heute* im Mittelpunkt des Geniebegriffes steht, lähmt und will in Suggestion übergehen. Die Opernproduktion in den ersten dreißig Jahren nach Wagners Tod mag einen Beleg für Nachahmung aus Ehrfurcht abgeben, ja es zeigt sich überhaupt die sonderbare Tendenz, daß malende und komponierende Genieverehrer vom star-

ken Bewußtsein ihrer Originalität erfüllt sind, wiewohl sie, aus einiger Ferne gesehen, als völlig unselbständige Nachahmer erscheinen müssen. Die gleiche Tendenz zur Unselbständigkeit tritt übrigens auch in der Philosophie zutage, denn wenn man eine größere Zahl von genieenthusiastischen Schriften gelesen hat, muß einem die außerordentliche Gleichförmigkeit von Gedankengängen, die überall im Tone der Paradoxie und der Originalität vorgetragen werden, einen höchst befremdlichen Eindruck erzeugen.
Überdies scheint im Gefolge des Geniebegriffes der Künstler so sehr das Werk in den Hintergrund gedrängt zu haben, daß die Kunst davon Schaden zu leiden beginnt. Äußerlich zeigt sich diese allmähliche Entwertung des Werkes in dem großen Interesse, das die moderne Kunst der *Skizze* und dem *Entwurf* entgegenbringt. Skizzen sind ursprünglich halbfertige Kunstwerke und sind in Zeiten, denen der Persönlichkeitsbegriff noch fremd ist, weder Gegenstand des künstlerischen Interesses noch auch einer ästhetischen Wertung. Solche halbfertige Produkte, z. B. halbfertige Stahlfedern, spielen nun auch in der Technik, auf technischen Ausstellungen eine gewisse Rolle, aber immer nur dann, wenn man für die Erzeugung der Stahlfedern und nicht für das Erzeugnis, für die Produktion, nicht für das Produkt interessiert ist. Halbfabrikate verdeutlichen ja am besten den Fabrikationsprozeß. Da nun die Reflexion die Kunst nach innen wendet und die künstlerische Produktion mehr beachtet als das künstlerische Produkt, sind für sie auch halbfertige Kunstwerke von größtem Interesse; die Maler und Bildhauer der Renaissance tauschen also ihre Skizzen aus, um aus ihnen reflektierend zu lernen, wie man Gemälde und Skulpturen technisch entstehen läßt. Indem nun der Geniebegriff weiters die Reflexion mit Wertungen verschmilzt und das Schaffen und den Künstler sogar *über* das Werk stellt, so beginnt man an Skizzen und Entwürfen – die ursprünglich nur *Studien*zwecken dienen – künstlerische Reize zu entdecken: man beginnt, *»Studien«* ästhetisch zu bewerten, ja von vornherein Studien um ihrer eigenen ästhetischen Reize willen zu produzieren. Skizzen werden keineswegs mehr als halbfertig empfunden und weder in der Absicht einer späteren Vollendung erzeugt noch auch als bloße Lehrbehelfe geschätzt: ein ästhetischer Eigenwert ist ihnen zugewachsen, der aber wohl ähnlich wie die Tiefe kein Sach-, sondern ein verkappter Persönlichkeitswert ist. Es ist ja

klar, daß sich in der Skizze die künstlerische Persönlichkeit und alles Subjektive viel weniger sachlich verfestigt und auch reizvoller zeigt, als im fertigen Werk mit seiner inneren Regelmäßigkeit. Auch in der Literatur und Musik erzeugt der Geniebegriff zugleich mit der Verdrängung des Werkes durch den Künstler diese Vorliebe für die Skizze.

In der bildenden Kunst führt ferner der Geniebegriff – freilich nicht er allein – zu einer Vernachlässigung des *Materials,* aus dem die Kunstwerke bestehen. Wenn das Werk unwichtig ist neben dem Künstler, so kommt es nicht darauf an, es aus dauerhaftem, solidem und echtem Material mühsam zu bilden, denn nur das Werk muß *zeitlich* dauern, die Persönlichkeit aber lebt zeitlos fort und offenbart sich in Pappendeckel, geschnitzten Kartoffeln und Stuck ebenso deutlich, ja noch deutlicher als in Marmor und Erz, deren Behandlung »ungeniale« und technische Kenntnisse erfordert. Deshalb brauchen Künstler, die dem Genieideal nachstreben, kein gediegenes Material, sondern können mit Surrogaten und Verfälschungen ihr Auslangen finden. Überdies sind diese Surrogate – was freilich mit dem Geniebegriff nicht unmittelbar zusammenhängt – auch billiger als das echte Material und machen so die Arbeit erträglicher, wenn auch auf Kosten der gediegenen Ehrlichkeit. Da nun diese Neigung zur Unsolidität ebenso wie die zur flüchtigen Skizze der Kunst entschieden schädlich wird und da überhaupt die Entwertung des Kunst*werkes* den Verfall jeder Kunst nach sich ziehen muß, ist es heute nötig, dem Werk mit aller Entschiedenheit gegen den Geniebegriff zu seinem Rechte zu verhelfen. Es ist nachgerade an der Zeit, sich nach den Malerzünften des Mittelalters zurückzusehnen, da getreue, ehrliche und sachverständige Werkmeister ihre trefflichen Farben mischten, die Rezepte ihrer Farben geheimhielten und nur in der Schule weiter überlieferten, ihren Namen nicht unter die Bilder setzten und das Werk nicht einmal den Meister, sondern die Werkstatt loben ließen.

Die Sehnsucht nach einer solchen gediegenen, reinlichen und ehrlichen Werkkunst, die sich heute allenthalben zu regen beginnt, scheint also dafür zu sprechen, daß der Geniebegriff in der Kunst seine Aufgabe völlig erfüllt hat, daß seine ursprünglichen Ziele unserer Zeit schon in Fleisch und Blut übergegangen sind und nunmehr eine Reaktion einsetzt. Es mag undankbar erscheinen, einen Begriff zu verabschieden, nachdem er so Ersprießliches geleistet hat, aber da dies einmal der Lauf der Geschichte ist, so dürfte die Kunst, solange sie sich der Wichtigkeit der originalen Begabung, des echten Gefühles und ihrer Unlehrbarkeit bewußt bleibt, den parteilosen und metaphysischen Geniebegriff wohl ohne Schaden entbehren können. Ja, eine neue Blüte aller Künste verspricht anzubrechen, bis auf dem Boden, den der Geniebegriff gedüngt und bereichert hat, eine neue und gereinigte Werkfreude ohne klügelnde Pedanterie und gelehrte Nachahmungssucht sich erhebt.

Philosophie und *Wissenschaft* dagegen sind von dem Geniebegriff weder bereichert worden, noch haben sie von seiner Zerstörung irgend etwas zu befürchten. Wenn auch hier ursprüngliche Begabung vielleicht wichtiger ist als alle Dinge, die sich erlernen lassen, so hat sich doch wohl noch nie der Fall ereignet, daß einer philosophisch oder wissenschaftlich deshalb nichts geleistet hätte, weil er zuviel gewußt, zuviel gerechnet und zuviel gelernt hätte. Zugleich mit dem Geniebegriff müßten wir zwar auf mancherlei philosophische und wissenschaftliche Unterhaltungslektüre verzichten, die in ganz seltenen Fällen auch anregend wirken kann, aber dies wäre mehr als wettgemacht, wenn die Flut von originellen und persönlichen, aber unsachlichen Schriften ablaufen wollte, in der heute die Wahrheit zu ertrinken droht. Während die Kunst durch mittelmäßige, glatte und kalte Nachahmungen kaum gefördert, wenn nicht gar geschädigt wird, so hat der Wissenschaft und Philosophie einen Dienst geleistet, wer – ohne jene Tiefe der Genieenthusiasten –, kurz sagt, was er gefunden hat. Anders als in der Kunst bedeutet *jegliche* Erkenntnis einen *Gewinn* für die Wissenschaft, ob sie von einem begabten oder unbegabten Forscher, aus Enthusiasmus oder einer anderen Quelle herstammt, denn jeder noch so kleine Baustein ist unverloren und wird an seinem Platze stehen im Gebäude der Wahrheit.

Die vorwiegend ästhetische Bedeutung des Geniebegriffes kommt auch in der Geniedogmatik zum Ausdruck. Die Mit- und Nachweltsvorstellungen zusammen mit dem Brüderlichkeitsdogma bilden ja ein *religions*ähnliches Gebäude, das zum Unterschied von allen anderen entwickelteren Religionen von ethischen Bestandteilen frei ist. Diese rein ästhetische Religion ist für den Religionspsychologen als völlig vereinzelter Ausnahmsfall von allergrößtem Interesse, da sie zeigt, daß auch ästhetische Bedürfnisse religionsbildend wirken können; zugleich aber muß eine solche Ästhetenreligion die schwersten ethischen Bedenken erwecken. Es scheint höchst gefährlich, wenn vermeintliche Persönlichkeitswerte, die mit Ethik nichts zu tun haben, mit dem Schimmer der Heiligkeit umkleidet werden und so das höchste sittliche Ideal verdunkeln. Den Bestrebungen, die Religion auf ihren ethischen Kern zu reduzieren und ihres nichtethischen Beiwerkes zu entkleiden, Bestrebungen, die schon bei den Deisten des 18. Jahrhunderts und weit radikaler noch in der Religionsphilosophie Kants zum Ausdruck kommen, muß die Geniereligion wohl als völlig unberechtigt erscheinen. Der Ethiker wird deshalb die Geniereligion aufs allerschärfste bekämpfen müssen. Wie wünschenswert auch sonst die religiöse *Mannigfaltigkeit* erscheint, da durch zahlreiche, kleine und unkirchliche Religionen das religiöse Leben der Menschen nur intensiver, weniger verweltlicht und reiner werden müßte, scheint also die Genie*religion* keinerlei Schonung zu verdienen.

Der einzige *ethische* Bestandteil, der im Geniebegriff eingeschlossen ist – ohne daß er aber in die Geniedogmatik eingegangen wäre – ist die Lehre von der Ehrlichkeit und Unbeugsamkeit des Genies, die dieses vom Charlatan unterscheidet, eine Lehre, die am deutlichsten wohl aus dem Satze Grillparzers spricht: »Wenn ein Talent und ein Charakter zusammenkommt, so entsteht das Genie.«[48] Die geschichtliche Betrachtung des Genieenthusiasmus zeigt aber, daß die Schätzung des unbeugsamen Charakters nicht zu den Triebkräften gehört, die zur Entstehung unserer Genievorstellungen geführt haben, ja daß die Aufnahme des Charakters in den Geniebegriff viel eher einer späteren Reaktion gegen die rein ästhetische Bewertung der menschlichen Talente entspringt. Wenn man also von der Vergangenheit auf die Zukunft schließen darf, so scheint der sittliche Charakter nicht auf Genieverehrung angewiesen zu sein. Überdies schätzt ja der Geniebegriff alle menschlichen Eigenschaften, die suggestionsbildend zu wirken vermögen, und verführt so nur allzu leicht zu der Meinung, der Charakter bestünde darin, daß man nur für die Nachwelt produziert, die Menge verachtet, seine Würde bewahrt und vor allem der Ehrfurcht fähig ist. Gerade Mengenverachtung, Würde und Ehrfurcht vermögen jedoch großen sittlichen Schaden anzurichten. Sobald diese massenpsychologischen Requisiten einmal metaphysisch verklärt sind, beginnen die Literaturcliquen, ihre Unanständigkeiten im Namen des Göttlichen zu begehen und von

Metaphysik und Ehrfurcht vor der schöpferischen Persönlichkeit zu sprechen, wo es besser wäre, gewissenhaft den Rechten seines Nebenmenschen nicht nahezutreten. Mengenverachtung und Kultus der genialen Vorurteile aber müssen mit Notwendigkeit die Menschen gewissenlos und unzuverlässig machen. Ja, jede Wertung von Personen, die sich auf Gefühle und Metaphysik beruft, einer Nachprüfung und Begründung aber sich entzieht, muß – und wenn sie sich noch so abgeklärt gebärdet – als gewissenlos bezeichnet werden.
Man könnte überhaupt über die ein wenig verstiegenen Ideen der Geniebegeisterung viel leichter hinweggehen, wenn die Metaphysik der schöpferischen Persönlichkeit und die Tiefendogmatik nicht stets hervorgeholt würden, wo es sich ausschließlich um Fragen der sozialen Ordnung, um Krieg und Frieden, um Nahrung, Bekleidung und Behausung unserer Mitmenschen handelt. Eine Verquickung von metaphysischen Werten mit höchst realen Tatsachen muß aber immer zu einer bedenklichen und unreinlichen Gesinnung und weiters zu Folgen führen, die für die Gemeinschaft im allerhöchsten Grade gefährlich sind. Der Schwärmer vermeint zuerst, die Welt sei aus den Angeln, wenn es den Operettenkomponisten besser ergeht als den Philosophen; dann hält er es für moralischer, daß man Handwerker, die die »Lustige Witwe« genießen wollen, ihr gutes Geld dafür ausgeben läßt, daß sie die Neunte Symphonie anhören müssen; und schließlich entrüstet er sich darüber, daß man ein Volk für Krämerinteressen in den Krieg ziehen läßt, statt für Goethe, Beethoven und Kant. Einer reinlichen Gesinnung will es dagegen scheinen, daß sich die Handwerker für ihr Geld zunächst kaufen sollen, was ihnen Freude bereitet, daß Krämerinteressen die einzigen sind, für die man Krämer ihr Leben wagen lassen darf, und daß es keine gefährlichere und unmenschlichere Verblendung gibt, als seinen Mitmenschen Physisches zu nehmen, um sie mit Metaphysischem zu bezahlen. Wenn man Fragen, wie die des Krieges und Friedens, mehr nach »seichten« Utilitätsgründen, Fragen der politischen und sozialen Ordnung mit weniger Mengenverachtung und Persönlichkeitsmetaphysik betrachten wollte, so müßte dies jeder menschlichen Gemeinschaft zum allergrößten Nutzen gereichen. Für die *Ethik*, für Rechtlichkeit, Sorgfalt, Pflichterfüllung und Menschlichkeit könnte es also wohl wenig Schaden bedeuten, wenn eine schwärmerische und unreinliche Metaphysik ihr Anse-

hen einbüßt, die Mengenverachtung und Menschenverehrung predigen will.
Von einer anderen Seite mag es dagegen den Anschein haben, als könnte die menschliche Kultur auf den Geniekultus und das Genieideal dennoch nicht verzichten. Es scheint, als müßte jede Kultur erlöschen, als müßte die Stimme der produktiven Menschen, der originalen Künstler, der Entdecker neuer Wahrheiten im Lärm des Alltags ungehört verhallen, wenn jene Genies nicht verehrt und allen sichtbar über die Menge erhoben würden: die Genieverehrung scheint allen nichtssagenden Rednern Schweigen zu gebieten und den geistigen Führern der Menschheit das Wort zu erteilen. Tut sie dies jedoch wirklich? Erteilt sie nicht gerade dem Charlatan und dem enthusiastischen Dilettanten das Wort? Ist überhaupt das Zu-Worte-Kommen wichtig genug, um die Aufstellung eines eigenen Ideals und einer ganzen Metaphysik rechtfertigen zu können? Sind weiters jene geistigen Führer tatsächlich für die menschliche Kultur so unendlich wichtig, wie eine individualistische Geschichtsauffassung es annimmt? Ist es schließlich schon an der Zeit, schon an Kultur zu denken, bevor noch aus allen Niedrigkeiten, aus Essen, Trinken und Wohnen ein erträgliches Gebäude unter den Menschen errichtet ist, das keinen zu kurz kommen läßt? Diese Schar von Fragen rührt an Probleme, die hier nicht gelöst werden können, die aber doch nicht völlig umgangen werden durften. Da wir nun nicht schwärmen wollen, wird sich die Betrachtung am besten auf einen rein praktischen Standpunkt stellen.
Wem es nicht nur um die Wahrheit, sondern auch um Universitäten, nicht nur um die Kunst, sondern auch um Konzerte und Bildergalerien zu tun ist, der wird darauf sehen müssen, daß auch *nicht*ethische Persönlichkeitswerte in der menschlichen Gesellschaft Schätzung finden. Wer also auf praktische Kulturerfolge Wert legt, der wird auf Autoritäten nicht ganz verzichten können, denn das Geschlecht der Menschen wird sich wohl immer eher von der Autorität eines Mannes leiten lassen, als von seiner nackten Sache. Für die praktische Kultur der menschlichen Gesellschaft scheint also der sehr natürlichen Persönlichkeitsverehrung eine gewisse Bedeutung zuzukommen. Da Gedanken und Kunstwerke leider nur von Denkern und Künstlern produziert werden können, die essen, gehört und gefördert werden wollen, wird man irgendwie einen erträglichen Ausgleich zwischen der

nackten Sache und ihren schwachen Dienern finden müssen. Wenn man sich so aus praktischen Gründen mit wohl falschen und halben Überzeugungen zufrieden gibt, wird man sich nicht gegen jegliche Persönlichkeitsverehrung wenden können, man wird vielmehr nur die gefährliche Persönlichkeitsmetaphysik und die sachfeindliche Parteilosigkeit in der Genieverehrung bekämpfen. Man wird darauf achten, daß die Verehrung den Helden nie in ein Reich des Überirdischen erhebt, wo Ethik und Rechthaben zu Ende sind, und wird vor allem nur die Begeisterung für *Partei*helden gelten lassen, die als affektive Stütze für die zu fördernden Führer, Künstler und Forscher völlig hinzureichen scheint. Die Mannigfaltigkeit der menschlichen Neigungen und Meinungen sorgt schon von selbst dafür, daß durch eine solche parteiische Heldenverehrung die Kultur nicht einseitig und nur einzelne Richtungen der Kunst und Wissenschaft gefördert würden; eine gewisse Arbeitsteilung wird auch unter den Förderern geistiger Bestrebungen nur vorteilhaft sein, ja es wird sogar mehr und eifrigere Mäzenaten geben, wenn der eine nur für Astronomen, der andere für naturalistische Dichter und der dritte für expressionistische Maler sich begeistern und ernstlich einsetzen wollte. Die partei- und wahllose Geniebegeisterung aber, die den Unterschied zwischen wahr und falsch, zwischen recht und unrecht der Mißachtung preisgibt und so der Sache den schwersten Schaden zufügt, wird man wohl bekämpfen müssen. Man wird die aus praktischen Gründen nötige Bewunderung und Verehrung der Parteihelden, die leicht in Unduldsamkeit ausarten könnte, zwar auch durch ein Element der Toleranz ergänzen müssen, wird aber zur Ergänzung nicht den Genie- und Persönlichkeitsenthusiasmus der Modernen heranziehen, sondern wird ihn vollauf ersetzen können, durch jene kühle und formale Achtung fremder Helden, die der Reflexion entspringt und den hervorragenden Vertretern gegnerischer Ansichten zuteil wird. Nur durch dieses Kompromiß wird man dem erstrebenswerten Ziel, der Toleranz aus *Demut,* zumindest näherkommen können, ohne einerseits der Sache zu schaden und anderseits den leider nötigen geistigen Führern jede Stütze zu entziehen.

Auch eine gewisse pädagogische Bedeutung wird man der Heldenverehrung beimessen müssen, denn es zeigt sich, daß menschliche Vorbilder, Helden und große Männer besonders auf junge Menschen eine anfeuernde Wirkung ausüben, die stärker ist als

die Wirkung der reinen Sache. Da nämlich das Verlangen nach Geltung und Ansehen zu den stärksten Triebfedern der kindlichen Seele gehört, dürfte Ehrgeiz und Wetteifer mit gepriesenen Vorbildern auch eines der wirksamsten Mittel der Erziehung darstellen. Auch hier werden jedoch gewissenhafte Erzieher darauf sehen müssen, daß die fanatische und höchst unduldsame Verehrung der Jugend für ihre Helden sich möglichst bald in ein Streben nach sachlichen Zielen verwandelt; man wird darauf sehen, daß sie zwar durch Toleranz eine gewisse Milderung erfährt, aber ja nicht in parteilose Genieschwärmerei umschlägt. Je früher der junge Enthusiast lernt, daß der Wunsch, zugleich Nordpolfahrer und ein zweiter Schiller zu werden, aussichtslos und gefährlich wäre, desto besser wird es für ihn sein. Aufgabe des wohlmeinenden Erziehers wird es vor allem sein, seine Schützlinge auf die *ethische* Bedeutung aufmerksam zu machen, die dem unbeirrten und uneigennützigen Streben nach einem Ziel zukommt. Bevor also noch der junge Mensch sich seine eigenen Aufgaben stellt oder gar bis zu dem schwer und selten erreichbaren Punkt vordringt, auf dem die Krücken der Heldenverehrung überflüssig und schädlich werden, möge er wenigstens seine Vorbilder als Diener, als *schwache* Diener ihrer Sache kennengelernt haben.
Die pädagogische Bedeutung des Genieideals läge also darin, daß Kinder und Jünglinge angefeuert werden, es ihren Genies gleichzutun, d. h. recht eigentlich selber Genies zu werden. Damit sind wir nun von der bloßen Genieverehrung zum Genieideal gelangt. In jedem Ideal scheinen sich nämlich zwei Seiten des menschlichen Seelenlebens zu vereinigen: wenn wir ein Ideal aufrichten, wollen wir es *verehren* und wollen danach *streben.* So läßt sich auch die Verehrung jener Genies vom Streben zum Genieideal ziemlich deutlich unterscheiden. Wie nun zugunsten der Verehrung einige sozialpsychologische Erwägungen zu sprechen schienen, so könnte man auch versuchen, das Streben zum Genieideal sozialpädagogisch zu rechtfertigen. Die beiden Seiten des Genieideals, das Genie als Vorbild und das Genie als verehrtes Idol, waren indes im Verlauf der geschichtlichen Entwicklung unseres Begriffes nicht immer gleich stark ausgebildet. Im autoritätsfeindlichen Genieideal des 18. Jahrhunderts überwiegt das Vorbild, denn die jungen Dichter des Sturmes und Dranges wollten kaum verehren, sondern selber Genies werden und sich zur Originalität durchringen. Bei einem der ersten Verkünder dieses neuen Ideals

vom Original- und Kraftgenie, bei *Young*, ist deshalb auch eine pädagogisch-anfeuernde Tendenz deutlich erkennbar, ja, um die jungen Geniekandidaten zu ermutigen, betont er sogar – im schroffsten Widerspruch zu der modernen Auffassung –, »daß der Genius gar nicht so selten ist, wie man annimmt«.[49] Wenn auch pädagogische Ermahnungen und Anfeuerungen zum Wettbewerb in den Schriften moderner Genieenthusiasten, bei Carlyle und Emerson, häufig sind, so scheint doch das ehrfürchtige Genieideal der Modernen für das menschliche Streben von geringerer Bedeutung zu sein. Vor allem scheint auch hier die Parteilosigkeit des Genieideals einen schweren Nachteil zu bedeuten, denn wenn ein erwachsener Genieverehrer, der etwa den Streit zwischen Descartes und Hobbes verfolgt, nur bestrebt ist, selber solch ein »genialer« Denker zu werden wie einer der beiden großen Männer, wenn er in dem Streit der Probleme nicht möglichst bald Partei ergreift, dann wird er in der Philosophie wohl wenig zustande bringen. Ähnlich dürfte es auch jedem Künstler, ja jedem Menschen ergehen: wer nur ein Genie werden will, statt sich auf sachliche Ziele einzustellen, der hat sich um jede Möglichkeit gebracht, etwas zu leisten.

Überdies ist unser Genieideal kaum geeignet, das Ziel eines Menschen abzugeben, der an seiner eigenen Vervollkommnung arbeitet, denn es verklärt menschliche Eigenschaften, die durchwegs *angeboren* sein müssen: scheint es doch sinnlos und überflüssig, nach künstlerischer und philosophischer Produktivität, nach überragender Geisteskraft und originaler Phantasie zu streben, wenn man sie nicht von Geburt an besitzt. Nur für den Eugeniker, der an die *nächste* Generation denkt, nur für einen Geniezüchter hätte ein solches Streben zumindest einen Sinn. Wirklich wird die geschichtliche Untersuchung des Geniebegriffes dieses Ergebnis bestätigen: der Mann, der als erster in der neueren Zeit mit größter Entschiedenheit verkündet hat, daß die Begabung, das *Ingenium* angeboren sein müsse, der spanische Schriftsteller und Arzt des 17. Jahrhunderts *Huarte* ist zwar zum wichtigsten und einflußreichsten Vorläufer unseres Geniebegriffes geworden, hat jedoch selber nur Ratschläge für die Berufswahl und Anweisungen für die Menschenzucht beabsichtigt.[50]

Je mehr man also betont, daß Genialität eine seltene und angeborene Mitgift der Natur darstellt, desto unbrauchbarer erweist sie sich als Ideal für strebende Menschen. Das Streben zum Genieideal erscheint jedoch nicht nur aussichtslos, sondern auch hinderlich, denn es führt zur Reflexion und macht die Enthusiasten unsicher und unsachlich. Der Autor, der ein Genie werden will, beginnt auf seine Vorurteile und Leidenschaften zu achten, sie zu vergleichen und sie anzustacheln, um seinem Ideal näherzukommen; ja, er vermag durch den enthusiastischen Vortrag dieser Vorurteile der Wissenschaft beträchtlichen Schaden zuzufügen, einen Schaden, den nüchterne Gemeinplätze – und wären sie noch so langweilig – kaum anrichten könnten.

Daß zahlreiche Menschen bestrebt sind, selbst Genies zu werden, wiewohl ihr Ideal heute die außerordentliche Seltenheit jener großen Männer nicht genug betonen kann, mag widersinnig und unglaubwürdig erscheinen; es hieße aber die Allgewalt des menschlichen Ehrgeizes unterschätzen, wenn man glaubt, ein mit allen Lockmitteln der Massensuggestion verschwenderisch ausgestatteter Idealmensch könnte von Tausenden verehrt werden, ohne daß Fünfhundert bestrebt sind, selber zu diesen inbrünstig verehrten Idealmenschen zu gehören. So kommt es, daß für unsere Zeit des ehrfürchtigen Genieideals nicht nur die Fülle von künstlerischen Produkten charakteristisch ist, die Metaphysika, Gott und die letzten Abgründe des Seins zu gestalten versuchen, sondern daß harmlose Mitmenschen, die zu anderen Zeiten wohl Silhouetten und Schäfergedichte produziert hätten, sich heute ohne ihr Verschulden tief unglücklich und verkannt fühlen müssen. Die Schuld an diesen bedauernswerten verkannten Genies trägt unser Genieideal. Deshalb erscheint heute weit wichtiger als Mengenverachtung die Aufgabe, jenen ungezählten Mitmenschen, die von einem unklaren Enthusiasmus als Dutzendmenschen verhöhnt werden, *Mut* zu machen, auf daß wir Menschen wieder unseren harmlosen und heiteren Vergnügungen leben können – und wären sie auch spießbürgerlich –, auf daß vor allem die sachlichen Menschen sich wieder hervorwagen, ohne den Vorwurf der Seichtheit fürchten zu müssen. Wenn wir aber zu schwach sind, um uns mit der nackten Sache zu begnügen, wenn wir auch ein *menschliches* Ideal suchen, nach dem wir streben können, ohne unglücklich zu werden und der Sache zu schaden, haben wir es ja schon gefunden: der getreue und ehrliche Werkmeister, der Sachverständige, der rechtliche und sachliche Mensch, das ist ein Ideal, das jeden von uns bei der Hand ergreifen und weiterführen kann, so weit ihn eben seine Kräfte tragen;

ein Ideal, das immer neue und fernere Ziele weist, doch keinen unglücklich macht, der zurückbleibt, das vorüber an dem Würdelosen, dem Demütigen und dem Freien langsam hinausführt von den Menschen in den reinen und kalten Weltraum vor das einzig wahre und absolute Ideal: die Sache selbst.
Die metaphysischen Ansprüche, die jedes Ideal erhebt, werden noch sorgfältig überprüft und abgewiesen oder begründet werden müssen. Bisher aber hat sich wohl ergeben, daß für die menschliche Gesellschaft der Geniebegriff in seiner heutigen Gestalt entbehrlich ist, ja daß er die Menschen unglücklich machen muß und insbesondere der Gesinnung und der Wissenschaft gefährlich wird. Was an ihm aus praktischen Gründen erhaltungswert erscheinen mag, das kann auch durch die Verehrung von Parteihelden geleistet werden, eine Verehrung, die jedoch weder gepriesen noch gepredigt zu werden braucht. Da Heldenverehrung einem lebhaften Trieb der Menschen entspringt, der viel eher einer Hemmung bedürftig erscheint als einer Anfeuerung, werden Parteihelden von ihren Parteien, Künstler von ihren Jüngern, Schulhäupter von ihren Schülern bewundert und verehrt werden, auch wenn das formale und parteilose Genieideal, die Religion der schöpferischen Persönlichkeit längst vergessen sein wird. Das menschliche Verehrungsbedürfnis wird sich immer ebenso ausleben und befriedigen wie der Hunger; eine feierliche Hungermetaphysik, ein Hungerideal und Verhöhnung der Gesättigten scheint überflüssig. Wenn aber wirklich die Heldenverehrer sich nicht enthalten können, ihren Trieben, ihrem Verehrungshunger auch in Büchern Ausdruck zu verleihen, dann mögen wenigstens die Chamberlains der Zukunft siegreiche Heerführer und erfolgreiche Politiker anschwärmen, aber nicht Goethe und Kant. Eine *solche* Schwärmerliteratur erschiene wohl reinlicher und weniger gefährlich.

III. Über metaphysische Werte
Das Ideal der Sache

Es steht uns noch eine wichtige Aufgabe bevor, denn mit Nützlichkeitserwägungen und der Psychologie des Verehrungshungers allein wird sich dem Geniebegriff und dem Persönlichkeitsideal nicht beikommen lassen. Wie Sozialpädagogik und Sozialpsychologie einem *neuen* Ideal kaum sonderlich viel Anhänger gewinnen werden, so können ihre Erwägungen auch nicht befriedigen, wenn es gilt, ein *altes* Ideal zu prüfen, denn jedes Ideal will nicht nur menschlichem Nutzen und menschlicher Lust dienen, sondern verlangt nach höherer Geltung. Das Genieideal langt wie alle Ideale aus den Niederungen der subjektiven Lust in das Reich des Absoluten und der Metaphysik: entrückt der Relativität und dem bloßen Nutzen will es einen *absoluten* Wert darstellen. Dieses letzte und schwierigste Problem, das Problem des absoluten Wertes und der Metaphysik, das sich nicht umgehen und ausschalten läßt, wenn man die Prüfung des Geniebegriffes wirklich zu Ende führen will, hat sich unsere Untersuchung auf den Schluß aufgespart.

Mit Wertungen ist der Genieenthusiasmus überaus freigebig; er verquickt alle Tatsachen mit ihnen, lobt und tadelt, verehrt und verachtet, entrüstet sich und fordert unablässig, kurz, Wertungen bilden den Angelpunkt seiner ganzen Weltanschauung, denn auch die Genie*dogmatik* ist aus Wertungsbedürfnissen hervorgewachsen. Die Werte und Ideale in der Weltanschauung der Geniebegeisterung sind nicht nur erhaben über Lust und Nutzen, sondern auch unabhängig davon, ob sie von den Menschen anerkannt oder verleugnet werden, denn wie ein Baum seine Existenz nicht einbüßt, auch wenn niemand ihn wahrnimmt, so wäre – heißt es – Rafael der Ehrfurcht *wert*, selbst wenn wir alle ohne Augen auf die Welt gekommen wären. Die Frage, ob es solche *objektive* Werte gibt, ist für unsere Untersuchung von größter Bedeutung, denn jede Überprüfung des Genieideals wäre überflüssig, wenn der Wert jener großen Männer nur in den ehrfürchtigen Gefühlen ihrer Verehrer seinen Sitz hätte. Sind einmal alle Werte für lediglich subjektiv erklärt, dann ist es ebenso sinnlos, ein Ideal zu predigen, wie es zu bekämpfen, denn nichts spräche dafür oder dagegen, ob man nun seine subjektive Vorliebe den süßen oder den bitteren Speisen, jenen Genies oder ihrem Widerpart zuteil werden läßt: nur objektive Ansprüche verlangen und vertragen eine Überprüfung. Von solchen objektiven Werten und absoluten Idealen ist jedoch nicht nur die schwärmerische Meta-

physik der Geniebegeisterung erfüllt, sondern auch höchst ernste und gewichtige philosophische Gedankengebäude, ja die allermeisten philosophischen Systeme der Vergangenheit sind von dem Bestand objektiver Werte überzeugt. Sogar der ganz unphilosophische Menschenverstand des täglichen Lebens wertet objektiv, denn wir entrüsten uns stündlich über brutale Ungerechtigkeit und unverdiente Bevorzugung, wir verachten kriecherische Gesinnung ebenso wie feige Schwächlinge, wir mißbilligen jeden Verstoß gegen gute Sitte und wohlanständiges Benehmen, während richtige Begründungen, treffliche Einfälle und tüchtige Leistungen geschätzt, verdiente Auszeichnungen gebilligt werden.
Selbst wer diese tausend absoluten Wertungen und verkappten Ideale nur auf Lust und Nutzen zurückführen wollte – was übrigens ohne Gewaltsamkeiten und Umdeutungen nicht abginge –, zeigt damit nur, daß er menschliche Lust und menschlichen Nutzen für *absolut* wertvoll hält: wenn der unphilosophische Menschenverstand den Schwächling, der durch seine Mißerfolge ohnedies gestraft ist, überdies mißachtet, dann sieht er den Erfolg nicht als nur für den erfreulich an, der ihn hat; wer einen reklame- und gewinnsüchtigen Gelehrten geringschätzt, der meint offenbar, die Lauterkeit der Gesinnung und der Vorteil der Wissenschaft habe vor dem Nutzen des einzelnen einen *objektiven* Vorrang, der nicht nur einem subjektiven und gleichgültigen Vorurteil des Gelehrtenstandes entspringt; wer es nicht dem freien Belieben der Menschen überläßt, ob sie ihren Nutzen oder ihren Schaden suchen wollen, wer sich von sozialen Zielen leiten läßt und dasselbe von seinen Mitmenschen verlangt, statt bloß für sich Vorteil zu suchen, der beweist, daß ihm Lust und Nutzen nicht nur als subjektiv und relativ erfreulich gelten. Kurz, ein jeder, der irgend welche Zustände für wünschenswert, irgend welche Entwicklungen für ersprießlich, irgend welche Ziele für erstrebenswert ansieht, der glaubt schon im Innern – mag er es selbst auch bezweifeln und leugnen – an objektive Werte, die bestehen, auch wenn sie von Menschen verkannt und verschmäht werden: der kennt neben dem *Sein* ein *Sollen*.
In der Natur hingegen werden sich solche Werte niemals finden lassen, sondern nur Tatsachen, denn auf jede Frage werden wir von ihr stets nur die Antwort erhalten, wie Dinge und Menschen sind, nie aber, wie sie sein sollen. Wer also Wertungen zum Mittelpunkt seiner Weltauffassung macht, der wird der Gefahr höchst schwer

entgehen können, daß er zum Schulmeister der Natur sich aufspielt. Mit seinem Wertmaßstab in der Hand wird er durch die Welt der Dinge stolpern, wird er die unendliche Fülle der Tatsachen in dürftige Klassen einteilen, mit ärmlichen Noten bedenken und wird mit seinem Richtscheit zuschanden werden an allem, was da krumm, mit seinen aufgeregten Forderungen an allem, was da ruhig ist. Er will brandmarken gleich einem Büttel und drückt seinen Stempel auf Dinge, die ihm in gleichmäßigem Flusse entgleiten; wie ein Gewalttäter spannt er die lebendige Natur auf sein Prokrustesbett und wagt es, hier zu dehnen, was ihm zu kurz erscheint, und dort abzuhacken, was länger ist, als seine Vorschriften erlauben. Er ist ein Weltverbesserer und stört den notwendigen Ablauf des Geschehens durch menschliche Meinungen und menschliche Regeln, von deren Gültigkeit die Tatsachen der Natur nichts wissen. Indem er in den Wolken wandelt, ohne die Erde zu sehen, wie sie ist, tut er seinen Mitmenschen mit Idealen, Wertungen und Vorschriften wehe; alle Menschen hetzt er durcheinander, fordert unablässig und kommt vor Lärmen nicht zur Erkenntnis, wie *alles* notwendig ist, was geschieht und besteht.
Diese Unnatur *jeder* Vorschrift, *jedes* Ideals und *jedes* Wertes ist dem philosophischen Denken schon seit langem bekannt, denn schon vor etwa zweitausend Jahren erschien der Mensch, der wertet, manchen chinesischen Mystikern als ein solcher Weltverbesserer und Störenfried der Natur.[1] In der europäischen Philosophie verleugnet jeden objektiven Wert am entschiedensten die Weltanschauung *Spinozas*: ohne den Bilderreichtum der Chinesen legt Spinoza mit klarer Ruhe dar, wie gut und schlecht, schön und häßlich, Lob und Tadel, Verdienst und Sünde sich nur vom Standpunkt des Menschen ausnehmen lassen, wie alle diese Bezeichnungen subjektiv und relativ sind, menschlichen Meinungen und menschlichen Vorurteilen entsprungen, aber selbst Teile der Natur und ihrer Notwendigkeit. Darum will Spinoza die Menschen nicht belachen und beweinen, nicht verachten und verabscheuen, sondern verstehen und erklären, denn nichts steht außer der Natur, wie er erkannt hat, die einzigen Regeln aber sind die der Notwendigkeit. Wer jedoch wertet, glaubt außer der Natur zu stehen, der bildet einen Staat im Staat, denn er gehorcht Gesetzen, von denen die Natur nichts weiß, und erläßt Vorschriften, die nur seiner unwissenden Willkür entspringen. Ja, er dichtet zu den Tatsachen Vorbilder hinzu und wertet, indem er den Abstand

zwischen Wirklichkeit und Vorbild abmißt, als gäbe es neben der Natur, wie sie ist, noch eine zweite, wie sie sein soll. Der Spinozismus aber kennt nur eine einzige Natur. Für den Geniebegriff mit seiner Mengenverachtung und Menschenverehrung, mit seinen Forderungen und absoluten Idealen, für das Genieideal mit seiner *Zweiweltenmetaphysik* ist in einem solchen Gedankensystem von der *einzigen* und notwendigen Natur kein Platz.[2]
Aber auch jedem menschlichen Streben scheint die einzige Natur Spinozas und der chinesischen Taoisten keinen rechten Raum mehr zu lassen. Da wir Menschen nämlich denkend die Zukunft vorwegnehmen können und unsere Gedanken unseren Handlungen vorauseilen lassen, brauchen wir *Ziele*, wenn wir streben und handeln. Indem wir zwischen Zielen schwanken und wählen, können wir wohl nicht darauf verzichten, unsere Wahl auch zu begründen. Der einzelne scheint zwar ein Ziel in seiner eigenen Erhaltung, in seinem Nutzen und seiner Freude von Natur aus zu besitzen, aber er muß die Sicherheit dieses Zieles verlieren, wenn er sieht, daß er vieles anstrebt, was ihm äußerlich schädlich ist; denn wie geschieht dem Prüfer, wenn er finden muß, daß seine sozialen Triebe und sein Pflichtgefühl seinem Nutzen Abbruch tun, daß er in den Brunnen fällt, wenn er die Sterne beobachtet, und zu Reichtümern eher gelangt, wenn er Gassenhauer komponiert als Symphonien? Insbesondere muß der Mensch sich fragen, wozu er überhaupt denkt und prüft, da ja die Erkenntnis der Wahrheit durchaus nicht immer auch unmittelbar nützlich ist. Das menschliche Streben kann also von Natur aus auf eine Rangordnung der Ziele nicht verzichten. Bestimmte Ziele braucht der denkende Mensch ferner, wenn er Dinge anstrebt, die er selbst nicht mehr erleben kann. Wenn man als Schriftsteller einen Gedanken propagieren oder als Künstler den Zeitstil umgestalten will, wenn man als Staatsmann darauf ausgeht, die Entwicklung einer menschlichen Gemeinschaft in irgendeine Richtung zu lenken, dann läßt sich der Glaube an ein Ziel nicht entbehren; ja man muß sich in den meisten Fällen sogar sagen, daß der Nutzen und die Freude auch der Gesamtheit als Ziel nicht ausreicht, denn was der Gegenwart nützt und ihr erfreulich ist, weist zumeist noch keine Richtung für die Zukunft. Ebenso wie für jedes kulturelle und jedes soziale Streben Ziele, die als *absolut* gedacht werden, ganz und gar unentbehrlich sind, bedarf auch der Trieb nach eigener Vervollkommnung und der nach Wahrheit einer *absolu-*

ten Rangordnung der Ziele: der strebende und denkende Mensch verlangt mit Notwendigkeit neben dem Sein nach einem Sollen. So kommt es, daß kein Gedankengebäude Werte völlig ausschließen kann, denn der Denker muß an irgend welche Ziele geglaubt haben, sonst hätte er seine Gedanken wohl nicht entwickelt und ausgesprochen. Selbst die Lehre der chinesischen Taoisten kennt also Werte, denn was ist es anders als eine objektive Wertung, wenn man geringschätzig die Menschen, die ein Sollen kennen, Störenfriede, Weltverbesserer und Gewalttäter nennt? Ebenso kann auch Spinozas Lehre nicht folgerichtig bleiben; muß doch auch sie voraussetzen, es wäre *absolut* besser, die Natur zu erkennen, wie sie ist, als sie durch menschliche Vorurteile wertend zu trüben. Wie Spinoza diesen Widerspruch nur durch gezwungene Umdeutungen verschleiern kann, so scheint es überhaupt kaum einen anderen Weg zu geben, auf dem sich objektive Werte leugnen lassen, als daß man Wertungen für unbegründet und falsch, d.h. aber wohl für schlecht und minderwertig erklärt. Deshalb scheint für eine Weltanschauung, die von vornherein ein Sollen neben das Sein, Werte neben die Tatsachen stellt, doch nicht nur ihre Brauchbarkeit zu sprechen, sondern wohl auch ihre Konsequenz.

Als Muster einer solchen dualistischen Weltauffassung kann die Philosophie *Platos* gelten, die von einer *einzigen* Natur nichts wissen will, sondern das Reich der Ideen und das der Erscheinungen als zwei schroff getrennte Welten einander gegenüberstellt, eine Philosophie, die mit aller Glut der Begeisterung aus den Banden der unvollkommenen Sinnenwelt sich in das Reich der Ideale aufzuschwingen sucht. Da jedoch die enthusiastische und erlösungssüchtige Metaphysik Platos – deren Gefühlston zum Teil deutlich im Genieidealismus der Modernen nachklingt – ihre zweite und höhere Welt nicht nur mit Zielen und reinen Werten bevölkert, sondern auch Tatsachen, freilich Tatsachen einer höheren Art in sie verlegt, so zeigt sie sich nebenbei auch von naturphilosophischen Antrieben bestimmt und prägt deshalb den Zwiespalt zwischen Sein und Sollen nicht rein und völlig deutlich aus. Weit reiner hat sich dieser Zwiespalt vielmehr in der *Kantschen* Philosophie offenbart. Kant setzt reiner als Plato den Menschen absolute Ziele, die jedoch nicht als Tatsachen behauptet werden, denn er stellt zwar das Sollen, vor allem das ethische Sollen, den kategorischen Imperativ in den Mittelpunkt der Philosophie, zermalmt aber durch seine Kritik der reinen Vernunft zugleich jede dogmatische Metaphysik, die *Tatsachen* außerhalb der Welt der Erfahrung behaupten und feststellen wollte. In der zweiten Welt der Ziele gibt es bei Kant ganz und gar keine Tatsachen mehr, denn der absolute Wert *ist* nicht, sondern er *soll* sein, und alles, was mit ihm zusammenhängt, wird von Kant nicht dogmatisch behauptet, sondern *gefordert.* Diese Kantische Zweiweltentheorie scheint also schon nicht mehr vereinbarlich mit Geniedogmatik und Genieschwärmerei, deren Behauptungen ja der Erfahrung widerstreiten. Auch für die Metaphysik der schöpferischen Persönlichkeit ist hier kein Raum mehr, denn wie Kant jede sinnliche Triebfeder, selbst Mitleid und Liebe als wertlose Tatsache beiseiteschiebt, so müßte er wohl auch den trüben Enthusiasmus und die Freude am eigenen Schaffen für bloße menschliche Erlebnisse ansehen, die neben dem Streben nach dem nackten Wert um seiner selbst willen nicht zu bestehen vermögen: nur wer dem reinen Sollen, dem kategorischen Imperativ, Folge leistet, nicht wer seinem Schaffensdrang fröhnt und auf natürliche Begabung pochen kann, hat für Kant Persönlichkeit. Selbst in der Lehre vom Kunstschönen löst der Alleszermalmer den reinen Wert von allen Tatsachen, indem er die Schönheit in die bloße Form verlegt, die suggestive Macht der Stimmung aber als Reiz und Rührung ablehnt.[3]

Indes scheint auch die Kantische Zweiweltentheorie durch absolute Wertungen der Natur und vor allem dem Menschen bisweilen Gewalt anzutun; diese wird um so drückender fühlbar, als der Philosoph nicht auf halbem Wege stehenbleibt, vielmehr auch dem schroffen Satz beistimmt: »fiat justitia, pereat mundus«, weil er ihm folgerichtig beistimmen muß. Jedoch nicht die Konsequenz des Denkens, die aus der Zustimmung zu dem Wahlspruch der französischen Revolution hervorleuchtet, rechtfertigt die Bedenken gegen den Kantschen Begriff des Wertes, sondern dieser muß von einer anderen Seite her gefährdet erscheinen. Kant hat nämlich nicht nur seine Mitmenschen in einem bisweilen kaum erträglichen Regelkodex gezwängt – wie vornehmlich seine Alterswerke zeigen –, sondern er hat überhaupt, statt bloße Ziele aufzustellen, seine absoluten Werte dazu benützt, um über wirklich vorhandene Menschen, Triebfedern und Tatsachen gewaltsam abzuurteilen.[4] Wer aber so nicht bloß Ziele *vor* sich sieht, sondern auch zum Richter über Bestehendes wird, der vergißt zugleich mit den Schranken aller Menschen die Vorsicht und hat wieder alle die zwingenden Argumente des Naturalismus gegen sich, die es verbieten, die einzige Natur von außen her zu schulmeistern. Wenn wir also zwischen dem Naturalismus, der objektive Werte völlig leugnet, und der Zweiweltentheorie, die dem Sein ein Sollen entgegenstellt, nicht ewig hin und her pendeln wollen, dann ergibt sich die beinahe unlösbare Aufgabe, zwischen diesen beiden Weltauffassungen einen Ausgleich und eine Versöhnung zu suchen, eine Versöhnung, philosophiegeschichtlich gesprochen, zwischen den Weltauffassungen Spinozas und Kants. Wie schwieriges diese Aufgabe auch verlangen mag, so ist sie doch vielleicht die wichtigste für jeden, der in der Philosophie nicht nur Worte sieht, die zwischen Buchdeckeln vergilben und Hörsaalwänden verklingen, denn es handelt sich bei dieser gesuchten Versöhnung des absoluten Wertes mit den Tatsachen um die Frage, wie der Mensch, ein Teil der Natur, für ein Ziel leben, wie er sein Leben mit seiner Erkenntnis in Einklang bringen kann.

Diese schwere und brennende Frage umgeht der übliche Genieenthusiasmus völlig. Ohne sich viel um Probleme zu bekümmern, legt er den Menschen die quälende Last des Genieideals auf, stützt seine Gewalttat nur auf metaphysische Dogmen, als besäße er schon einen wohlgegründeten Standpunkt außerhalb der Natur, und verbietet die wertungslose und natürliche Betrachtung aller Tatsachen, die jene Genies berühren, einfach als Entweihung. Nur jene ziemlich seltene Spielart des Genieidealismus, die ein geschichtsphilosophisches Gewand umgenommen hat, übt hier mehr Vorsicht und Zurückhaltung. Diese uns schon bekannte historisierende Spielart des Geniebegriffes verlegt nämlich den Wert jener großen Männer ausschließlich in ihre historische Bedeutung und behauptet, jene Genies wären deshalb und nur deshalb verehrungswürdig, weil sie in der Geistesgeschichte der Menschheit vermeintlich bleibende Spuren hinterlassen hätten. Das historische Genieideal stellt also nicht nur die zweifellos wahre Tatsache fest, daß gewissen Personen eine besondere geschichtliche Bedeutung zukomme, sondern es meint, die Verehrungswürdigkeit jener Personen sei von vornherein in dieser Tatsache gewissermaßen eingeschlossen. Die Versöhnung zwischen Natur und Wert ist freilich sogleich erzielt, wenn man so die Wertmaßstäbe schon in den geschichtlichen *Tatsachen* erblicken will, denn man braucht nicht erst mühsam zu vereinigen, was man von Anfang an miteinander vermengt hat; es scheinen aber die schwersten Bedenken gegen den historisierenden Wertmaßstab und sein Persönlichkeitsideal zu sprechen. Fürs erste ist ein solches historisierendes Persönlichkeitsideal, das Ideal nämlich der geschichtlich einflußreichen Persönlichkeit, wohl völlig unbrauchbar. Die Geschichte ist immer nur bis zur Gegenwart bekannt, jedes Ideal aber will zu unserem Streben sprechen, das stets in die Zukunft weist; da aber die Tatsachen der Vergangenheit und Gegenwart unserem Streben kein Ziel zeigen, nützt uns auch der geschichtliche Einfluß nichts, wenn wir nicht wissen, nach welcher *Richtung* wir ihn aufbieten sollen. Das historisierende Menschheitsideal muß also zu Umdeutungen greifen, wenn es sich mit Inhalt erfüllen und unserem Streben eine Richtung zeigen will: es muß entweder Ziele willkürlich in die Geschichte der Gegenwart hineindeuten, von Entwicklungstendenzen sprechen und diese in eine Beleuchtung rücken, als wären sie nicht nur unzweifelhaft festzustellen, sondern auch zu begrüßen; oder aber es muß die Vergangenheit und Gegenwart verklären, das was besteht und lange dauert als wünschenswert, d.h. es muß den äußeren Erfolg als Wertmaßstab anerkennen; jene Strömungen der historischen Entwicklung aber, die sich nicht durchzusetzen vermochten, muß es als minderwertig verwerfen. Der historisierende Genieverehrer lehnt also zuerst jeden Richterspruch ab, der von außen her die Natur auf die Folter spannen will, aber er macht sich dann zum Nachrichter der *Geschichte*; er glaubt, vorsichtig absolute Wertungen ausgemerzt zu haben, und übt in Wahrheit *Anbetung des Erfolges.* Eine solche Versöhnung zwischen Sein und Sollen, ein so widerspruchsvolles, unbrauchbares und erfolgsanbetendes Kompromiß scheint wahrhaft zwischen zwei Stühle zu sitzen zu kommen.

Mit dem Hegelianismus, der gleichfalls alles Wirkliche für vernünftig und alles Vernünftige für wirklich erklärt, teilt das historisierende Genieideal alle Mängel: es bleibt uns nicht nur die Antwort schuldig auf die Frage, wozu es eigentlich *gut* ist, in der Menschheitsgeschichte eine Spur zu hinterlassen, sondern es tut auch des Guten zuviel, da *jede* Zukunft und jeder Erfolg, wie immer sie auch ausfallen mögen, seiner Billigung und Verehrung gewiß sein können. Da jede Zukunft nur aus einem Kampf widerstreitender Bestrebungen hervorgehen kann, gleicht das historisierende Genieideal einem teilnahmslosen Kampfrichter, der zwar bestimmt einem der Kämpfer den Siegespreis zuerkennen wird, der aber vorher nicht angeben kann, auf welcher Seite mitzukämpfen ist; die gute Sache ist ihm stets nur jene, die zuvor gesiegt hat. Damit sind aber alle Ziele für gleichberechtigt erklärt, was für unser Streben wohl dasselbe bedeutet, wie wenn man ihm jedes Ziel genommen hätte. Wer also den geschichtlichen Einfluß für den letzten Wertmaßstab erklärt und ein historisierendes Persönlichkeitsideal aufstellt, scheint das menschliche Streben ganz unbefriedigt zu lassen, das doch die letzte und einzige Rechtfertigung für die Aufstellung von Werten abgibt. Da historisierendes Persönlichkeitsideal und Hegelianismus unbrauchbar sind und in Erfolgsanbetung ausmünden müssen, werden wir die gesuchte Versöhnung zwischen Tatsachen und Wert von ihnen nicht erwarten dürfen. Wie jede Gesinnung, die aus einer unreinen Vermengung, einem Kompromiß erwachsen ist, können sie nur schlechte und unbrauchbare Früchte tragen.

Wir müssen also, ohne von dem Genieideal in seinen mancherlei Gestalten Hilfe zu erwarten, uns an das Problem des absoluten Wertes heranwagen und werden hiebei manche Fäden wieder aufnehmen können, die schon früher zutage getreten sind. Daß das Abfärben des Wertes nicht selbstverständlich erscheint, daß Persönlichkeits- und Sachwerte zu trennen und in der Verehrung und dem Streben zwei Quellen des Ideals zu unterscheiden sind, alle diese Ergebnisse werden uns noch manche Dienste leisten. Vorerst aber werden wir uns einen Weg zu dem absoluten Wert und der Metaphysik zu bahnen suchen, einen Weg, der wohl nur über die Untersuchung der menschlichen Wertungen führen kann, auch wenn er zunächst als ein Umweg erscheinen sollte.

Wertungen scheinen zunächst verwandt mit den Gefühlen der Ab- und Zuneigung, mit denen wir Menschen unsere meisten Erlebnisse verknüpfen, die wir also den Speisen und Getränken, unseren mannigfaltigen Tätigkeiten und ihren Ergebnissen entgegenbringen, die wir besonders lebhaft auch für unsere Mitmenschen und ihre Handlungsweisen empfinden. Wenn nun von unseren Mitmenschen eine Speise verschmäht wird, die uns selbst höchst wohlschmeckend erscheint, lassen wir uns sicherlich diesen Widerspruch nicht sonderlich nahegehen; dagegen zeigt sich bald, daß wir geneigt sind, den günstigen Eindruck, den wir von dem mutigen Verhalten eines Mannes, der Richtigkeit eines Gedankenganges, der Schönheit eines Gemäldes empfangen, auch gegen Widerspruch aufrechtzuerhalten. Ja, wir versuchen sogar in solchen Fällen Andersfühlende umzustimmen und sie zu unseren günstigen und ungünstigen Eindrücken zu bekehren. Durch die Einreihung unter die Zu- und Abneigungen wären also die angeführten ethischen, logischen und ästhetischen Gefühle nicht genügend gekennzeichnet; es müßte vielmehr als unterscheidendes Merkmal hinzugefügt werden, daß diese Gefühle den Anspruch erheben, auch von den *Nebenmenschen* anerkannt zu werden. Daher könnte man die bloß subjektiven Gefühle abtrennen von solchen, die mit dem Anspruch auf Allgemeingültigkeit erlebt werden, und könnte jene Gefühle, denen der Anspruch auf Objektivität wie ein Vorzeichen anhaftet, als *Wertungen* bezeichnen. Die Grenzlinie zwischen diesen Wertungen und den subjektiven Neigungen ist vielleicht keine völlig feststehende, sondern kann im Verlauf der Entwicklung wohl Verschiebungen erleiden: ein Kind mag zum Unterschied vom Erwachsenen noch geneigt sein, seinen Geschmack, auch was Speise und Trank anlangt, seinen Eltern und Spielgenossen aufzudrängen, und überhaupt mag eine Tendenz bestehen, Wertungen durch Reflexion allmählich in bloß subjektive Neigungen zu verwandeln. Dennoch läßt sich nicht leugnen, daß in den einzelnen Stadien dieser Entwicklung zwischen dem Erlebnis einer subjektiven Neigung und einer objektiven Wertung ein auffallender und wichtiger Unterschied im Vorzeichen besteht.

Durch die früher erwähnten logischen und ästhetischen Gefühle werden *Sachen* gewertet. Die ethische Wertung dagegen geht auf Handlungen und auf *Personen* ebenso wie die Verehrung und Bewunderung, denn auch diese Gefühle sind Wertungen, werden den Mitmenschen zugemutet und schlagen in Entrüstung um, wenn diese Zumutung von den Nebenmenschen nicht erfüllt wird oder gar auf Widerspruch stößt. Wertungen bauen sich nun nicht nur auf dem Gefühlsleben, sondern auch auf den *Bestrebungen* des Menschen auf, da ja das Gefühl mit dem Streben höchst verwandt scheint und ein Gefühl, etwa eine Abneigung, eine Unlust sich immer dann einstellen dürfte, wenn ein Streben nicht sogleich befriedigt, sondern eine Zeitlang gehemmt wird. Jedenfalls also streben wir Menschen nach Zielen: wir wollen etwa ein Geschäft zu einem glücklichen Ende führen und sind ein andermal bestrebt, einer politischen Partei zum Siege zu verhelfen. In diesem letzten Falle predigen wir unseren Mitbürgern ein politisches Programm und entrüsten uns über eine Regierung, die sich dem Programm nicht fügt, d. h. wir halten unser Ziel für *wert*voll, während der einsichtige Kaufmann sein Geschäft zwar mit allem Eifer betreiben, aber nicht die Unterstützung seines Strebens den unbeteiligten Mitkaufleuten zumuten und aufdrängen wird. Wir streben also nach Zielen, die zum Teil als bloß nützlich und angenehm für uns selbst, zum Teil aber auch als wertvoll für alle Menschen erscheinen: solche wertvolle Ziele, die angestrebt, gepredigt und verehrt werden, sind alle Ideale.

Es leuchtet ein, daß den Wertungen ein *soziales* Element beigemischt ist, da sie ja den Mitmenschen zugemutet werden und zunächst für die nächste Gemeinschaft, dann für alle Menschen gelten wollen. Wertungen wirken also ansteckend und werden von den Nebenmenschen miterlebt, ja wir sympathisieren sogar mit den Wertungen der Mitmenschen, die sie uns selbst entgegenbringen, sehen uns selbst mit den Augen der wirklichen oder nur vorgestellten Zuschauer und bewerten unsere eigenen Handlungen und uns selbst. Besonders regt sich unser Ehrgeiz, denn wir *wollen* geachtet und geschätzt werden, so daß die Selbstbewertung weit mehr mit dem Streben zu tun hat als mit dem Fühlen; gerade in ihrer reinsten Form, die den Zuschauer scheinbar völlig ausgeschaltet hat, streben wir nach Vervollkommnung für uns selbst, streben wir danach, unserem Ideal näherzukommen.

Mit dem sozialen Element zugleich ist auch ein *rationaler* Keim allen Wertungen beigemischt: da sie ja von mehreren Menschen anerkannt werden wollen, gerät man über sie leicht ins Streiten und wird bald genötigt, um sie gegen Widerspruch verfechten zu können, nach einer Begründung für seine Wertung zu suchen. Wir kleiden also unsere verschwommenen Werterlebnisse in die Gestalt von präziseren Urteilen, die wir mehr oder weniger triftig zu begründen versuchen, d. h. wir rationalisieren unsere Werterlebnisse zu *Werturteilen.* Diese Rationalisierung ist uns schon früher einmal begegnet, damals nämlich, als wir sahen, daß verschwommene Wertgefühle, wie Ehrfurcht und Inbrunst, abfärben können, präzise Werturteile dagegen nicht mehr. Wir beginnen auch die gewerteten Gegenstände zusammenzustellen und die Eigenschaften herauszuheben, die ihnen gemeinsam sind und die eigentliche Veranlassung für unser Werterlebnis darstellen: kurz, wir suchen und gewinnen durch Abstraktion *Wertmaßstäbe.*

Sobald wir aber einmal von Neigung und Begeisterung zu präzisen Werturteilen und Wertmaßstäben notwendig vorgeschritten sind, scheint freilich kein rechter Platz mehr für verschwommene Gefühle, während das Streben der Rationalisierung und Präzisierung viel besser standhält. Wir streben jetzt nach dem Ideal, das wir erkannt zu haben glauben, wir benützen die Wertmaßstäbe, um unsere Handlungen und Meinungen nach ihnen zu messen und zu verbessern, und kleiden Werturteile in die Gestalt von Vorschriften, Regeln und Forderungen: Du *sollst* deine Pflicht tun! Du *sollst* richtig denken! Du *sollst* keine schlechten Gedichte schreiben! Solche Gebote und Verbote richten sich aber sonderbarerweise nicht nur an das Streben und werden nicht nur laut, wenn rationale Werturteile und präzise Wertmaßstäbe schon erarbeitet sind, sondern auch leidenschaftliche Wert*gefühle*, wie Inbrunst und Ehrfurcht, führen, so unrationalisiert sie sind, zu Forderungen, zu einem Sollen, und der Imperativ ertönt: Die Welt *soll* ihre Genies verehren.

Das Ziel eines wertenden Gefühles oder Strebens, den Inhalt eines Werturteiles, den Gegenstand einer Forderung, kurz das, was sein *soll*: das könnte man den *Wert* nennen. Solche Werte werden also als völlig *objektiv* gedacht, denn sie wollen bestehen, ob sie von Subjekten anerkannt werden oder nicht, ähnlich wie ein Baum nicht davon abhängig gedacht wird, daß ihn Menschen wahrnehmen. *Absolut* müssen sie genannt werden, weil sie nicht in bezug auf andere Ziele, nicht als Mittel zum Zweck, sondern durch sich selbst Geltung haben wollen. Von bescheidenen Gefühlsvorzeichen, von menschlichen Werterlebnissen, subjektiven Ansprüchen, Gefühlen und Bestrebungen sind wir ausgegangen und jetzt tritt der Wert als objektiver und ebenbürtiger Rivale neben die Wirklichkeit: wenn sie der Gegenstand ist, auf den sich alle erkennenden Erlebnisse des Menschen richten, so richten sich auf ihn als Gegenstand alle Werterlebnisse; die Natur existiert, er aber gilt; die Tatsachen sind, die objektiven Werte aber sollen sein: sie scheinen gleichsam das Ziel, der Sinn der Natur. Der objektive und absolute Wert, sei er nun gefühlt oder erstrebt, tritt selbstherrlich auf, entrückt aller menschlichen Subjektivität, und verlangt gebieterisch von den Menschen Anerkennung, von der Natur Verwirklichung.

Einen solchen objektiven und absoluten Wert soll also das Genie darstellen. Wenn man nun einteilen wollte, müßte man klarerweise die Genialität zu den Persönlichkeitswerten rechnen, nicht aber zu den Sachwerten. Auch die Tiefe gehört, wie sich gezeigt hat, zu den Persönlichkeitswerten, wiewohl man sie nicht nur den Denkern, sondern auch den Gedanken nachzusagen pflegt. Der von den Modernen aufgestellte Geniewert wird ferner vor allem erfühlt, nämlich verehrt, und nur in zweiter Linie erstrebt.

Mit der bloßen Aufstellung absoluter Werte ist es jedoch noch nicht getan. Wenn man nämlich mit der Objektivierung des Wertes ernst macht und die Überzeugung, daß Werte nicht minder objektiv sind als Tatsachen, furchtlos und folgerichtig bis zu Ende denkt, dann ergeben sich ganz von selbst einige Folgerungen, die den Wert betreffen, wenn er objektiv sein soll. Wir wollen also den Begriff der Wertobjektivität die Folgerungen auch entwickeln lassen, die in ihm schlummern, und zusehen, ob das Genieideal diesen Folgerungen genügt. Wenn die Untersuchung aber auf Widersprüche stößt, wird sie wohl behaupten dürfen, daß das Genieideal nicht geeignet ist, einen objektiven und absoluten Wert abzugeben.

Was bedeutet also zunächst dieses merkwürdige Wort objektiv? Am einfachsten wird man vorläufigen Aufschluß über den Begriff des Objekts oder Gegenstands auf dem Gebiet der Wahrnehmungen und Vorstellungen gewinnen können. Eine Halluzination, ein Traumbild rechnet man dort nicht zu den objektiven Tatsachen, vorerst deshalb, weil diese Vorstellungen, so lebhaft und zwingend sie auch sein mögen, stets nur von einem einzigen Subjekt erlebt, nicht aber von den Mitmenschen geteilt werden. Diese Erlebnisse heißen also *subjektiv* ebenso wie auch ein Schmerzgefühl, das gleichfalls nur von dem einen Kranken verspürt wird, zum Unterschied von der objektiven Ursache des Schmerzes, die der Arzt aufzusuchen und in den Bereich der *allgemeinen* Erkennbarkeit zu heben bemüht ist. Was objektiv ist, das wird also stets auch als *allgemeingültig* gedacht, so daß der Objektivität zunächst eine soziale Bedeutung zuzukommen scheint. Ähnlich wie auf dem Gebiet der Erkenntnis wird man jetzt auch von jedem objektiven Wert wohl verlangen müssen, daß er nicht nur von *einem* Subjekt erlebt wird, sondern daß für alle Subjekte zumindest die Möglichkeit besteht, ihn zu erleben. Wenn ein Wert allgemeingültiges Objekt sein soll, so müßte das zugehörige Werterlebnis *allen* Menschen zugänglich sein. Wenn mithin jene Genialität, etwa die Beethovens, objektiv gewertet wird, so müß-

ten alle Menschen dieses Geniewerterlebnis haben können, wie es schließlich auch wirklich denkbar wäre, daß ein jedes wertende Subjekt Beethoven als Genie bewundernd verehrt und allenfalls ihm nacheifert.
Doch wie steht es mit Beethoven selber, kann er sich selber verehren und bewundern? Jener Geniewert beruht ja auf einem Gefühl, das sich aus Bewunderung und Verehrung zusammensetzt, von Lebenssteigerung und leiser Furcht getönt und mit der Suggestion nahe verwandt ist, einem Gefühl, das früher kurz das Persönlichkeitserlebnis genannt wurde. Diesem Persönlichkeitserlebnis ist zwar die Gegenwart besonders zugänglich, dennoch scheint es nur auf einer Gefühlswirkung zu beruhen, die von gewissen Autoritäten ausstrahlt, aber für eine völlige Objektivierung deshalb kaum geeignet ist, da sie *einem* Menschen immer fremd bleiben muß: der verehrten Autorität selber. Muß diese Sonderstellung der Verehrer nicht zumindest das schärfste Mißtrauen wecken gegen den Anspruch der Ehrfurcht, sie wäre ein Wegweiser aus den Banden menschlicher Subjekte in ein Reich von objektiven Idealen? Das suggestive Persönlichkeitserlebnis wird zwar den Mitmenschen zugemutet, ist also ein *Wert*gefühl, das sogar besonders ansteckend wirkt; trotzdem muß es als eine nur subjektive Wertung bezeichnet werden, wenn man mit der Objektivierung wahrhaft ernst machen will. *Verehrte* Ideale, die alle mehr oder minder von dem suggestiven Persönlichkeitserlebnis durchtränkt sind, scheinen also nicht tauglich objektive Werte abzugeben, ja Wert*gefühle* eignen sich wohl überhaupt nicht recht für die Objektivierung.
Nun brauchen wir an allen objektiven Idealen deshalb noch nicht zu verzweifeln, denn früher hat sich ergeben, daß Werte von uns nicht nur in Gefühlen, sondern auch im Streben erlebt werden können. Mit Idealen und Werten, die erstrebt werden, steht es jetzt ganz anders. Ein Streben kann sehr wohl als allgemeingültig gedacht werden, an das Streben lassen sich durchaus Anforderungen stellen, die wirklich an *alle* Menschen ergehen und nicht den Fordernden von Anfang an ausschließen, denn nach dem Ideal, das man als objektives *Ziel* allen Mitmenschen aufrichtet, vermag man stets auch selber zu streben. Die lebhaften Gefühle der Selbsteinschätzung, wie Stolz, Eigendünkel und Selbstverachtung, verwandeln sich auch von Natur aus in ein solches Streben und können erst nach dieser Verwandlung objektive und allge-

meingültige Werte begründen, denn wie das suggestive Persönlichkeitserlebnis nie von der verehrten Autorität, so kann ihr Gegenbild, das Selbstgefühl, nie von den Zusehern miterlebt werden: beide sind stets nur subjektiv. Wahrhaft objektive Werte scheinen also nur als allgemeingültige *Ziele* einen Sinn zu haben, ja was könnte ein Sollen überhaupt bedeuten, wenn es in Gefühlen begraben wird und nicht auch im Streben Früchte trägt? Erstrebt können aber nur sachliche Ziele werden, d. h. *Sach*werte, und als Persönlichkeitswert wohl nur Vervollkommnung des Charakters, so daß nur Sachwerte und *ethischer* Persönlichkeitswert einer bis zu Ende gedachten Objektivierung standzuhalten scheinen. Das Genieideal dagegen gibt wie jeder nichtethische Persönlichkeitswert für Menschen kein brauchbares Ziel ab, denn es ist aussichtslos, Genialität, d. h. angeborene Gaben, zu erstreben; ja, die Menschen müssen unglücklich, unzufrieden und erlösungssüchtig werden, wenn sie dem subjektiven und gefährlichen Wahngebilde des Genieideals nachjagen.
Um in der Entwicklung der Wertobjektivität fortzufahren, haben wir ferner zu bedenken, daß objektive Werte wohl auch einer Rationalisierung und Präzisierung standhalten müßten. Auch die Welt der Tatsachen wird ja stets von menschlichem Zweifel angenagt, der alles Unbestimmte, Ungeordnete und Widerspruchsvolle als Schein und Irrtum ausmerzt und schließlich nur das als *objektiv*, als Gegenstände, bestehen und gelten läßt, was in präziser Bestimmtheit sich aneinanderordnet. Deshalb müßte es als bedenkliche Leichtfertigkeit erscheinen, wenn man behaupten wollte, es gäbe außerhalb der Welt der Tatsachen noch Werte, nicht minder objektiv als jene Tatsachen und doch empfindlich gegen den Versuch einer Prüfung und Präzisierung, flüchtig und unbeständig vor jedem Anhauch der menschlichen Skepsis. Wem es um seine objektiven Werte ernst ist, der muß sich jeden Zweifel an seinen Wertmaßstäben gefallen lassen; hält man ihm Widersprüche und Probleme entgegen, dann muß er Rede stehen und seine Behauptungen mit Gründen belegen können, denn wenn irgend etwas nach Prüfung und Begründung verlangt, dann ist es der kühne Schritt von dem gesicherten Boden der Tatsachen in ein Reich der Werte. Der enthusiastische und dogmatische Predigerton des Genieverkünders, der jede Prüfung seines Ideals als Entweihung verketzert, scheint deshalb ganz und gar ungeeignet, über absolute Werte das letzte Wort zu behalten. Zwar wird man

mit Beweisen und Prüfen weder andere Menschen noch sich selbst zu Zielen bekehren können, denn kühle Vernunftgründe haben über Menschen weniger Gewalt als Enthusiasmus und halbbewußte Leidenschaft. Man muß Ideale wohl vorerst fühlen und innerlich an sie glauben, um für sie leben zu können, aber die Prüfung aller Wertmaßstäbe wird doch dazu dienen, alle jene Werterlebnisse von uns abzutun, die sich nicht objektiv rechtfertigen lassen; sie wird unter unseren Wertungen solche aussondern, bei denen wir verharren und uns auf unser Gefühl felsenfest verlassen können. Erst wenn wir das Genieideal, wie alle vermeintlichen Werte, furchtlos und unbeirrt, gleichsam mit den Augen eines unbeteiligten Mondbewohners betrachtet haben, werden wir *den* Wert, der aus der skeptischen Zersetzung aller Wertmaßstäbe heil hervorgegangen ist, als objektiv und absolut behaupten dürfen. Die Tatsache, daß gewisse Personen an Begabung und geschichtlichem Einfluß dem menschlichen Durchschnitt beträchtlich überlegen sind, werden wir keineswegs leugnen; ob dagegen diese Personen verehrt und zu Idealen gestempelt werden sollen, das wird uns alles eher als selbstverständlich, wird uns als ernstes Problem erscheinen müssen. Jedem Wertmaßstab wollen wir also Zweifel entgegensetzen und wollen fragen, mit welcher Begründung er seine Rechtmäßigkeit auszuweisen vermag. Da wird es sich dann herausstellen, daß alle Wertmaßstäbe relativ und subjektiv sind – bis auf einen einzigen absoluten –, daß sie nur auf menschliche Werterlebnisse sich stützen, die man haben oder sich abgewöhnen kann, die man aber niemand anderem zumuten und aufdrängen darf.
Es darf nämlich nicht übersehen werden, daß Schätzung und Verehrung, wie alle Wertungen, ursprünglich zwar den Mitmenschen zugemutet werden, daß sie aber nur den *Anspruch* auf Allgemeingültigkeit erheben, einen Anspruch, der selber nur subjektives Erlebnis ist. Für die reflektierende Selbstbeobachtung ist das Vorzeichen der Objektivität, das die Wertungen von den Neigungen unterscheidet, selbst nur ein subjektives Erlebnis, das man sich auch abgewöhnen könnte, so daß eine Wertung sich durch Reflexion in eine Vorliebe, ein subjektives Gefühl verwandeln läßt. So sind wir zweifellos imstande, den Anspruch auf allgemeine Anerkennung etwa unserer Kunsturteile aufzugeben, so lebhaft unsere Entrüstung auch zuerst sein mochte, wenn dem Nachbarn das Theaterstück behagt, das uns abscheulich vorkommt. Dieser sub-

jektive Anspruch auf Objektivität ist also – wie lebhaft und zwingend er auch sein mag – *nicht* der letzte Prüfstein der Allgemeingültigkeit eines Wertes, denn ein gleiches Vorzeichen haftet ja auch jeder Sinnestäuschung an, die uns etwa den ins Wasser getauchten Stab als geknickt, die geschwungene Kohleglut als Feuerkreis erscheinen läßt. Genau so wie wir unsere Wahrnehmungen, Sinnestäuschungen und Halluzinationen, die *alle* mit dem Anspruch auf Objektivität erlebt werden, miteinander konfrontieren, zu einem widerspruchslosen, geordneten und exakten Weltbild vereinigen und allen Erlebnissen, die bei diesem Rationalisierungsprozeß stören, das Vorzeichen der Objektivität als trügerisch absprechen, genau so müssen wir auch bei den Wertungen vorgehen. Wir müssen untersuchen, welche Werterlebnisse von vornherein ungeeignet sind, wirklich von allen Menschen erlebt zu werden, müssen alle Wertungen zu Werturteilen rationalisieren, Wertmaßstäbe erarbeiten und jene Wertungen, die dieser Rationalisierung nicht standhalten, durch Reflexion in bloße Neigungen und subjektive Gefühle verwandeln. Wer aber für sich selbst auf gewisse Wertgefühle, wie Ehrfurcht und Inbrunst, nicht verzichten mag, der möge sich wenigstens hüten, den Nebenmenschen damit lästig zu fallen und die Naturerkenntnis subjektiv zu trüben. Wer sich also unglücklich fühlt, wenn er nicht gewisse Menschen mit einem Schwall metaphysischer Gefühle überschütten kann, der folge seinen Neigungen, wenn er sich nur sagt, daß Mitmenschen, denen ähnliche Bedürfnisse abgehen, deshalb noch nicht zu verdammen sind. Wenn es ihm gelingt, so mag er überdies bei ruhiger Überlegung versuchen, seine Menschenverehrung zu überprüfen und zu fragen, inwieweit sie sich mit seinen sonstigen Erkenntnissen und Zielen in Einklang bringen läßt. Es genügt ja durchaus, wenn die Prüfung solche Werterlebnisse nachträglich als subjektiv um eine Stufe herabdrückt, wie dies ja auch mit den Sinnestäuschungen geschieht; wäre es doch unbillig, von Menschen zu fordern, sie mögen den ins Wasser getauchten Stab *sogleich* nicht als geknickt sehen. Aber erst bis diese Rationalisierung vorgenommen ist, dürfen wir von Objektivität, von Gegenständen sprechen, denn ebenso wie Wahrnehmungen und Vorstellungen ihren Gegenstand treffen oder verfehlen können, müssen wir dies jetzt auch von Wertungen und ihrem Gegenstand annehmen. Wenn wir also auch das noch so lebhafte Bedürfnis verspüren sollten, unseren verehrten Helden auch von den Mitmenschen verehrt zu sehen, so reicht dieses Bedürfnis noch lange nicht hin, um zu beweisen, daß der Held in Wahrheit auch verehrungs*wert* ist. Kurz, wer die Objektivität des Ideals zu Ende denkt, der muß subjektive Werterlebnisse von dem objektiven Wert ähnlich unterscheiden wie Wahrnehmungen von ihrem Gegenstand.

Wie aber müßte dieser Gegenstand der Werterlebnisse, der objektive Wert, gedacht werden? Das eine haben wir mit Sicherheit erkannt, daß das absolute Ideal, der Gegenstand der Wertungen, von allen Gegenständen der Erkenntnis aufs schärfste abzutrennen ist. Die Gegenstände der Erkenntnis sind Tatsachen und Beziehungen zwischen Tatsachen; sie bilden das Reich der Natur. Das absolute Ziel dagegen, das niemals Tatsache noch Wirklichkeit ist, steht außer der Natur: darum ist es durchaus metaphysisch. Freilich sind auch absolute Ideale metaphysische Ziele nur für ein Streben. Es braucht uns aber nicht zu bekümmern, ob sie auch ohne strebende Menschen noch einen Sinn hätten, denn ebenso müßig erscheint ja auch die ähnliche Frage, wohin die Welt der Tatsachen entschwände, wenn keine erkennenden Subjekte vorhanden wären. Es genügt, daß absolute und objektive Ideale – wenn es nämlich welche gibt, die *jeder* Prüfung standhalten – für den strebenden Menschen Geltung haben, und nur weil sie weder existieren noch zu den Tatsachen der Natur gehören, darf man sie der Metaphysik zurechnen; ja, es läßt sich wohl überhaupt kein anderer Weg angeben, der aus der Natur hinausführt, als der Weg, den die menschlichen Wertungen weisen. Der einzige Gegenstand einer Metaphysik, die auf sichere, in Erlebnissen begründete Fundamente nicht verzichten will, ist deshalb der objektive Wert, das absolute Ziel. Von der Metaphysik wollen wir also niemals Informationen über Tatsachen und Distanzangaben über die Flügelspannweite des Engels Gabriel erwarten. Wir wollen uns hüten, das metaphysische Ideal durch tatsächliche Behauptungen zu verunreinigen, und wollen uns ebenso hüten, die Tatsachen der Erfahrung durch metaphysische Gefühle zu plumpem Aberglauben umzufälschen. Daß Klopfgeister mit Hilfe eines Morsealphabetes uns durch einen wackeligen Tisch Mitteilungen zukommen lassen, das ist eine Tatsache oder ein Betrug: metaphysisch, verehrungswürdig, heilig ist es keinesfalls. Darum wollen wir auch der Geniedogmatik, die ihre behaupteten Tatsachen in den Dunstkreis der Heiligkeit hüllt, jede Prüfung

aber als Entweihung verbietet, unsere gesunde Skepsis entgegensetzen und in ihr nur einen grobkörnigen Geniespiritismus erblicken.
Die Metaphysik hat also reine Ziele aufzustellen, denn was könnte Wirklichkeit mit Werten und Idealen zu schaffen haben? Ideale können in der Welt der Tatsachen keinerlei Wirkung ausüben, so daß jeder Versuch, Metaphysik in die Verkettung der Geschehnisse oder gar in den Verkehr der Menschen einzumengen, sich selbst als Taschenspielerkunststück entlarvt. Der Schwärmer, der sich mit der Wahrheit nicht begnügt und hinter der Natur noch eine Tiefe sucht, findet nur seine eigenen Hirngespinste, und ihre Hirngespinste sind es auch, auf die jene Idealisten der Gesellschaft und des Staates so fest vertrauen, als hätten sie eine Botschaft aus dem Reich der Ideale erhalten, wenn sie das Glück der menschlichen Gemeinschaft als zu seicht hinstellen und sich getrauen, über lebendige Menschen nach ihrer tiefen Weltanschauung und ihrer vermeintlichen Metaphysik zu verfügen. Wie aber alle Gedanken der Menschheit nicht ein Atom von seinem Platze rücken können, so kann die wahre Metaphysik nie den Vorwand dafür abgeben, daß unseren Mitmenschen auch nur das allerkleinste Opfer auferlegt werde; sie ist keine Münze, die im Reich der Tatsachen Kurswert hat und die Tränen bezahlen könnte, die fließen müssen, weil eine unreinliche Metaphysik der Persönlichkeit, der Kultur, des Staates, der Nation, des Krieges ihren unklaren Irrtümern nachhängt. Erst bis die Metaphysiker, die mit ihren Forderungen und Wünschen die Wirklichkeit entstellen, die Augen auftun und sich als Menschen unter Menschen sehen werden, statt sich auf ihr Persönlichstes, ihre Weltanschauung und ihren Idealismus, zu berufen, wird Gewissenhaftigkeit des Denkens unter uns heimisch werden, ohne die Gewissenhaftigkeit der Gesinnung unerreichbar bleibt. Da sich also metaphysische Ziele gar nicht reinlich genug von allen Wirklichkeiten sondern lassen, wollen wir uns weder unsere Erkenntnis von Schwärmern verbieten und trüben lassen, noch auch voreilig und unduldsam harmlosen Mitmenschen metaphysische Lasten aufbürden. Die Natur wollen wir natürlich und unmetaphysisch betrachten, mag auch der Tiefenbegriff, der Tatsachen und metaphysische Werte schwärmerisch ineinanderrinnen läßt, seine Einwendungen und Anklagen erheben. Auf Trost und Hoffnung durch metaphysische Dogmen müssen wir freilich verzichten,

denn außer der Natur und der Notwendigkeit ihres Geschehens gibt es keine Tatsachen, weder für Menschen erfreuliche noch auch unerfreuliche. Wer die wahre und reine Metaphysik nur im Dienst des absoluten Ideales sieht, der findet sich vor der nackten Sache im leeren Raum allein, trostlos und hoffnungslos, doch ohne Sehnsucht nach Trost und Hoffnung. Das Genieideal dagegen macht die Menschen zuerst unzufrieden, erlösungssüchtig und zu verkannten Genies und tröstet sie dann mit der Hoffnung auf Nachruhm; indem es uns gewaltsam ins Unglück hetzt und als Ersatz nur schwärmerische Dogmen bietet, nimmt es den Menschen Physisches, um sie mit Metaphysischem zu bezahlen. Wenn etwas Verblendung ist, so ist es diese Vermengung von Tatsachen mit metaphysischen Werten, die die Welt unweltlich betrachtet und immer Menschen unmenschlich behandeln muß.

Es führt aber die Entwicklung des objektiven Wertes notwendig immer näher zu der gesuchten Versöhnung zwischen Wert und Natur, denn man braucht nur das absolute und objektive Ideal restlos zu Ende denken und vor den Konsequenzen nicht zurückscheuen, die es in sich einschließt, dann muß es schon von selbst seinen Platz weit außer jeder Wirklichkeit einnehmen. Das absolute Ideal ist schon jetzt kaum mehr der Störenfried, der die bestehende Natur gewaltsam nach Regeln aburteilt, denn sobald sich erst ergeben hat, daß nichts Wirkliches mehr als metaphysisch, heilig und wertvoll anzusehen ist, dann hat sich der metaphysische Wert schon in ein ewig unerreichbares Ziel, in eine bloße Richtungsangabe für unser Streben verwandelt. Da das absolute Ideal, zu Ende gedacht, nie gegeben, stets nur aufgegeben ist, scheint sich zwischen Natur und Wert eine so unüberbrückbare Kluft aufzutun, daß jede Grenzüberschreitung unmöglich ist. Freilich ließe sich von einem anderen Standpunkt, nämlich von dem des Erkenntnistheoretikers, wohl zeigen, daß auch die Natur in ihrer Ordnung, Präzision und Gesetzmäßigkeit noch nicht als gegeben betrachtet werden kann, denn auch der Gegenstand der Erkenntnis, die bestimmte und geordnete Welt, erweist sich nur als Aufgabe, deren Bewältigung wir nur immer näher kommen, die wir aber nie erreichen können. Ziel und Natur scheinen also doch wieder, und zwar in Gestalt der Wahrheit und des Gegenstandes, irgendwie zusammenzufallen und sich aufeinander anwenden zu lassen.[5] Doch da für derlei erkenntnistheore-

tische Untersuchungen nicht hier der Platz ist, braucht uns die Natur als Ziel jetzt nicht weiter zu bekümmern. Hier müssen wir vielmehr in dem Versuch fortfahren, die Konsequenzen der Wertobjektivität weiterzuentwickeln und das Genieideal an diesen Konsequenzen zu messen.
Es hat sich schon ergeben, daß der objektive Wert mit dem subjektiven Werterlebnis deshalb nicht ohneweiters zusammenfällt, weil ein objektives und allgemeingültiges Sollen vorerst einer Begründung und Rationalisierung standhalten muß. Da nun jede Prüfung und Rationalisierung aus verschwommenem Brei präzise Kristalle gestalten muß, darf ein *absolutes* Ziel nicht wie in einem Dunstkreis unbestimmt über seine Grenzen verfließen. Nur auf einem Saum von Unpräzision, der alle menschlichen Erlebnisse, insbesondere aber die Gefühle umgibt, beruht jedoch das Abfärben unserer Wertgefühle; also muß mit diesem Saum auch die Übertragbarkeit und das Abfärben verschwinden, wenn man Werte als absolut aufstellen will. Das Abfärben der Wertgefühle mag eine durchaus natürliche Erscheinung sein, man mag die Übertragbarkeit der Ehrfurcht tausendmal an sich selbst beobachtet, der Psychologe mag sie erklärt und sie auf ihre psychischen und physischen Bedingungen zurückgeführt haben, so bleibt doch die Folgerung bestehen, daß der Gegenstand der Werterlebnisse, der Wert selbst *nicht* abfärbt. Wenn darum die Genieverehrer in der schöpferischen Persönlichkeit – um ihre Sprache zu sprechen – einen metaphysischen Wert sehen wollen, so müßte es für sie noch immer ein Problem bleiben, wieso auch den Werken dieser Persönlichkeit Wert zukommt. Wenn wir umgekehrt auch finden mögen, daß ein Gedankengebäude in seiner Wahrheit und Konsequenz, ein Kunstwerk in seiner architektonischen Präzision an dem absoluten und metaphysischen Wert gewissermaßen Anteil hätte, so müssen wir uns dennoch hüten, deshalb auch den menschlichen und sinnlichen Drang, solche Werte zu schaffen, gleichfalls für wertvoll zu halten. Es ist auch nur ein Dreieck dreieckig, aber nicht der Entschluß, ein Quadrat in Dreiecke zu zerschneiden.*

* Es verdient Erwähnung, daß hier von einem eigentlichen Abfärben erst gesprochen werden darf, wenn die primitivste, aber auch unvermeidliche Rationalisierung schon stattgefunden und Werk und Autor schon getrennt hat. Im völlig unrationalisierten Stadium gibt es dagegen keinen substantiellen Autor und kein substantielles Werk, sondern nur die sub-

Mit der Behauptung, daß Werte objektiv sein können, hat sich ein Räderwerk in Gang gesetzt, das unaufhaltsam abläuft, dem wir auch dann nicht in die Speichen fallen dürfen, wenn sein Gang unseren gewohnten Meinungen unbequem zu werden beginnt. Diese Entwicklung des absoluten Ideals hat notwendig zu der schroffen Folgerung geführt, daß Werte, die als objektiv gelten wollen, nicht abfärben, eine Folgerung, die aber gerade in ihrer Schroffheit es gestattet, die zwei Welten der Natur und des Wertes in Einklang zu bringen. Wer also absolute Ideale kennt und seine Überzeugung auch zu Ende denkt, der sieht in dem metaphysischen Wert ein bloßes Ziel, nach dem wir streben, das aber uns selbst und unser Streben nie wertvoll machen kann. Neben diesem Streben nach dem Ideal gibt es für uns keinen anderen Weg, metaphysische Werte zu erleben, denn von allen Arten der Werterlebnisse kann nur das Streben objektiv, allgemeingültig und rational gestaltet werden. Deshalb muß die wahre Metaphysik der Werte selbst es als von Grund aus verfehlt bezeichnen, daß Menschen die Vergangenheit nach Werten beurteilen und die Erkenntnis des Geschehens von außen trüben, denn Ziele und Aufgaben liegen stets nur in der Zukunft. Die Wertmetaphysik zeigt aber auch, wie sinnlos und überflüssig es wäre, selbst die Gegenwart nach Werten abzuurteilen und den Mitmenschen mit Idealen wehe zu tun. Wenn wir Menschen nur in dieser Welt unsere Heimat haben, im Reich des absoluten Ideals aber ewig Fremdlinge bleiben, dann scheint es wohl überflüssig, daß wir einander metaphysisch verklagen und lärmen, weil einer unter uns von absoluten Zielen nichts weiß oder sie verfehlt, denn Schwäche und Irrtum sind wahrlich nicht verwunderlich und können gleich jeder anderen Tatsache nur *eine* Aufgabe stellen und absolut rechtfertigen: die Aufgabe, sie zu erkennen und ihre Notwendigkeit zu verstehen. Es kann also kein metaphysisches Ideal Menschenverehrung und Menschenverachtung rechtfertigen. Das Ideal ist ja nur ein Ziel für uns selbst, kein Foltergerät für unsere Mitmenschen, aber auch keine Geißel zur Selbstqual in der Hand reuiger Sünder. Darum macht der metaphysische Wert niemand unglücklich, er zeugt keine Weltverbesserer, keine würdevollen

jektive und die objektive Seite des künstlerischen und dichterischen Erlebens, zwei Seiten, zwischen denen nicht eigentlich Abfärben, sondern Verschmelzung besteht.

Sklaven und keine Verehrer der Ehrfurcht, sondern macht die Menschen zwar frei und würdelos, doch demütig, sachlich und duldsam vor ihren Mitmenschen, auch wenn sie andere Wege wandeln. Jedoch: wenn wir wirklich eine absolute Aufgabe erfüllen sollen, so sollen wir dies nur um der Aufgabe und nicht um unser willen, so daß auch das Ideal des demütigen und würdelosen, des freien und sachlichen Menschen nur als ein Hilfsideal erscheinen kann.

Dieses Hilfsideal ergibt sich jedoch mit Notwendigkeit aus dem zu Ende gedachten Begriff des metaphysischen Wertes. Vor den Tatsachen der Natur erscheint jede Wertung – und mag sie sich so abgeklärt wie der tolerante Persönlichkeitsbegriff gehaben – als haltlos, ja als eine Störung durch Gefühle und Forderungen, die immer nur menschliche Meinungen sind und dennoch mehr sein wollen. Da hingegen Gedanken als menschliche Erlebnisse nicht nur eine tatsächliche Seite haben, sondern auch Gegenstand des eigenen Erkenntnisstrebens und Wegweiser auf jeder Suche nach Zielen sind, muß sie prüfen und beurteilen, wer seine Aufgabe erfüllen will. Die Denker dagegen verlangen als Naturdinge keineswegs nach einem solchen Richterspruch. Es führt also auch die Untersuchung des metaphysischen Ideals zur toleranten Sachlichkeit, die die Gedanken richtet und nicht die Denker, die Ziele prüft, ohne die Natur zu schulmeistern und die Menschen zu vergewaltigen. Die wahre Metaphysik macht deshalb die Menschen schroff und unnachsichtlich in der Konsequenz ihres Denkens, doch behutsam, milde und zurückhaltend vor allen Wirklichkeiten. Die Geniemetaphysik dagegen muß Schroffheit und Milde, Denken und Wirklichkeit miteinander gerade vertauschen. Unter ihren Bekennern finden wir erlösungssüchtige und ewig unzufriedene Enthusiasten, die die Mitmenschen mit ihren Forderungen in die Irre führen und mit ihren Vorschriften quälen, die die Notwendigkeiten der menschlichen Natur mit Idealen peitschen und voll Mengenverachtung in ihrer Lebensführung aufs schroffste zeigen wollen, sie selbst stünden außerhalb dieser Notwendigkeit: sie alle sind unnachsichtlich vor der Wirklichkeit. Wenn wir uns aber dann in ihren Gedanken umsehen und dort die gleiche Schroffheit und unerbittliche Konsequenz erwarten, da finden wir, daß sie vor ihren Leidenschaften und Gemütsbedürfnissen ängstlich zurückweichen, daß ihre Metaphysik schon bei Massensuggestion, Aberglaube und Nachwelt haltmacht, daß sie ihre Ideale gar nicht bis ins wahrhaft Metaphysische zu Ende denken wollen und auch mit jeder Inkonsequenz, jeder Halbheit ihrer Genies zufrieden sind, wenn nur emotionale Vorurteile dahinter stecken. Die Geniemetaphysik betätigt also Behutsamkeit und Toleranz im Reiche der Gedanken. Dies scheint wohl nicht der richtige Radikalismus und die richtige Milde zu sein.

Deshalb zeigt auch die chinesische Mystik, die, philosophischer als die Geniemetaphysik, bei allem Irrationalismus an Konsequenz und Kühnheit der Spekulation kaum etwas zu wünschen übrig läßt, daß gerade die Schroffheit der Spekulation sich nicht mit Weltverbesserertum und Mengenverachtung, sondern nur mit Milde des äußeren Lebens vereinigen läßt. Von dem taoistischen Heiligen, der den Zustand der äußersten metaphysischen Entrückung erreicht hat, heißt es darum: »Er rührt sich nicht um des Gewinnes willen und schätzt doch nicht gering die Sklaven, die das tun. Er streitet nicht um Geld und Gut und macht doch nicht viel Wesens mit Ablehnen und Gönnen. In seinen Geschäften verläßt er sich nicht auf die Menschen, und doch tut er sich nichts zugute auf seine Stärke und verachtet nicht, die in ihrer Gier dem Schmutze sich zuwenden. In seinem Wandel unterscheidet er sich von der Menge und tut sich doch nichts zugute auf seine Abweichungen. In seinen äußerlichen Handlungen richtet er sich nach der Masse und verachtet nicht die Schwätzer und Schmeichler.«[6] Gemessen an einer solchen Metaphysik, muß wohl der Genieidealismus mit seiner Mengenverachtung als außerordentlich grobkörnig erscheinen.

Wenn wir davon absehen, daß auch dieses taoistische Ideal der Milde noch die unvollkommene Hülle eines Persönlichkeitsideals umgenommen hat – von der es sich aber, wie sich wohl gezeigt hat, unschwer befreien läßt –, wenn wir vielmehr zu der Versöhnung von Wert und Wirklichkeit zurückkehren, so zeigt sich, daß sich diese keineswegs durch Kompromiß und Halbheit erzielen läßt. Nur wenn man nirgends haltmacht, solange es zu früh ist, nur wenn man das metaphysische Ideal auch als wahrhaft metaphysisch-außerweltlich ansieht, kann es sich mit der Welt versöhnen und gelöst von den letzten Spuren jeder Wirklichkeit die Rolle des Störenfriedes ablegen. Schroffe Weltverbesserer dagegen, die als Ausnahmspersönlichkeiten leben wollen, müssen immer halb im Denken sein, denn gerade der Radikalismus in der

Erkenntnis führt zur sanften Vorsicht vor der Natur und ihren Notwendigkeiten.

So beruht dieser Versuch einer Versöhnung zwischen Sein und absolutem Sollen recht eigentlich auf der Erkenntnis vom Nichtabfärben des Wertes. Da aus dieser Erkenntnis, zu der die Entwicklung der Wertobjektivität notwendig führen mußte, weiter folgt, daß Werterlebnisse nicht wertvoll, menschliche Ehrfurcht und menschliches Streben nie selbst verehrungswürdig und erstrebenswert sind, so scheinen alle absoluten Wertungen sich selber gleichsam aufzuheben und zum reinen Dienst des ewig unerreichbaren Ideals zu läutern. Darum wollen wir uns auch nicht allen möglichen ehrfürchtigen und entrüsteten Gefühlen hingeben, denn das Umherfuchteln mit Wertmaßstäben macht uns nicht wertvoll. Nur auf der sich stets vorschiebenden Grenze zwischen Gegenwart und Zukunft und nur an unser *eigenes* Denken und Handeln wollen wir den Maßstab eines objektiven und allgemeingültigen Wertes anlegen. Wir wollen uns dagegen hüten, die Natur und die Vergangenheit durch absolute Wertungen zu stören und mit menschlichen Meinungen zu schulmeistern; die Welt wollen wir weltlich, die Natur natürlich und die Menschen menschlich betrachten und behandeln. Vor allem wollen wir trachten, alle Werterlebnisse von uns abzutun, die nicht im Streben nach dem absoluten Ziel aufgehen, sondern fruchtlos und hinderlich Menschen umschmeicheln.

Auch die Wertungen, von denen unsere Mitmenschen nicht lassen wollen, werden wir als Tatsachen betrachten und werden sie nicht zu verachten, sondern zu verstehen suchen. Wenn es sich zeigt, daß Einzelne und ganze Menschengruppen, Philosophenschulen und Zeitströmungen manche Eigenschaften als wertvoll, andere wieder als minderwertig fühlen oder bewußt bezeichnen, so wird diese merkwürdige Einstellung festzustellen und zu erklären sein. Eine von Grund auf andere Frage ist es aber, ob wir selbst uns diese Wertungen zu eigen machen wollen oder nicht, eine Frage, die immer erst dann auftaucht, wenn wir für uns selbst Ziele suchen und Vollkommenheit anstreben. Freilich wird es oft schwer sein, eine weit verbreitete Wertung sachlich zu betrachten, ohne ihr beizustimmen, aber diese Schwierigkeit wird verringert, wenn wir erkennen, daß selbst ein so suggestiver Massenglaube wie der an den Genie- und Persönlichkeitswert seine natürlichen Ursachen hat, wie jede andere Tatsache auch, daß er

historisch entstanden und noch lange nicht zweihundert Jahre alt ist. Daß Menschen voreilig werten und nicht bloß sachlich betrachten, wollen wir als notwendig und begreiflich erkennen, denn jeder Organismus muß auf die Umwelt reagieren, muß ablehnen und zugreifen und muß gleiche Reaktionen auch anderen Organismen zumuten, wenn er in einer Herde lebt und mit sozialen Instinkten begabt ist. Doch auch diese biologische Wurzel der Werte bleibt eine Tatsache und zwingt uns nicht zur Beistimmung. Auch wenn aus dem Kampf ums Dasein Sieger und Besiegte, lebensstarke und gebrechliche, aktive und passive Individuen hervorgehen, läßt sich dies nur als Tatsache feststellen, denn erst wenn wir bewußt wählen und prüfen, ob *wir selbst* schaffen oder aufnehmen, für den Daseinskampf tauglich oder untauglich sein wollen, stehen wir vor dem *Wert*problem, vor einer Aufgabe, die immer metaphysisch ist, weil sie den Boden der Tatsachen und Feststellungen verlassen muß. Dann wird sich aber zeigen, daß schöpferische Aktivität als metaphysisches Ziel nicht taugt. Der höchste Wertmaßstab des Genieenthusiasmus, die Produktivität und Aktivität, wird sich wohl als unbrauchbar erweisen, denn in dem ruhigen Fluß des Geschehens werden wir überhaupt nicht unzweifelhaft feststellen können, daß eines handelt, das andere leidet, sondern wir werden erkennen müssen, daß nur menschliche Subjektivität das Kraftgefühl des Ich in die Natur hineinverlegt und so den gleichmäßigen und notwendigen Ablauf der Natur durch Tun und Leiden, durch Schöpfer und Geschöpfe entstellt hat.
Da aber auch der metaphysische Wert nicht völlig losgelöst von jedem Fundament auf leerer Luft errichtet werden darf, so müssen ihm irgendwelche menschliche Erlebnisse den Baugrund abgeben, Erlebnisse, die, wie sich erwiesen hat, nur in einem als absolut denkbaren Streben bestehen könnten. Welches Streben vermag also einen Weg bis in die Metaphysik zu weisen, welches ist das absolute Ziel, das als Sieger aus der Zersetzung aller Wertmaßstäbe hervorgehen kann, und wo ist vor allem der Beweis seiner Gültigkeit, der jedem Zweifel und jeder Prüfung standzuhalten vermag? Dieser Beweis und dieses Ziel wird sich nirgends finden lassen, wenn nicht im Zweifel, in der Prüfung selber. Und wirklich muß jede Prüfung schon ein Ziel voraussetzen: wer zweifelt, will sich aus nebelhaftem Schwanken zur Starrheit durchringen; man kann nicht prüfen, wenn man nicht glaubt, daß

es einen Sinn hat, nach *Wahrheit* zu suchen, wenn man nicht voraussetzt, daß Rationalität und Konsequenz, d. h. aber *Präzision* ein erstrebenswertes Ziel ist. Dieses Ziel selber kann nicht wieder bezweifelt werden. Wer nach Wahrheit strebt und an sie glaubt, der wird deshalb sein Ziel zwar niemandem aufdrängen, aber niemand wird ihm seine Überzeugung widerlegen und nichts wird ihm sein Ziel erschüttern können. Der einzig denkbare Feind des objektiven Ideals, der Zweifel, ist so bezwungen und der Rationalität eine Sonderstellung, ein Vorrang vor allen Idealen gesichert. Darum müssen wir die Rationalität als den einzigen absoluten Wert, als das metaphysische Ziel anerkennen, danach wir streben, das wir aber nie erreichen können. Eine Philosophie, die dieses metaphysische Ziel leugnen wollte, spricht sich selbst die Daseinsberechtigung ab und müßte sich folgerichtig zum Schweigen verurteilen und auflösen.

Jedes grobkörnigen Aberglaubens aber, jeder schwärmerischen Verblendung wollen wir uns enthalten, in keiner Tatsache, in keinem Erlebnis das absolute Ziel verwirklicht sehen und jeder Wirklichkeit unsere Skepsis entgegensetzen. Auch alle unsere Begeisterung, alle Inbrunst und alle Gefühle, alle Wahrnehmungen und Erlebnisse wollen wir nur für Brei ansehen, für wertloses Material, aus dem wir das rationale Gebäude der Gottheit zu errichten haben. Mit Spinoza wollen wir nicht ruhen, bevor nicht selbst die Mystik ordine geometrico bewiesen und unsere Inbrunst durch Präzision geadelt ist. Und wenn es je gelingen könnte, alle Tatsachen, alle Erlebnisse, selbst unser innerstes Ichgefühl restlos zu rationalisieren, dann wäre das unerreichbare Ziel erreicht, die Wahrheit wäre gefunden, die Welt und das Ich wäre zur *Sache*, zu Gott geworden. Dieses unerreichbare Ziel der Sache mag mystisch erscheinen, aber dennoch liegt es weit ab von der Sucht, das Ich ins Metaphysische emporwachsen zu lassen. Nur eine falsche Mystik sieht in Gott und der Welt ein Meer, in das sich das Ich titanisch ergießen kann, gleichwie ein wildes Wasser über seine Ufer treten will; auch das mystische Ziel verlangt, daß das Ich der Gottheit, die Persönlichkeit der Sache zum Opfer fällt und sich verliert. So fände die Persönlichkeit auch in der wahren Mystik keinen Raum und keine Zuflucht.

Unsere Untersuchung ist am Schlusse angelangt und es ist an der Zeit, ihr negatives und ihr positives Ergebnis nochmals zu überblicken. Als der natürliche Vorläufer des Geniebegriffs und des

Persönlichkeitsideals hat sich uns die *Heldenverehrung* erwiesen, die Tatsache nämlich, daß nicht nur hervorragende menschliche Leistungen, sondern zugleich auch die sich in ihnen äußernde hervorragende Begabung in den Betrachtern die Gefühle der Bewunderung und Verehrung erzeugen. Von dieser Urtatsache ausgehend, setzt nun die Entwicklung zum Geniebegriff ein, indem das Interesse des Heldenverehrers von der hervorragenden Leistung allmählich immer mehr zur hervorragenden Begabung hinüberwandert. So kommt es schließlich dazu, daß die Ehrfurcht vor der Person sich von allen sachlichen Interessen völlig loslöst und sie an Intensität bei weitem überflügelt: der Held ist zum *Genie* geworden. Wenn aber das ehrfurchtsvolle Interesse an dem Genie insbesondere der Verschmelzung aller seiner natürlichen Anlagen und Eigenschaften zu einer ungeteilten, einer individuellen Einheit zugewandt ist, dann verwandelt sich die Verehrung des Genies noch weiter in den Kult und schließlich in das Ideal der *Persönlichkeit*. Die Grundvoraussetzung, auf der Geniebegriff und Persönlichkeitsideal beruhen, besagt also, daß hervorragende persönliche Anlage, mag sie sich in beliebigen Leistungen oder sonstwie äußern, ein heiliges Anrecht auf die Verehrung aller und insbesondere der minderbegabten Menschen besitzt.
Dieses heilige Anrecht, mit dessen Postulierung der Grundgedanke des Geniebegriffes in seinem wesentlichen Inhalt schon erschöpft ist, wird nun für gewöhnlich nicht weiter begründet, sondern gilt als unableitbar. Darlegungen nämlich, die sich bisweilen finden, nach denen Genialität und Persönlichkeit, sei es für den Träger selber, sei es für die Gesamtheit lustvoll, nützlich und glückbringend sind, müssen als unwesentliches Beiwerk erscheinen und entfernen von dem eigentlichen Kern des Genieideals; denn dieses befindet sich wie jedes Gebilde der Begeisterung in einer gewissen Opposition gegen die nüchternen Realitäten des Lebens und hat deshalb von Natur aus eine ein wenig anti-utilitaristische, anti-hedonistische und anti-eudaimonistische Spitze. Da sich diese Opposition in der weiteren dogmatischen Ausgestaltung des Geniebegriffes sogar recht lebhaft geltend macht, muß das Genieideal begreiflicherweise allmählich einen religionsähnlichen und metaphysischen Charakter annehmen. Im Einklang mit der metaphysischen Färbung der Geniedogmatik und des Genieideals steht anderseits die Neigung, zwischen dem heiligen Anrecht der Genies auf Verehrung und der Wertschätzung,

die den Repräsentanten des Genieideals in Wirklichkeit zuteil wird, tunlichst weit eine Kluft aufzureißen: so entwickelt sich nicht nur der Begriff des verkannten Genies, sondern es wird der Geniewert zugleich auch von allen menschlichen Schätzungen unabhängig, d. h. zu einem objektiven Wert gemacht. Wenn man also die vagen Meinungen, wie sie den Kern des Genie- und Persönlichkeitsidealismus ausmachen, in exakte philosophische Formen faßt, so tritt das heilige Anrecht der begabten Person auf Verehrung als ein objektives und metaphysisches auf, das sich weder aus Lust und Nutzen noch sonstwie ableiten läßt: es gilt als absolut.

Nun hat unsere Untersuchung die Augen nicht davor schließen wollen, daß die Urtatsache der Heldenverehrung in der Kulturentwicklung sich mit Notwendigkeit einstellen muß. Da nämlich die sachliche und die persönliche Seite ganz offenbar in dem eigenen Erleben wie in den Lebensäußerungen der Mitmenschen stets so eng miteinander verschmolzen sind, daß sie sich nur künstlich, durch Abstraktion, voneinander trennen lassen, scheint mit Notwendigkeit aus dem Wesen des Erlebens zu folgen, daß zugleich mit der sachlichen Leistung auch die in ihr sich äußernde persönliche Begabung von den Menschen geschätzt wird. Es hat sich uns aber gezeigt, daß sich der sachliche zum persönlichen Faktor etwa so verhält wie der Trunk zum Durst, das Ziel zum Weg; eine Wendung des *ganzen Interesses* vom Ziel auf den Weg ist uns deshalb zugleich als eine Umkehrung der ursprünglichen Erlebensrichtung und als eine Abschwächung der eigenen Vitalität erschienen. Auf der Weltbühne nämlich scheinen die Akteure ihre *Ziele* im Auge zu haben und ihr Erleben auf das Ergebnis der eigenen Leistungen und der ihrer Mit- und Gegenspieler zu richten; wer dagegen in dem Wettbewerb der Leistungen und im Konflikt der Ziele sein Augenmerk nur auf die *Art* lenkt, wie die Mitspieler agieren, der scheint gleichsam seine Rolle an den Nagel zu hängen und sich in den Zuschauerraum zu begeben. Das Genieideal, das aus einem solchen ehrfürchtigen Interesse bloß an dem persönlichen Faktor des Erlebens erwachsen ist, scheint also das eigentliche Ideal des bloßen Zuschauers zu sein. Daß aber in Zeiten, in denen ein solches Zuschauerideal allgemein zur Herrschaft gelangt, nicht viel geleistet werden kann und daß bloße Zuschauer der Kultur nichts sind als Epigonen, scheint einzuleuchten.

Die Doppelseitigkeit alles menschlichen Erlebens, die auf der

Verschmelzung eines subjektiv-persönlichen mit einem objektiv-sachlichen Faktor beruht, ist nun auch für jeden Versuch, Ideale und Werte aufzustellen und heilige Rechte zu postulieren, von beträchtlichem Belang. Ideale, Werte und Rechte sind nämlich in der Welt der Tatsachen niemals anzutreffen und lassen sich deshalb unmöglich auf jene Erlebnisse stützen, die die Bausteine unserer *Erkenntnis* abgeben, d. h. auf Empfindungen, Wahrnehmungen und Vorstellungen. Ideale, Werte und Rechte können vielmehr ihr Erlebnisfundament ganz offenbar nur in unseren Gefühlen der Zu- und Abneigung und in unseren Strebungen besitzen. Nun scheint bei aller innerer Verwandtschaft zwischen den Strebungen und den Gefühlen in unserem Gefühl der persönliche, in unserem Streben der sachliche Faktor stärker ausgebildet zu sein: zumindest aber verhalten sich diese beiden Erlebnisgattungen bei dem Versuche, ihre sachlichen Kerne zu verfestigen, wohl verschieden. Wert*gefühle* nämlich halten, wie es scheint, dem Versuch, ihren bloß subjektiven und persönlichen Charakter zurückzudrängen, nicht recht stand; so pflegt z. B. eine sinnliche Lust, die man zu versachlichen sucht, teils in *Erkenntnis*erlebnisse – etwa in Geschmacks-, Tast- und Organempfindungen –, teils aber in ein *Streben* mit einer scharf umschriebenen Zielvorstellung überzugehen: aus dem Bereich der Wertgefühle scheidet sie in beiden Fällen aus. Kompliziertere gefühlsartige Werterlebnisse, wie etwa die Entrüstung oder die Ehrfurcht, neigen sogar dazu, vollständig zu verschwinden, je mehr das Interesse sich ihrem festen, sachlichen Kern zukehrt und den subjektiven Saum zurückdrängt. Ein *Streben* dagegen läßt sich ohne weiteres zu einem sachlichen Ziel verdichten, ohne seinen Wertcharakter einzubüßen und zum bloßen Erkenntniserlebnis zu werden: versachlichen wir doch alltäglich dumpfe Triebe zu zielbewußten Willensakten. Wenn also absolute Ideale und Werte, wie alles, was objektiv und allgemeingültig ist, präzise und nicht subjektiv-verschwommen sein sollen, dann können sie nicht auf Wert*gefühlen* beruhen: kurz, objektive Werte sind notwendigerweise nichts als Ziele für ein Streben und Wollen.

Wie steht es nun im besonderen mit jenem heiligen Anrecht der eminenten Begabung, das das Grundpostulat des Genieidealismus ausmacht? Als Erlebnisgrundlage dieses Rechtes glaubten wir das suggestive Dugefühl erkannt zu haben. Nun läßt sich zwar das Dugefühl teilweise präzisieren und objektivieren – beruht doch die Duseele und die Erkenntnis der inneren Struktur der begabten und unbegabten Nebenmenschen auf einer solchen Objektivierung; da aber diese Objektivierungsresultate bloße Tatsachen und Erkenntnisvorstellungen sind, scheinen sie aus dem Rahmen einer Wertkritik und Idealsprüfung völlig herauszufallen. Versucht man dagegen, das Persönlichkeitserlebnis in ein *Streben* mit objektiven Zielen zu verwandeln, so sind diese Ziele, soweit sie in angeborenen Naturgaben bestehen, für Minderbegabte ganz und gar unerreichbar; soweit es sich aber um Ziele, wie innere Ehrlichkeit, Überzeugungstreue, Konsequenz, Universalität handelt, scheinen sie aus dem durchaus entgegengesetzten Ideal der Sache mit größerer Notwendigkeit zu folgen. Jenes Persönlichkeitserlebnis mag also von gewissen, geniebegeisterten Menschen zwar außerordentlich intensiv und inbrünstig erlebt werden, für den Bestand eines objektiven Rechtes jedoch folgt aus diesem subjektiven Erlebnis nicht das geringste. Es müßte denn der Genieidealismus die Behauptung wagen, jenes Persönlichkeitserlebnis führe unmittelbar zu einer Objektivität und Allgemeingültigkeit höherer Art, die den üblichen Objektivitätsbedingungen und überhaupt jeder Überprüfung entzogen ist. Daß aber eine solche Behauptung zu einem Konflikt mit unserer gesamten Erkenntnis unvermeidlich führen müßte, ist klar. Dies war das negative Ergebnis unserer Kritik des Geniekults und des Persönlichkeitsideals.

Es erübrigt nun, das positive Ergebnis, das Ideal der Sache und seine Begründung, kurz zusammenzufassen. Wir sind von der Frage ausgegangen, was überhaupt unter einem objektiven Wert zu verstehen wäre, der zu unseren subjektiven Werterlebnissen sich ebenso verhalten soll wie die objektiven Tatsachen zu unseren subjektiven Erkenntniserlebnissen. Wiewohl die endgültige Klarstellung des Objektivitätsbegriffes eine Aufgabe einschließt, deren Bewältigung sich unsere Untersuchung kaum zutrauen würde, schien uns doch soviel einzuleuchten, daß Objektivität immer die Erfüllung gewisser Bedingungen, das Vorhandensein gewisser Kriterien voraussetzt. Zunächst nämlich scheint jedes Objekt, jeder Gegenstand durch ein eigenartiges, unseren Erlebnissen anhaftendes Objektivitätsvorzeichen charakterisiert zu sein und weiters scheint dieses Vorzeichen sich mit einem sozialen Faktor, nämlich dem Anspruch auf Allgemeingültigkeit zu verbinden; drittens ist offenbar der Gegenstand nicht auf der persönlichen und verschwommenen, sondern immer auf der sachlichen Seite des Erlebens zu suchen, so daß seine Objektivität steigt, je präziser und bestimmter er sich darstellt; und schließlich zeigt es sich, daß jedes Objekt aus seiner Vereinzelung hinausdrängt, d. h. nach einem *Zusammenhang* von Objekten tendiert, so daß es um so objektiver ist, je mehr es den Anforderungen der Konsequenz, Widerspruchslosigkeit und Universalität des Objektzusammenhanges genügt. Inwieweit diese vier Kriterien des Objekts vollständig, inwieweit sie voneinander unabhängig sind, wagt unsere Untersuchung nicht zu entscheiden.

Die Objektivität ist also jedenfalls steigerungsfähig. Da nun Wert*gefühle* günstigstenfalls nur die beiden ersten Objektivitätsbedingungen erfüllen können und von den Werterlebnissen nur das *Streben* einer präzisierenden Versachlichung fähig ist, so wird in erster Annäherung das objektive Ideal durch jedes sachliche und unpersönliche *Ziel* repräsentiert. Wer also mit dem festen Bewußtsein, daß jeder an seinem Platze so tun sollte wie er, ohne persönliche Sonderwünsche, getreulich, ehrlich und sachlich seinen Acker baut, sein Handwerk treibt, seine Bilder malt und seine Differentialgleichungen integriert, der strebt zum objektiven Ideal. Doch ist dies nur die erste Annäherung, die zwar schon hinreicht, um die Menschen zufrieden, glücklich und frei zu machen, aber die unendliche Stufenleiter des objektiven Ideals noch nicht vollendet. Auch an das objektive Ziel erheben sich nämlich die niemals restlos erfüllbaren Anforderungen des Objektzusammenhanges nach Präzision, Widerspruchslosigkeit und Universalität. Dem objektiven und absoluten Ideal kommen wir also um so näher, je mehr sich *alle* Ziele *aller* unserer Bestrebungen zu einem allumfassenden, architektonisch-geschlossenen und rationalen Gebäude vereinigt haben, und das objektive Ideal kann deshalb nichts anderes sein als die einzige und metaphysische Allsache, die aus der universellen Rationalisierung alles Erlebens hervorgehen soll.

Alle Ideale bedeuten mithin, sofern sie nur sachlich sind, mögen sie sonst praktische, ästhetische, soziale und kulturelle Werte zum Inhalt haben, Annäherungen an das absolute Ideal der Allsache; dieses selber aber ist ein durchaus theoretischer Wert. Daß Menschen auch nach nicht-theoretischen Werten ein Bedürfnis haben, ist begreiflich, ja notwendig; wenn aber der Diener seiner Sache von Zweifel bedrängt wird, ob denn sein eigenes Ziel das richtige ist und den Vorrang vor anderen und entgegengesetzten

Zielen verdient, dann ist er wohl genötigt, seine *Erkenntnis* zu Hilfe zu nehmen: um Gewißheit zu gewinnen, wird er seine Einzelsache in immer weiteren Zusammenhängen betrachten und so den kleinen Splitter zum absoluten Ganzen ausbauen. Daß also jegliches Ideal sich schließlich zum theoretischen Wert kristallisieren muß, beruht nicht etwa, wie es vielleicht scheinen könnte, auf einem Vorurteil der Philosophenzunft, sondern ist notwendig und berechtigt, weil die zum Absoluten fortschreitende Objektivierung sich nur durch Theorie vollziehen läßt.

Auch die Beziehung des Ideals der Sache zu den Mitmenschen und der Natur verlangt noch nach einigen Worten der Aufklärung. Da der absolute Wert immer nur als Ziel auftritt und deshalb von allen Erlebnisarten lediglich auf das Streben Bezug hat, kann er mit den Tatsachen der Natur nie in Konflikt geraten: er liegt einerseits wie alle Ziele stets in der Zukunft und schulmeistert deshalb weder die Vergangenheit noch die Gegenwart mit haltlosen und drückenden Werturteilen; anderseits hat auch seine ganz allgemeine Geltung einzig und allein für mich selber Konsequenzen. Im Verhältnis zu meinen Mitmenschen nämlich bin ich darauf beschränkt, sie zu erkennen und mit ihnen zu fühlen: streben und wollen aber kann ich nur für mich selbst. Daraus also, daß das absolute Ideal für alle Menschen Geltung haben sollte, folgt nichts; daraus, daß es für mich selber gilt, für meine Zukunft alles.

Im Verhältnis zur Natur muß das absolute Ideal ferner als metaphysisch erscheinen; da es nie zur Tatsache werden kann und nie restlos erreichbar ist, steht es der Natur als durchaus transzendent gegenüber. Nun zeigt aber sonderbarerweise die Erkenntnistheorie, daß die objektive Welt in ihrer restlosen Bestimmtheit gleichfalls immer nur aufgegeben ist und aus dem gleichen Prozeß der Rationalisierung hervorgeht wie das Ideal: so scheinen Ideal und Tatsachenwelt doch wieder zusammenzufallen. Dieser scheinbare Widerspruch geht indes wohl mit Notwendigkeit aus dem Begriff eines metaphysischen und absoluten Wertes hervor. Zeigt sich doch auch in der Entwicklung des religiösen Denkens, daß gerade die vollendete Transzendenz Gottes schließlich zu seiner Immanenz hinführen muß. Je mehr sich nämlich der Gottesbegriff von allen anthropomorphen Vorstellungen und allen empirischen Tatsachen loslöst, desto näher kommt er der schließlichen Immanenz. Je nachdem wir also unter der Welt das gegebene Material oder das Resultat der immer nur aufgegebenen restlosen Bestimmung verstehen, steht das Ideal der Tatsachenwelt metaphysisch gegenüber oder fällt es mit ihr zusammen. Dieses Zusammenfallen aber folgt, psychologisch ausgedrückt, daraus, daß das Ziel der Erkenntnis – die Welt – das gleiche ist wie das Ziel des Erkenntnisstrebens – das Ideal.

In einem ähnlich zwiespältigen Verhältnis steht das metaphysische Ideal auch zum persönlichen Ich. Jede Sache ist vorerst dem Ich gerade entgegengesetzt. In dem nie erreichbaren Grenzfall der restlos vollendeten Versachlichung aller Erlebnisse aber wäre das Ich verschwunden oder – was wohl dasselbe ist – zur Welt geworden. Auch dieses Ergebnis läßt sich historisch stützen, wenn man den Begriff des metaphysischen Wertes in jener Gestalt betrachtet, in der er in der Geschichte des menschlichen Geistes aufzutreten pflegt: in der Gestalt des Gottesbegriffes. Die Identität von Gott, Welt und Ich ist ja eine Grundüberzeugung, die zu den verschiedensten Zeiten und bei den verschiedensten Völkern von den Mystikern verkündet worden ist.[7]

Und schließlich steht das absolute Ideal, so metaphysisch es ist, in keinem Widerspruch zum Eudaimonismus. Alles Übel in der Welt entspringt wohl daraus, daß die Menschen sich *selber* von den Tatsachen getroffen fühlen und nicht den Willen haben, sich jenem unerreichbaren Idealzustand zumindest anzunähern, in dem die nackte Sache alles Subjektive aufgezehrt hat. Auch dies haben alle Mystiker geahnt, am klarsten vielleicht jener Chinese, der den Satz gesprochen hat: Wenn ich kein Ich habe, welches Übel gibt es dann noch?[8] Ebenso fiele klarerweise im Grenzfall der vollendeten Versachlichung das Gefühl des persönlichen Getroffenseins und damit jedes Übel weg. Da jedoch die alles umfassende Sache und die ganze Wahrheit unerreichbar bleibt, müssen wir uns mit Annäherungen und Teilwahrheiten begnügen; wir müssen zufrieden sein, wenn es uns gelungen ist, nur zu einem kleinen Splitter der Sache in jene merkwürdige Beziehung zu treten, die uns, auf welchem Punkte des unendlichen Weges wir auch stehengeblieben sind, das höchste und sicherste Glück erleben läßt, das uns erreichbar ist: das Gefühl nämlich des Recht-Habens.

Unser positives Ergebnis war also rationalistisch, indem es das einzig objektive und absolute Ideal in der Sache sieht, die aus der allgemeinen Rationalisierung hervorgehen soll; es war skeptisch, insofern es alle anderen Ideale und Werte für bloß subjektiv und die ganze Wahrheit für unerreichbar erklärt; und es wäre schließlich insofern mystisch zu nennen, als es die Behauptung einschließt, der unerreichbare Grenzfall des Versachlichungsprozesses werde dargestellt durch das Zusammenfallen von Welt, Ich und absolutem Ideal.

Der innere und feste Glaube an dieses Ideal wird sich durch Gründe zwar niemals erzeugen lassen, denn es wäre widersinnig, auf Beweise für etwas zu warten, was in jedem Denken und Beweisen schon als Voraussetzung eingeschlossen ist. Die Philosophie kann nicht mehr als zeigen, daß jeder, der nur einmal einer Sache gedient und eine Wahrheit gesucht hat, den festen Halt für *all* sein Suchen schon gefunden hat, wenn er nur Ernst machen und zu Ende denken wollte; sie kann beweisen, daß dieser schüchtern betretene Weg vor die reine und nackte Sache führen muß; und schließlich kann sie die Sicherheit verschaffen, daß die Hingabe an die Sache das einzige Glück bedeutet, das jeder erreichen und keiner verlieren kann, weil keine Tatsache diesem Glück und kein Gedanke dem Glauben an dieses Ideal etwas anhaben können. Trotzdem aber darf man das metaphysische Ideal wohl nicht nur ahnen und andeuten, sondern muß es auch philosophisch prüfen, ausführen und vor allem begründen. Da dies jedoch ein schwieriges und trockenes Unternehmen bedeutet, haben wir vorerst den Geniebegriff zu zerstören gesucht und uns auch mit Beispielen aus der Geschichte, mit Spinoza und Sokrates, mit Voltaire und Mozart beholfen, nicht um zu verachten, zu verehren und zu schwärmen, sondern um zu lernen, um die Wahrheit zu suchen und uns nach ihr zu halten. Nichts anderes haben wir zu tun, denn höchstes

Gut der Erdenkinder ist doch

RECHT HABEN.

Über ein Spinoza-Zitat in H. St. Chamberlains Kantbuch

Die eben abgeschlossene Untersuchung hat an mehreren Stellen die Behauptung ausgesprochen, der moderne Persönlichkeits- und Tiefenbegriff bedeute eine arge Gefahr für die Wissenschaft, eine Flut von halbwissenschaftlichen und enthusiastischen Schriften drohe heute die Erkenntnis der Wahrheit zu unterwaschen. Schon unsere Untersuchung hat als Vertreter dieses persönlichkeitsbegeisterten Halbgelehrtentums *H. St. Chamberlain* genannt, und wirklich ist der genannte Autor besonders geeignet, hier als abschreckendes Beispiel zu dienen: er verwendet gerade die richtige Mischung von scheinbarer Gelehrsamkeit und Charlatanerie, um auf ein breites, aber doch gebildeteres Publikum wirken zu können, sein Einfluß ist, wie die Auflagenzahlen seiner Bücher und Broschüren und manche Urteile über ihn beweisen, tatsächlich ein sehr bedeutender, und schließlich ist der Prozentsatz von geistreichen Einfällen in seinen Schriften hoch genug, daß nicht in Gefahr schwebt, völlig offene Türen einzurennen, wer sich die Mühe nimmt, ihn ernsthaft zu kritisieren. Eine den Schriften Chamberlains entnommene Belegstelle für die moderne Art, Wissenschaft persönlichkeitsmetaphysisch zu betreiben, mag also hier ihren Platz finden.

In seinem dickleibigen Buch *Immanuel Kant* (München, bei Bruckmann, 1905) schreibt Chamberlain den Satz (S. 344): »Spinoza kennt gar kein Mysterium, und *sagt ausdrücklich*, keine Frage übersteige die menschliche Fassungskraft und alles lasse sich auf das allerbequemste erklären (commodissime explicari).« Die Quelle dieses Spinoza-Zitats, auf das allein die anschließende Beurteilung des Philosophen gestützt wird, ist nicht angegeben. Es sind aber die beiden Worte commodissime explicari gar nicht Eigentum Spinozas; geschrieben hat sie vielmehr sein Freund, der Arzt Ludovicus *Meyer*, und zu finden sind sie in *dessen* Vorrede zu dem Werk Spinozas: Renati des Cartes principia philosophiae more geometrico demonstrata. Dort heißt es: »Nur vom Standpunkt des Cartesius ist es gesprochen, wenn es *an einigen Stellen* (nämlich des folgenden Werkes Spinozas) heißt, *dies oder jenes* übersteige die menschliche Fassungskraft. Dies ist nämlich nicht

so zu verstehen, als ob unser Autor (Spinoza) solches nach seiner eigenen Meinung vorbrächte. Er glaubt nämlich, daß alle diese Probleme *und noch andere mehr*, die noch höher und subtiler sind, aufs allerbequemste gelöst werden können, wenn nur der menschliche Intellekt auf einem anderen Weg als auf dem von Cartesius gebahnten zur Erforschung der Wahrheit angeleitet wird.«* Aus der Unzulänglichkeit des cartesianischen Systems in *einigen Punkten* will also Meyer auf die Überlegenheit des spinozistischen schließen; weder Meyer noch Spinoza behauptet dagegen, daß für den Menschen *alles* erkennbar wäre. Sind doch bekanntlich nach Spinoza von den unendlich vielen Attributen Gottes oder der Natur dem Menschen überhaupt nur zwei, Ausdehnung und Denken, zugänglich. Deshalb meint er einmal ausdrücklich: »Ich sage nicht, daß ich Gott völlig (omnino) erkenne, sondern daß ich einige seiner Attribute, nicht aber alle, ja nicht einmal den größten Teil (quaedam eins attributa, non autem omnia neque maximam partem) begreife.«**
Es ist also das einzige*** Spinoza-Zitat in Chamberlains Kantbuch erstens nicht von Spinoza, zweitens falsch übersetzt und drittens antispinozistisch interpretiert. Bloß auf Grund dieses Zitats aber wird Spinoza (S. 345) ein »kluger, ahnungsloser Jude« und seine Philosophie eine »Verhunzung einer großartigen Weltanschauung« (nämlich der cartesianischen) genannt. Eine bewußte Fälschung ist trotzdem wohl nicht anzunehmen; es dürfte vielmehr gröbste Fahrlässigkeit sowie Unkenntnis der lateinischen Sprache und des spinozistischen Systems vorliegen.

* Vloten-Land, edit. 3 IV, 108: »Ex Cartesii mente tantum dici, quod aliquibus in locis reperitur, nempe hoc aut illud captum humanum superare. Neque enim hoc ita accipiendum est, ac si ex propria sententia talia proferret noster Author. Judicat enim ista omnia, ac etiam plura alia magis sublimia atque subtilia, *commodissime explicari* posse, si modo humanus intellectus alia via, quam quae a Cartesio aperta ... est, in veritatis investigationem ... deducatur.«

** Brief 56, früher 60 (a.a.O. III, 191). »Defectus cognitionis« spielen eine Rolle z.B. auch in Brief 59, früher 63, und Brief 30 (a.a.O. S. 199 und 116).

*** Daß Chamberlain für die allbekannte Gleichsetzung Spinozas Gott = Natur und für die Erkenntnis in Gott recht überflüssige Belegstellen anführt (S. 558), kann kaum zählen und soll wohl nur Vertrautheit mit Spinozas Philosophie vortäuschen.

Noch merkwürdiger als Chamberlains Urteil über Spinozas Lehre ist vielleicht sein Urteil über Spinozas Person. Er meint einige Zeilen später (S. 346): »Dagegen sitzt der ›edle Baruch‹ von der Wiege bis zum Grabe in seinem Hinterstübchen, denkt nach über das, was er bei Descartes und Bruno gelesen hat, und kombiniert sich (mit unvergleichlichem Geschick) ein Gewebe von Syllogismen daraus.« Der Brillenschleifer Spinoza also sitzt in seinem Hinterstübchen, sein Werk veröffentlicht er nicht, seine Persönlichkeit bekümmert ihn nicht, er will recht haben und recht tun; da kommt der moderne Geniepriester hereingestolpert, einen Wertmaßstab in der Hand, gleich einem Schulmeister: wer »schauen« kann, ist ein »Genie«, wer das Geheimnis der Erkenntnis vorzieht, eine tiefe Persönlichkeit, die übrigen Denker dagegen werden als seichte Dutzendmenschen in die letzte Bank der philosophischen Schulstube verwiesen. Dabei tritt das Schauen bei Chamberlain in arger Doppeldeutigkeit auf; bald bezeichnet es den Gesichts*sinn*, bald die *Verstandes*tätigkeit beim Erkennen. Doch für diese Konfusion ist Chamberlain ebenso »blind« wie für die Regeln der lateinischen Sprache und den Gedankengehalt des spinozistischen Systems; er starrt nur auf den Kleinkinderbegriff des großen Mannes und ist vollauf damit beschäftigt, Plato, Bruno, Descartes, Goethe und Kant mit einem Schwall metaphysischer Gefühle zu übergießen.
Statt eines zuverlässigen Berichtes über die Philosophie Spinozas empfangen wir also ein Werturteil über Spinozas Person. Das einzige jedoch, was an dieser Person wirklich von Interesse wäre, nämlich die unter Philosophen höchst seltene Konsequenz, mit der Spinoza nach seiner Lehre auch wirklich gelebt hat, der beinahe vorbildliche sittliche Charakter des Brillenschleifers wird von Chamberlain nicht mit einem Worte erwähnt. Dieses merkwürdige Stillschweigen ertönt aber aus einem Buche, das in der kantischen Gedankenwelt zu leben glaubt und dem der Ausspruch Kants als Motto voransteht: »Die größte Angelegenheit des Menschen ist, zu wissen, was man sein muß, um ein Mensch zu sein.« Da ist es wohl am Platze, dem von Persönlichkeitsbegeisterung und Kantanbetung überfließenden Werk zwei weitere Kantstellen zu zitieren: »Die Gewißheit einer Gesinnung, die mit dem Sittengesetz übereinstimmt, ist die erste Bedingung alles Wertes der Person, und alle Anmaßung vor derselben ist falsch und gesetzwidrig«, denn »der persönliche Wert wird ohne Über-

einstimmung mit dem moralischen Gesetz auf nichts herabgesetzt.«*

So wird es deutlich, daß der Kantenthusiasmus Chamberlains keineswegs auf philosophischer Überlegung oder auch nur auf einer innerlich verwurzelten Überzeugung beruht, sondern nur einer Suggestion entspringen kann, die sich mehr oder weniger zufällig und äußerlich gerade an die Person des berühmten Königsberges geheftet hat; ein Autor nämlich, der in der leichtfertigsten und unwissendsten Weise von der Sache eines Philosophen auf seine Persönlichkeit abschweift, dabei aber den ethischen Wertmaßstab vergißt, der zeigt, daß er von der Gedankenwelt Kants himmelweit entfernt ist. Daß Chamberlain die Lebensführung Spinozas verhöhnt, die sittliche Größe des Philosophen aber totschweigt, ist indes nicht nur im höchsten Grade unkantisch, sondern daß ein *Mensch* über einen anderen *Menschen* bloß auf Grund eines halbmetaphysischen Begriffes, wie des der tiefen Persönlichkeit, verächtlich ein Werturteil abgibt, ohne sich vorher im Spiegel zu besehen und ein wenig zu zweifeln, das ist Ausdruck einer Gesinnung, die zwar in der heutigen Literatur allgemein verbreitet ist, die letzten Endes aber immer sich in Unmenschlichkeit entladen muß.

Der Verfasser hat sich hier auf die Besprechung des einen Spinoza-Zitats beschränkt; er besitzt jedoch die Belege dafür, daß Chamberlain auch bei Auswahl, Wiedergabe und Verwendung der Plato- und Kant-Zitate sowie bei der Anführung der elementarsten mathematischen und philosophiegeschichtlichen Sätze nicht wie ein ehrlicher, gewissenhafter und zuverlässiger Mensch und Forscher, sondern wie ein leichtfertiger Charlatan vorgeht.

Jede Minderung, die das Ansehen Chamberlains erfährt, bedeutet an sich einen Gewinn, denn gerade der genannte Autor bewegt sich stets auf jenen Grenzgebieten, auf denen Unwissenheit und tiefe Vorurteile mit Glück und Blut der Nebenmenschen bezahlt werden. Trotzdem dürfen wir nicht übersehen, daß es sich hier nicht um Chamberlain handelt. Wenn wir erwägen, wieso es kommt, daß heute ein so unreinlicher Schwärmer bei den Gebildeten beträchtliches Ansehen genießen kann, wenn wir vergleichsweise den Fall etwa in ein anderes Jahrhundert übersetzt denken, dann muß wohl die Frage auftauchen, ob nicht die ganze

* Vgl. unten Anm. 46 zum II. Teil.

Voraussetzung, von der dieser und zahllose verwandte Autoren leben, der Begriff der genialen Persönlichkeit und der Tiefe, eine arge Gefahr für unser Zeitalter bedeutet.

Anmerkungen

Zur Einleitung und zu Teil 1

1 *Mereschkowski*: Lionardo da Vinci; *Molo*, W. v.: Ums Menschentum, Im Titanenkampf, Die Freiheit, Den Sternen zu. Berlin 1912 ff. (Schillerroman), Fridericus, München 1918 (Friedr. d. Gr.); *Kolbenheyer* E. G.: Giordano Bruno, Wien 1903 (Tragödie), Amor Dei, München 1908 (Spinoza), Meister Joachim Pausewang. München 1912 (J. Böhme), Die Kindheit des Paracelsus, München 1917; *Bartsch* R. H.: Schwammerl, Leipzig 1912 (Schubert), Unerfüllte Geschichten, Leipzig 1916 (Novellensammlung, darin: Beethovens Gang zum Glück); *Brod* M.: Tycho Brahes Weg zu Gott, Leipzig 1916; *Paul* A.: Die Tänzerin Barberina, München (Friedr. d. Gr.); *Braun* Lily: Im Schatten der Titanen (Goethe und Jerome Napoleon, memoirenartig). – Frei erfundene Genies sind die Helden in den drei folgenden Musikerromanen: *Rolland* R.: Jean Christophe, *Wassermann* J.: Das Gänsemännchen, *Lucka* E.: Das Brausen der Berge, Berlin 1918. – Ein Grabbe-Drama von *Johst* Hans: Der Einsame (aufgeführt München 1918). – Operetten und Opern: *Berté*: Dreimäderlhaus (Schubert); *Pfitzner*: Palestrina. – Auch ein Beethoven*film* existiert (»Beethoven und die Frauen«, vgl. Beilage zum Berliner Tageblatt vom 5. Mai 1918: Der Weltspiegel Nr. 18, S. 7) u. v. a.

2 *Strauß* Dav. Fr.: Vergängliches und Bleibendes im Christentum (Freihafen, 1838, 31 ff.); »Zugabe« zum »Alten und neuen Glauben«. – Über das Einschreiten der Kirche vgl. *Ludwig* A.: Schiller und die deutsche Nachwelt, Berlin 1909, S. 213; analog Preußische Jahrbücher 1912, 385 ff.; ferner: *Pauly*: Nachfolge Goethes oder Nachfolge Jesu? gegen die anonyme Broschüre: Das Buch von der Nachfolge Goethes, Berlin 1911.

3 *Hirsch* Julian: Die Genesis des Ruhmes, Leipzig 1914, 51 ff., bes. 63 ff. Dort auch das oben verwertete Material.

4 »Il recommanda en mourant de ne pas mettre son nom à sa morale, disant que ces affectations étoient indignes d'un philosophe.« Lucas bei *Freudenthal* J.: Die Lebensgeschichte Spinozas in Quellenschriften usw., Leipzig 1899, S. 16, Z. 13 ff. Tatsächlich wurden die Opera posthuma, darunter die Ethik, anonym, nur unter den Initialen B. d. S., veröffentlicht.

5 *Ludwig* A.: Schiller und die deutsche Nachwelt, Berlin 1909; *Wiegand*: Friedrich d. Gr. im Urteil der Nachwelt, Straßburg 1888. Vgl. *Hirsch*, a.a.O., bes. II, Kap. 9.

6 Vgl. *Dresdner* Alb.: Die Kunstkritik, Bd. I. München 1915. Kap. 3.

7 *Grote*: Hist. of Grece VIII; *Laas* E.: Idealismus und Positivismus I, 183; *Gomperz* Th.: Griechische Denker, 3. Aufl., I, 352 ff.
8 Entfällt.
9 Geringschätzung Xenophons bei *Gomperz*, a.a.O. II, 96 ff., vgl. auch *Lübker*, Reallexikon s. v. Xenophon. – Cicero bei Mommsen, Römische Geschichte 3^6, 579, 619, 622. – Gegen Demosthenes *Drerup* E.: Aus einer alten Advokatenrepublik, Paderborn 1916.
10 *Reichel* E.: Gottsched-Denkmal, Berlin 1900. Es existiert eine Gottsched-Gesellschaft und ein Gottsched-Jahrbuch, vgl. Hirsch, a.a.O. 18.
11 »Transformation« bei Hirsch, a.a.O. 21/2, gute Beispiele ibid. 86 ff., über Virgil 88.
12 Belegstellen bei *Jahn*: Mozart, 3. Aufl., II, 361.
13 *Lessing*: Rettungen des Horaz, zu Beginn; vgl. *Taine*: Philos. de l'art, Paris 1899, 8. edit., II, 270 ff.
14 *Hirsch*, a.a.O. – Dort, 239 ff., auch die Kritik der »Siebtheorie«.
15 Kleomedes, Euthymos, Theagenes, Olbotas, Diogenetos, vgl. *Roscher*: Mythologisches Lexikon, Leipzig 1886 ff., s. v. Heros I, 2526 ff.
16 Vgl. *Wundt*: Völkerpsychologie, 2. Aufl., Leipzig 1915, VI, 229.
17 Insbesondere *Pierio Valeriano*: De infelicitate literatorum, 1620. Über diesen und seine Nachfolger ausführlich im II. Band. – »Inelementia fatorum« bei Valeriano, Helmstädter Ausgabe von 1664, S. 13.
18 Für den »dunklen Haß« zahllose Belegstellen. Recht charakteristisch z. B. *Bartsch* R. H.: Unerfüllte Geschichten, Leipzig 1916, S. 263 f.: Beethoven kommt auf einer Wanderung an einem kretinhaften Bauernjungen vorüber, ohne ihn überhaupt zu beachten. Dieser aber »sah den gänzlich Weltfernen (scil. Beethoven) ... und erkannte mit der Ahnung der jungen grausamen Bestie *augenblicklich* das Wetterleuchten der ungeheuersten Weltferne und Ahnungslosigkeit. So schrie er denn in seiner ganzen *Bosheit* heraus: Trottel, Trottel... Der Junge starrte ihm ... in jenem *unausrottbaren Hasse* nach, der Gemeinheit, Bosheit, Markt und Alltag je und je gegen Entrücktheit erfüllt, solange diese Erde geschändet durch die kühlen Sterne irren muß. *Behutsam verhehlt und moduliert diesen Haß der Erwachsene*. Im Instinkt dieses Jungen brach er elementhaft aufrichtig hervor. Er nahm einen Stein, zielte mit verkniffener Fratze und *warf* nach dem dichtumbuschten Haupt« usw. – Merkwürdig wegen der sonderbaren Transponierung des Verkennungsdogmas ins Politische auch *Molo*, W. v.: Fridericus: Die Friderizianischen Generale unterhalten sich über die Ursache der Koalition gegen ihren König: »Warum steht die ganze Welt gegen ihn? ... Weil er ein Genie ist... Der Mitlebende *haßt* stets das Große, das die Zeiten nach ihm bewundern« usw. (Berliner Tageblatt vom 6. November 1917, Nr. 567, 1. Beiblatt, Romanspalte.)
19 Über die historische Bedeutung der viri illustres und des somnium Scipionis für die moderne Geniedogmatik ausführlich im II. Band. –

Carlyle Th.: On Heroes etc., zitiert nach Works, Centenary Edition, London, vol. 5; *Emerson* R. W.: Representative Men, 1850; *Chamberlain* H. St.: Immanuel Kant, München 1909; *Eulenberg* H.: Schattenbilder, Berlin 1910, und Neue Bilder, Berlin 1912. Vgl. auch *Ostwald* W.: Große Männer, Leipzig 1909, u. v. a.

20 »Italy produced the one world-voice, we English had the honour of producing the other«, a.a.O. lect. 3, S. 101. – Vgl. auch Kaiser *Wilhelm* II. an Admiral Hollmann: »Gott ›offenbart‹ sich bald in diesem oder jenem großen Weisen oder Priester oder König ... Hammurabi war einer, Moses, Abraham, Homer, Karl der Große, Luther, Shakespeare, Goethe, Kant, Kaiser Wilhelm der Große, die hat er ausgesucht und seiner Gnade gewürdigt« (Grenzboten 1903, S. 493), u. v. a.

21 »Soldiers of the same army, enlisted under Heavens captaincy to do battle against the *same enemy*, the empire of darkness and wrong... *All uniforms shall be good*«, a.a.O. 120, lect. 4.

22 »For at bottom the Great Man, as he comes from the hand of Nature, is *ever the same kind of thing*: Odin, Luther, Johnson, Burns; I hope to make it appear, that these are all originally of *one stuff*; that only by the worlds reception of them and the shapes they assume are they so inmeasurably diverse«, a.a.O. 43, lect. 2, vgl. auch ibid. S. 28, 43, 79, 115, 154, 191.

23 Kant: »Affektierte Genieschwärmerei« an Markus Herz vom 7. April 1786 (WW. Hartenstein, chronol. VIII, 713); ablehnende Rezension von Herders »Ideen«: Allgemeine Literaturzeitung, Jena 1785; dagegen Herder: Metakritik 1799 und Kalligone 1800. – Goethe: vgl. *Bielschowsky*, Goethe, München 1904, II, 16 (Zwist mit Herder); ferner »Goethe und die Romantik«, herausgegeben von Schüddekopf und Walzel. Schriften der Goethe-Gesellschaft, Bd. XIV, Einl. (Verhältnis zur jüngeren Romantik; insbesondere zu E. Th. A. Hoffmann S. XII, zu Kleist S. XXX ff.); auf Jean Paul bezieht sich das Gedicht »Der Chinese in Rom« (Antiker Form sich nähernd. Wenig günstige Urteile über Jean Paul z. B. auch Weimarer Ausgabe, IV. Abt., Bd. XXXXVII, S. 39, 428); auf Schopenhauer geht die Bakkalaureusszene im Faust II (?) und – auf dessen Farbenlehre – das Gedicht: »Trüge gerne noch länger des Lehrers Bürden, Wenn Schüler nur nicht gleich Lehrer würden« (Epigrammatisch); über das Verhältnis zu Beethoven vgl. *Blaze de Bury*: Goethe et Beethoven, Paris 1892, Kap. 1, bes. 17 ff., 40 ff. (ibid. 27 auch über Goethes Ablehnung von Schuberts Erlkönigkomposition). – Schopenhauer gegen Wagner: Brief an Becker vom 20. Mai 1854 und an Frauenstädt vom 22. Mai 1854 (Grisebach 128 und 266).

24 »I have no notion of a truly great man, that could not be *all sorts* of men«, Carlyle, a.a.O. 78, lect. 3. – *Weininger* O.: Geschlecht und Charakter, 14. Aufl., Wien 1913, I, 4, S. 97 ff.

25 Z. B. *Kraus* Karl: Sprüche und Widersprüche, München 1909, S. 235: »Es gibt zweierlei Vorurteil. Das eine steht *über* allem Urteil ... es ist über den Zweifel des Rechts erhaben, es ist zu stolz, um nicht berechtigt zu sein ... Das zweite Vorurteil ...« usw. u. v. a.

26 Über die Geschichte der Inspirationstheorie ausführlich im II. Band. Moderne Vertreter z. B. *Swoboda* H.: Das Siebenjahr, Wien 1917, I, 331: »Der Mythus von der Intervention des heiligen Geistes ist nicht nur eine Noterklärung, sondern enthält auch einen *tiefen* Sinn«, nämlich: »die produzierten Gedanken sind reproduzierter Weltgeist«; vgl. auch *Pfitzner*, Textbuch zu Palestrina, Kompositionsszene. – »Genie als Seher« bei Chamberlain, a.a.O. passim; bei *Carlyle*, a.a.O. lect. 3, S. 106: »The degree of vision, that dwells in a man, is a correct measure of the man«; ibid. 105 ff. Apotheose des seeing eye. – Genie in metaphysischen Beziehungen zum All z. B. bei *Weininger* O., a.a.O. 222: »Genial ist ein Mensch dann zu nennen, wenn er im bewußten Zusammenhang mit dem Weltganzen lebt«; ferner *Swoboda* H., Harmonia animae, Wien 1907, S. 41: »Nur der kann den Kosmos erkennen, welcher selber ein Mikrokosmos ist, *in dessen Brust Gestirne auf- und untergehen*«; vgl. ferner *Brod* M.: Tycho Brahes Weg zu Gott, Leipzig 1916, S. 99: »Es muß da eine *tiefere* Verwandtschaft geben zwischen mir (Tycho) und diesem würzigen Harzsaft in den Baumstämmen. *Ich selbst muß so eine Art Baum sein*, weil ich mich so brüderlich zu ihnen hingezogen fühle«; ibid. 350: »Tychos *Blut* war als Sterngeriesel *über den Himmel ausgegossen* ..., dort durchfloß es, ... den heiligen Adern der großen Gesetze anvertraut, den unzerstörbaren Körper des Weltraumes usw.«, u. v. a.

27 Z. B. *Kraus* Karl: Sprüche und Widersprüche, S. 126: »Die Menge sieht nur die Fläche, auf der sich die Widersprüche zeichnen, aber diese sprechen für eine Höhe, auf der ihr Treffpunkt liegt«, u. v. a.

28 *Weininger* O.: Über die letzten Dinge, Wien 1904, S. 177: »Die Lava ist der Dreck der Erde.«

29 Vgl. des *Verfassers* Anwendungsproblem, Leipzig 1916, §§ 133, 136.

30 *Kant*: Träume eines Geistersehers I, 3.

31 Über Karpokrates: *Irenäus*, Contra haereses I, 25, 6 (Migne, Patr. Gr. VII, 685; ibid. 1506, Anm., auch Bericht des Augustinus). – Über Alexander Severus: Aelius *Lampridius* in Script. hist. Aug. 18, 29. – Über die historische Bedeutung des spätantiken Synkretismus für den Geniebegriff ausführlich im II. Band.

Zu Teil II

1 A.a.O. 43, lect. 3: »It is a thing for ever changing, this of Heroworship ... Indeed, the *heart of the whole business of the age* ... is to do it well.«

2 *Weininger* O.: Über die letzten Dinge, 104: »... gar viele Namen würden von dem Postament der Berühmtheit stürzen ... Da würden sie hinuntersteigen müssen, einer nach dem andern, Wieland und Uhland, Horaz und Lope de Vega, Schiller und Otto Ludwig, Grillparzer und Maupassant, Gottfried Keller und Lessing, Storm und Thackeray, Grabbe und Anzengruber, Racine und Walter Scott, Byron und Dikkens, Molière und Walter von der Vogelweide; und ebenso unter den anderen Künstlern, z. B. Botticelli und Segantini, Murillo und Thorwaldsen, Gounod und Johann Strauß« usw., u. v. a.

3 Entfällt.

4 Abfärben des Tabu: vgl. *Freud* S.: Totem und Tabu, Wien 1913, S. 26; tödliche Wirkung ibid. 39 (nach Frazer). – Tabu und Idiosynkrasie ibid.; vgl. auch Imago III (1914) 165 ff.

5 Z. B. *Schröder*, Prof. L. v.: »Dem *genialen* H. St. Chamberlain« (Aus Baltischer Geistesarbeit 1909, II/9, 129).

6 Über Elias: 1. *Könige* 18, 27. – »Chinesischer Mystiker« bei *Liä Dsi*: Das wahre Buch vom quellenden Urgrund, übersetzt von R. Wilhelm, Jena 1911, III, 10, S. 37 f.

7 Über die Reflexion vgl. *Gomperz* Heinr.: Weltanschauungslehre I, Jena 1905, § 21, 9, § 35, 4 und S. 302. – Der Reflexionsbegriff geht auf Locke zurück.

8 Z. B. *Chamberlain*, Kant 575: Der geniale Mensch »ist ein kosmisches Phänomen, genau so wie die Sonne oder der Sirius; er ist er; *er hat* – als Persönlichkeit betrachtet – *weder recht noch unrecht*«; *derselbe*: Goethe, München, 647: »Welchen Wert besitzt das angebliche Rechthaben?«; *Kraus* Karl: Pro domo et mundo, München 1912, S. 161: »Der Gedanke hat *immer* recht« (wobei Verfasser unter dem »Gedanken« den genial-tiefen Gegensatz zur seichten »Meinung« versteht). – Merkwürdig auch die Umkehrung: *derselbe*: Sprüche und Widersprüche, 247: »Die Persönlichkeit hat ein Recht, zu irren. Der Philister kann *irrtümlich* recht haben.«

9 Nach Plutarch, Parallela, Perikles 2. Ausführlich über die antike Verachtung der bildenden Künstler und Parallelstellen im II. BAND.

10 Nach Colerus bei Freudenthal, Quellenschr., S. 60, Z. 1.

11 Vgl. *Voltaire*: Lettres sur les Anglais 1-4.

12 Vgl. *Lynkeus* (Popper) J.: Voltaire, Dresden 1905.

13 Z. B. gegen den »lauten Menschen« *Swoboda* H.: Harmonia animae 33 ff., u. v. a.

14 »Die kleine Buhlerin« (Theodote): Xenoph., Mem. III, 11. – »Wie man an der Tafel einander warnte«: Plato, Conv. 194 d. – »Unter den Tisch trinken«, ibid. 223 b ff. – Über die übrigen Züge vgl. Apologie, Krito und Phädo.

15 Apol. 41 c/d.

16 Vgl. *Gomperz* Heinr.: Die Lebensauffassungen der griechischen Philosophen und das Ideal der inneren Freiheit, 2. Aufl., Jena 1905.

17 Über die Leidlosigkeit im *Vedanta* vgl. *Deussen* P.: System des Vedanta, Leipzig 1883, XXXVI, 1. – Über die Leidlosigkeit im *Samkhya* vgl. *Garbe* R.: Die Samkhyaphilosophie, 2. Aufl., Leipzig 1917, 242-245, 349-350. – Über die Leidlosigkeit im *Buddhismus* vgl. *Oldenberg*: Buddha, 6. Aufl., Berlin 1914, II, 3. – Über die Leidlosigkeit im *Taoismus* vgl. Liä Dsi und Dschuang Dsi (übersetzt von R. Wilhelm, Jena 1911 und 1912), passim.

18 *Dschuang* Dsi, übersetzt von Wilhelm, VI, 1, S. 46; auch die Übersetzung von *Legge*, VI, 2 (Sacred Books of the East, herausgegeben von Max Müller, vol. 39, S. 238) hat: »Where the lusts and desires are *deep*, the springs of the Heavenly are *shallow*.«

19 »Bündel« und »Haufen« bei Hume, »Staubwolke« bei Bergson.

20 Vgl. *Gomperz* Heinr.: Weltansch.-L. 1, § 21, 20 und § 17, 2 – ferner *Bergson* H.: Zeit und Freiheit, Jena 1911, und Einführung in die Metaphysik, Jena 1912. – In neuester Zeit insbesondere *Reininger* Rob.: Das psychophysische Problem, Wien 1916, bes. 67-82.

21 Vgl. *Ribot*: Les Maladies de la personnalité, Paris 1906, 12. Aufl., bes. Kap. 2, S. 57 ff. – Über hysterische Anästhesien, Automatismen und Ichspaltungen vgl. *Gille* de la *Tourette*: Die Hysterie, Leipzig 1894, Bibliothek neurologischer Werke, Bd. 1; ferner *Janet* Pierre: Geisteszustand der Hysterischen, ibid. Bd. 3, bes. 1, §§ 2-4, S. 17 ff.; schließlich *derselbe*: Les nevroses, Paris 1909, I, 2 und 6; II, 1, § 3, Erklärung, bes. II, 3, S. 317 ff.

22 Z. B. *Weiser* Chr. Fr.: Shaftesbury und das deutsche Geistesleben, Leipzig 1916, 363 (intell. Charakt.), u. v. a.

23 Charakterschwankungen, z. B. *Ribot*, a.a.O. 64 ff., 77 ff.; *Janet* Pierre: Les nevroses 256 ff.

24 Vgl. *Gomperz* Heinr.: Weltanschauungslehre 1, § 11, 54 ff. (Substanz-Ich); *Reininger*, a.a.O. 232, 240, 256.

25 Über den römischen Genius ausführlich im II. Band.

26 Z. B. *Swoboda*, vgl. oben Anm. 26 zum 1. Teil; *Weininger* O.: Geschlecht und Charakter 220: »Der Genius ist der lebendige Mikrokosmus«, u. v. a.

27 Z. B. *Weiser*, a.a.O. 204 ff.

28 *Kant*stelle, s. o. Anm. 30 zu Teil 1. – *Spinozas* Äußerung, überliefert von Lucas (»Le but de la nature, qui est de les rendre uniformes comme enfants d'une même mère« bei Freudenthal, Quellenschriften

19, Z. 20 ff.). Die Stilisierung (Natur*zweck*?!) geht wohl auf Lucas zurück, der Inhalt dagegen wird als gut spinozistisch bewiesen durch Ethik III, 18 scholium, IV, 23 und 35. – *Plato*, vgl. Alcibiades I, 111 a ff.; die Hauptstelle dem Verfasser momentan nicht auffindbar.

29 Mannigfaltigkeit als *Tumult*, z. B. bei *Geulinex*: Annotata latiora in princ. philos. Ren. Cartes., zu art. 73 (Opp. edd. Land III, 420 ff.); als *Wert* z. B. bei Leibniz, Nietzsche, Bergson.

30 Vgl. des *Verfassers* Anwendungsproblem, § 125.

31 Schleiermacher, Monologen II.

32 Vgl. *Lipps*: Ästhetik I, 1903, 96 ff.; *Volkelt*: System der Ästhetik I, 1905, 237 ff.; *Gomperz* Heinr., a.a.O. § 21, 7 ff.; *Reininger*, a.a.O. 256.

33 Einfühlung bei *Wundt*, Völkerpsychologie II^1, Leipzig 1905, 1. Aufl., 35 ff.; »Mythologische Apperzeption«, ibid. 578 ff.

34 *Janet* Pierre: Les obsessions et la psychasténie, Paris 1903, I, 316, 377, 432.

35 Definition der Suggestion z. B. bei *Janet* Pierre: Les nevroses 302.

36 *Kant*: Kritik der reinen Vernunft, Anm. z. Amphib. d. Refl.-Begr. WW. (Hartenstein chronol.) III, 234.

37 Über die historische Bedeutung des Cortegiano (1528) von *Castiglione* und des Persönlichkeitsideals des Balthasar (Lorenzo) *Gracian* für den Geniebegriff ausführlich im II. Band.

38 Vgl. oben Anm. 22 zum I. Teil und On Heroes, lect. I.

39 Vgl. *Wundt*, a.a.O. II^2, Leipzig 1906, Kap. 4.

40 Ibid. 346-364; ferner vgl. *Rohde*: Psyche, Freiburg 1894, bes. 159-160.

41 Ibid., ferner vgl. *Roscher*, a.a.O., s. v. Heros I/2, 2441 ff.

42 *Goethes* Briefwechsel mit einem Kinde. Schluß (Ausgabe Reclam 580/1). Vgl. auch *Hirsch*, a.a.O. 62.

43 Kämpfe um die Philosophenverehrung, vgl. *Diels*: Fragmente der Vorsokratiker I, Berlin 1906. 11 B, 2, 11, 12 (Xenophanes) und 12 B, 42, 52 (Heraklit).

44 »Zuschauer« nach Adam *Smith*. Theory of moral sentiments.

45 Vgl. oben Anm. 24 zum I. Teil.

46 *Kant*: Kritik der praktischen Vernunft I, 1, 3: »Die Gewißheit einer Gesinnung, die mit diesem (scil. dem sittlichen) Gesetz übereinstimmt ... die erste Bedingung alles Wertes der Person ... und alle Anmaßung vor derselben falsch und gesetzwidrig« (Hartenstein chronol. V, 77-78): ibid.: »Der persönliche Wert (der ohne Einstimmung mit dem moralischen Gesetz auf nichts herabgesetzt wird)« (ibid. 83). – *Spinoza*, vgl. Colerus bei Freudenthal, Quellenschriften.

47 *Young* Edw.: Conjectures on original composition, London 1749: »Blind veneration of a bigot, saluting the papal toe ... such meanness of mind, such prostration of our own powers proceeds from *too great admiration of others*« (herausgegeben von Brandl Shakespeare-Jahrbuch, 39, 1903, S. 29, 55/6). – Über Young ausführlich im II. Band.

48 Grillparzer WW., herausgegeben von Sauer, bei Cotta, XV, 50.
49 *Young*, ibid. S. 24, 34: »Genius is not so rare as you imagine«; vgl. Band II.
50 *Huarte* Juan: Examen de los ingenios, Baeça 1575; vgl. ausführlich Band II.

Zu Teil III

1 Vgl. *Dschuang Dsi* VIII (Wilhelm 63 ff., Legge, Bd. XXXIX, 268 ff.).
2 Vgl. *Spinoza*, Ethik III praef., IV praef. und Brief 30 an Oldenburg (Vloten-Land, 3. edit., III, 116).
3 *Kant*: über Persönlichkeitswert vgl. oben Anm. 46 zum II. Teil; gegen »Reiz und Rührung« Kritik der Urteilskraft, §§ 13-14.
4 »Fiat justitia«: Zum ewigen Frieden, Anhang I (Hartenstein, chronol. VI, 445-446). – »Regelkodex«: vgl. z. B. Metaphysik der Sitten (1797) I, § 6, wo die »kasuistische Frage« aufgeworfen wird, ob es moralisch erlaubt sei, sich selber prophylaktisch die Pocken einimpfen zu lassen.
5 Vgl. des *Verfassers* Anwendungsproblem, § 124 ff.
6 *Dschuang Dsi* XVII, 3 (Wilhelm 127, Legge, Bd. XXXIX, 378-379).
7 Vgl. *Gomperz* Heinr.: Die Lebensauffassungen usw., Anhang.
8 *Laotse*, Taoteking 13 (Wilhelm, S. 15). Legge freilich gibt an Stelle des »Ich« nur »the body (which I call myself)« (39, S. 56).

Verzeichnis der Arbeiten Edgar Zilsels

Edgar Zilsel, Mozart und die Zeit. Eine didaktische Phantasie. In: Der Brenner (Dezember 1912) 268-271

Edgar Zilsel, Bemerkungen zur Abfassungszeit und Methode der Amphibolie der Reflexionsbegriffe. In: Archiv für Geschichte der Philosophie, XXVI (1913) 431-448

Edgar Zilsel, Ein philosophischer Versuch über das Gesetz der großen Zahlen und seine Verwandten. (Dissertation Universität Wien, 1915)

Edgar Zilsel, Das Anwendungsproblem (Leipzig 1916)

Edgar Zilsel, Die Geniereligion (Wien und Leipzig 1918)

Edgar Zilsel, Versuch einer neuen Grundlegung der statistischen Mechanik. In: Monatshefte für Mathematik und Physik, vol. 31 (1921) 118-155

Edgar Zilsel, Der einführende Philosophieunterricht an den neuen Oberschulen. In: Volkserziehung (1921) 324-341

Edgar Zilsel, Kant als Erzieher. In: Schulreform (1924) 182-188

Edgar Zilsel, Die Entstehung des Geniebegriffs (Tübingen 1926)

Edgar Zilsel, Über die Asymmetrie der Kausalität und die Einsinnigkeit der Zeit. In: Die Naturwissenschaften (1927) 280-286

Edgar Zilsel, Naturphilosophie. In: F. Schnass (Hg.), Einführung in die Philosophie (Osterwiek, Zickfeldt 1928) 107-143

Edgar Zilsel, Philosophische Bemerkungen. In: Der Kampf, XXII (1929) 178-186

Edgar Zilsel, Soziologische Bemerkungen zur Philosophie der Gegenwart. In: Der Kampf, XXIII (1930) 410-424

Edgar Zilsel, Diskussionsbeiträge zur Diskussion über Wahrscheinlichkeit (15. 9. 1929). In: Erkenntnis 1 (1930/31) 260-263, 270-272

Edgar Zilsel, Geschichte und Biologie, Überlieferung und Vererbung. In: Archiv für Sozialwissenschaft und Sozialpolitik, Bd. 65 (1931) 475-524

Edgar Zilsel, Materialismus und marxistische Geschichtsauffassung. In: Der Kampf, XXIV (1931) 68-75

Edgar Zilsel, Besprechung von Albert Kranold, Vom ethischen Gehalt der sozialistischen Idee. In: Der Kampf, XXIV (1931) 189-190

Edgar Zilsel, Partei, Marxismus, Materialismus, Neukantianismus. In: Der Kampf, XXIV (1931) 213-220

Edgar Zilsel, Die geistige Situation der Zeit? In: Der Kampf, XXV (1932) 168-176

Edgar Zilsel, Bemerkungen zur Wissenschaftslogik. In: Erkenntnis 3 (1932/33) 143-161

Edgar Zilsel, Die gesellschaftlichen Wurzeln der romantischen Ideologie. In: Der Kampf, XXVI (1933) 154-164

Rudolf Richter (= Edgar Zilsel), SA philosophiert. In: Der Kampf, XXVI (1933) 393-402

Rudolf Richter (= Edgar Zilsel), Das Dritte Reich und die Wissenschaft. In: Der Kampf, XXVI (1933) 486-493

Edgar Zilsel, P. Jordans Versuch, den Vitalismus quantenmechanisch zu retten. In: Erkenntnis 5 (1935) 56-64

Edgar Zilsel, Moritz Schlick. In: Die Naturwissenschaften (1937) 161-167

Edgar Zilsel, Copernicus and Mechanics. In: Journal of the History of Ideas (1940) 113-118

Edgar Zilsel, History and Biological Evolution. In: Philosophy of Science (1940) 121-128

Edgar Zilsel, Phenomenology and Natural Science. In: Philosophy of Science (1941) 26-32

Edgar Zilsel, Physics and the Problem of Historico-sociological Laws. In: Philosophy of Science (1941) 567-579

Edgar Zilsel, The Origin of William Gilbert's Scientific Method. In: Journal of the History of Ideas (1941) 1-32

Edgar Zilsel, Problems of Empiricism (1941). In: O. Neurath/R. Carnap/C. Morris (Eds.), Foundations of the Unity of Science, vol. II (Chicago 1970) 803-844

Edgar Zilsel, The Genesis of the Concept of Physical Law. In: Philosophical Review (1942) 245-279

Edgar Zilsel, The Sociological Roots of Science. In: American Journal of Sociology, vol. 47 (1942) 544-562

Edgar Zilsel, The Genesis of the Concept of Scientific Progress. In: Journal of the History of Ideas (1945) 325-349

Edgar Zilsel, Die sozialen Ursprünge der neuzeitlichen Wissenschaft (Frankfurt 1976)

suhrkamp taschenbücher wissenschaft
Geschichte, Sozialgeschichte, Zeitgeschichte, Dokumentation

206/1/4.89

206/2/4.89